"桐乡历史文化丛书"(第四辑)编委会

顾　　问：盛勇军　于会游　潘敏芳　徐剑东
编　　委：李新荣　李少毅　吴赟娇　褚万根　邓　雷
　　　　　李国东　顾守菊　周新强　范利学

主　　编：李新荣
副主编：褚万根

作　　者：（以姓氏笔画为序）
　　　　　孔海珠　严建平　郁震宏　钟桂松　徐玲芬
　　　　　徐盈哲　潘诗雨

徐盈哲 徐玲芬 著

徐自华传
XU ZIHUA ZHUAN

读璿卿来书云女报入股未见踊跃感而有作

特丁遇渡感余心 横览中原痛不禁 绝好江山今破碎 如何女界尚昏沉
医国谁谋补救方 振兴女报费周章 斩除奴性成团体 此后蛾眉当自强
求艾三年不惮难 好凭隻手挽狂澜 同胞愤激应知感 寄语休为壁上观

华文出版社
SINO-CULTURE PRESS

图书在版编目（CIP）数据

徐自华传 / 徐盈哲，徐玲芬著. —— 北京：华文出版社，2020.3
（桐乡历史文化丛书. 第四辑）
ISBN 978-7-5075-5241-6

Ⅰ. ①徐… Ⅱ. ①徐… ②徐… Ⅲ. ①徐自华-传记 Ⅳ. ①K825.6

中国版本图书馆CIP数据核字（2019）第286299号

徐自华传

著　　者	徐盈哲　徐玲芬
题　　签	徐　畅
责任编辑	戴明敏
出版发行	华文出版社
地　　址	北京市西城区广外大街 305 号 8 区 2 号楼
邮政编码	100055
网　　址	http://www.hwcbs.com.cn
电　　话	编辑部 010-58336239　总编室 010-58336210
	发行部 010-58336202
经　　销	新华书店
印　　刷	北京燕春印刷有限公司
开　　本	880mm×1230mm　1/32
印　　张	9
字　　数	176 千
版　　次	2020 年 3 月第 1 版
印　　次	2020 年 3 月第 1 次印刷
标准书号	ISBN 978-7-5075-5241-6
定　　价	60.00 元

版权所有，侵权必究

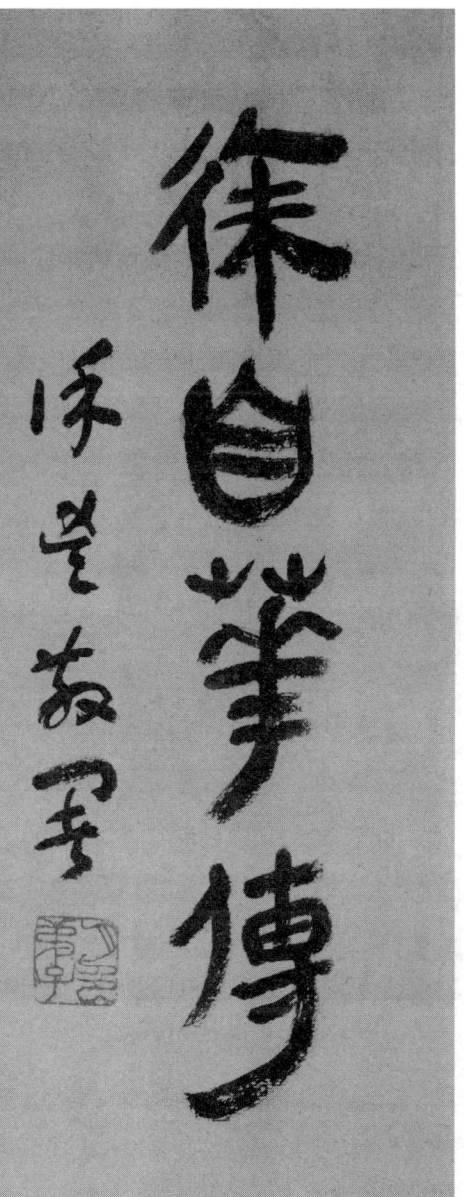

徐自华传——徐畅先生题

徐自华像

徐、陈两家世代情（代序）

余少小，由外婆（陈去病夫人）带大。家里餐中晚闲时，常闻得大人说起阿爹（陈去病）、寄尘婆婆、小淑、亚哥（柳亚子）等名字，也曾见得父母虔诚地问起外婆"南社"那些事，他们细声叙述时，我则会拉长耳朵窥听，有时我欲插嘴，还未问，便遭来一顿呵斥：不关你事，小孩别出去瞎说（那时是20世纪70年代初）。于是乎，总觉得家里有些怪怪的事情，不可名状。

稍长，高中读文科了，历史老师讲到近代史中"柳亚子与南社"章节，在课堂上直指着我说："我班张夷就是南社三大创始人之一陈去病的外孙，他的妈妈——你们的班主任陈老师即是陈先生的小女儿。"于此，我才恍然大悟，为什么竟是外人解开了我心头的奥秘？也由此牵上了南社情结。

弱冠始，承过家父编撰《陈去病全集》重任，北上南下所获瀚史与少时点滴所闻渐渐重叠。得知桐乡徐自华就是寄尘婆婆，这一称谓最为耳熟能详，每每提起，亲若外婆。

寄尘婆婆徐自华，字寄尘，号忏慧，比我外公长一岁，他们相识于1906年，晚我外公两年谢世。其妹徐小淑，名蕴华，外公女弟子也，亦秋瑾门生。据外婆述说，徐、陈之谊是在大革命和文学中订交的，亲比一家，故世有红颜知己一说。这在同里陈去病故居寝室墙上悬张徐、陈两幅巨照，而不是夫人陈俞芬，便可见其情谊之深。

外公早期游走呼号革命，夫人早殇，故此时常将我大姨陈绵祥寄养于徐自华处，故绵祥称徐自华为寄娘，即干妈。秋瑾牺牲后，其女王灿芝亦无靠而为忏慧收养，绵祥、灿芝同宿为伴。因此，石门徐宅便成了陈、秋两家孩子学习生活的乐园。

我外婆原名俞芬，是忏慧的远房表妹，因双亲故而投奔寓居沪上主持竞雄女学的忏慧，时陈去病据校运筹革命，相逢善洽。徐自华见陈去病孤鳏飘忽，又见俞芬本分厚笃，便萌生伐媒之意，促成姻缘。婚后随夫得名陈俞芬，居同里守家教子。

徐自华与陈去病都是1906年由秋瑾介绍加入同盟会的，他们是中国近代革命觉醒最早的知识分子，有着大量的反清革命诗词唱和，这在近代诗词中随手可拾。而徐、陈两家的家族谊渊则体现在陈去病的《忏慧词人生圹记》《徐自华传》《徐母马太夫人七轶荣寿颂》等诸多文章中。但是，史上徐自华的"词学功名"却盖过了她早期的革命影响，应该说秋瑾的伟大，其军功章上有徐自华的一半。这从秋瑾酝酿革命、购买武器、发起暴动的资金由徐自华保障，甚至典当了嫁妆而为秋瑾革命活动筹集资金便能说明。徐、陈"八葬秋瑾"、为秋墓谏大总统、建风雨亭、立秋祠、成立秋瑾纪念会等义举，皆能从中见到忏慧词人的巾帼壮士身影，惜其可歌可泣的大情怀，早已散载史海，少有归集。

吾今充执南社研究"堂倌"，于运筹"大南社"的同时，尤以偏心寻找徐氏后裔或广揽徐氏研究学人为宽慰,南社百年时结识桐乡闻海鹰,为其修订《忏慧词人徐自华》而盟为兄妹,引余数度叩访石门旧迹,萦怀百回而恋不启足。当惊喜者,海鹰又荐识了寄尘婆婆侄孙徐畅公,彼此意趣相投,时有开怀,承续了百年世谊。

今畅公殷嘱为乡贤徐玲芬、徐盈哲女史所著《徐自华传》序言,不才何敢?然为寄尘婆婆做些什么那是晚辈理所应当。从《徐自华传》目录可见,洋洋八章十三万言,图史详尽,谱表明晰;体例规范,撰风朴实,填补了忏慧词人传记之空白,也为徐自华研究垒起了史料名山。甚为欣喜!

予唯将往昔所闻之杂碎,散记凑句,忝为引首。

陈去病外孙、中华南社学坛常务主席　张夷
2019年12月18日

目 录

徐、陈两家世代情（代序）/ 张夷

引子 　　　　　　　　　　　　　　　　　001

第一章　一门风雅　　　　　　　　　　003
清末风云　　　　　　　　　　　　　　　003
崇德之地　　　　　　　　　　　　　　　006
书香世家　　　　　　　　　　　　　　　013

第二章　天生我才　　　　　　　　　　021
诗才启蒙　　　　　　　　　　　　　　　021
一介书生　　　　　　　　　　　　　　　025
嫁为人妇　　　　　　　　　　　　　　　030
重拾诗文　　　　　　　　　　　　　　　035

第三章　生死之交　　　　　　　　　　041
执教浔溪　　　　　　　　　　　　　　　041

结交秋瑾	046
倾向革命	053
西泠之约	062

第四章　继承遗志 　　073
营葬秋瑾	073
重修秋墓	081
秋社秋祠	090
无悔此生	098

第五章　南社留影　　107
百年南社	107
石门女士	118
风雅吾师	125
生死交情	134
痴子"糖僧"	141

第六章　交友始末　　147
兰心蕙质	147
闺中知音	161
革命志士	176

第七章　诗人风采　　187
诗路历程	187

诗友评说	199
诗集词集	206

第八章　寻踪访旧　　216
横街留痕	216
浔溪寻踪	225
西泠旧事	232
徐氏后人	242

参考文献　　248

徐自华年谱简编　　250

后记

引　子

风雅桐乡，人杰地灵。在桐乡悠久的历史长河中，曾涌现无数杰出的文化名人，如一座座丰碑，铸就了光辉灿烂的历史画卷，徐自华便是其中之一。

这是一位古今少见的传奇女子。她一生主要做了两件大事：

一是行大丈夫事。她是鉴湖女侠秋瑾的挚友，在秋瑾的影响下，加入中国同盟会、光复会，她从一位千金小姐成长为奋战在民主革命第一线的巾帼斗士。秋瑾就义后，她毅然承担葬秋、祭秋的大事，历尽艰辛，践行"埋骨西泠"之约。时人评价她是"石门有女士，巾帼而丈夫"。

二是以诗词留名。她出生崇德望族，徐氏一门风雅，她从小受到熏陶，十岁就会作五言八韵诗，二十岁时编成第一部诗稿。她短暂的一生，却留下无数杰出诗作，一部《听竹楼诗稿》，一部《忏慧词》，奠定了她作为南社杰出女诗人的崇高地位。时人将她与宋代两位著名女诗人李清照、朱淑真相提并论。

她一生，曾与历史上大名鼎鼎的人物，如孙中山、秋瑾、褚辅成、陈去病、柳亚子、苏曼殊等都有密切交往。她曾得到孙中山先生的鼎力支持，她与秋瑾义结金兰，她与褚辅成相交三十年，她与陈去病引为知己，她与柳亚子生死相托……他们

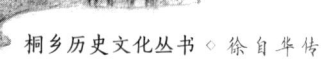

的动人故事,一一写在了风起云涌的中国近现代史上,为人津津乐道。

她一生,一介女流,走出闺阁,走向社会,她曾担任有识之士张弁群率先创办的浔溪女学校长,她执掌上海竞雄女学十六年,培养了无数女界英才,开一代先风,在中国近代女子教育史上留下光辉一页。

……

桐乡儿女多奇志,徐自华便是其中的佼佼者。她的革命精神,她的文化自觉,她的丽句金声,她的巾帼丈夫,震烁古今,值得大书特书,值得更多的人去关注、去传播、去发扬光大。

"剩有精灵属女儿,漱玉断肠此继声。"读者朋友们,希望这本书能成为向导。请跟随我们一起走近这位民国传奇女子,一起走近历史,穿越时空,重温过往。

2020年,是诗人徐自华逝世八十五周年,谨以此书献给这位本家先辈,聊作纪念。一瓣心香,岁月静好。

第一章　一门风雅

清末风云

19世纪末期，清王朝逐渐走向衰落，究其原因，内部的腐败统治是症结所在，同时也和它当时所处的大环境密不可分。一个王朝的命运离不开时代大背景，个体的成长更无法遗世而独立。到底是什么，促使徐自华，一个江南小城的大家闺秀竟会走出深宅大院，最终成为奋战在民主革命第一线的巾帼斗士？不可否认，这个故事充满了鲜明的时代烙印，而这一切还得从她所处的年代和她的家乡、亲人讲起。

19世纪30年代，距离乾隆皇帝将大权交给儿子才不过几十年。"康雍乾"三代的盛世荣光好像尚在眼前，道光皇帝却渐渐发现，他治理的国家正在被一种叫鸦片的东西"蚕食"。他虽然不如开疆拓土的祖辈那般踌躇满志，却也明白事情的严重性。于是，圣旨一封，派林则徐前往贸易中心广州禁烟。然而，虎门销烟的余热还未完全消退，英国人的坚船利炮便攻进了这个曾经令欧洲人向往的东方国度。清廷空虚的国库养不起精兵强将，在这场战争中很快就败下阵来。1842年8月29日，英军的船舰停在了南京下关江面上，在建造得十分华丽的船舱里，清

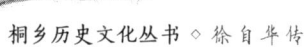

廷被迫与英国签订了《南京条约》。从这天开始，中国在清王朝腐败的统治之下，开始了不断向那些贪婪的侵略者妥协的耻辱岁月。割地、赔款，纸上的短短几句文字，却充满了血与泪。

那时的中国，在外，有列强虎视眈眈，谁也不知道哪一个会突然扑上来咬你一口；在内，那已在风雨飘摇的清廷内部，争权夺利没有一天停止过。无力攘外，也不能安内。第二次鸦片战争之后，清王朝已由同治皇帝继位，但这位才亲政一年就驾崩的皇帝，在历史上并未留下多少足迹，倒是他的生母成了清王朝最后岁月里风头最劲的人物，她就是慈禧太后。在慈禧掌权初期，也并非没有尝试过改变现状，"师夷长技以制夷"的洋务运动似乎令人看到了一点曙光，但那些食髓知味、饿兽一般的侵略者，怎会好心地给清廷留下喘息的机会？一次次野蛮的入侵，一张张不平等条约的签订，清王朝的命运早已轮不到自己来主宰。

后来，连那个小小邻国日本，也要来和西方侵略者分一杯羹。一场海战，将洋务运动带来的希望彻底击碎。而慈禧太后的独断专权，也让戊戌变法这场政治改革运动成了空。此后，清王朝每况愈下，越来越无力招架。眼见如此情形，侵略者变本加厉，掀起了瓜分中国的狂潮。八国联军入侵北京城时，一向威风凛凛的老太太竟然带着被自己软禁的皇帝狼狈出逃。之后，更被迫与十一国签订《辛丑条约》，狠狠地将中国拖入半殖民地半封建社会的泥淖。

此时，时间已走到 20 世纪开端，曾经试图变法却失败的仁人志士又重新提出改革方案。这一次，慈禧一改往日拒人于千里之外的态度，向主张立宪的一派投了赞同票。尽管慈禧有意推行新政，却没能取得所有人的信任。清廷一贯腐败的统治作风早已令一些人心灰意冷，他们不愿再寄希望于封建王朝，而是主张另一套改革纲领，为了共和的理想，奉献自己的生命和热情。他们中有一些人的名字家喻户晓，而本书的主人公徐自华与战友们，同样也是在这个时期开始走上历史的舞台，写下属于他们的青春华章。

任何革命的路程都不易。从历史书上我们可以看到，正是这些人经历了家国被践踏的痛苦，最终投身于民主革命斗争。他们既是历史的见证者，也是历史的创造者，当然，那都是后话了。关于这些，我们将用一部书的时间，慢慢地讲给大家听。

现在，让我们再把历史的时钟往回拨，回到1873年。那一年，对同治帝来说像是做梦一般，母亲慈禧太后终于松了口，把大权让给了他。时年十八岁的同治帝，自然无法预测到自己亲政的时间只有短短一年，更无法预知他的生命已进入倒计时。他只知道，自己接手的摊子并不好对付，一大堆乱局需要平定自不必说，

徐自华像

朝廷内部的权力争斗仍未完全消停。不过，在那个通信并不发达的年代，紫禁城里当权者的纷争，自然不至于波及远在千里之外的江南小城。乍暖还寒的春日里，石门县城的书香门第徐家正沉浸在弄瓦之喜中。彼时，谁也不知道，这个女子将来会在民主革命年代写下属于她的传奇。

崇德之地

一

徐自华出生的江南小城，时称石门县城。尽管从古至今，曾有过好几个不同的名字，然而地名只不过是个代号。无论它被称为什么，这里注定不同凡响。

1982年，考古人员在桐乡市崇福镇西南郊运河南岸大通新桥南堍东侧进行考古发掘，出土了骨角器、石器、陶器等文物，还发现了烧窑、制陶、建筑和动植物等遗迹，部分出土器物甚至形似如今江南地区特有的劳作用具。后来，经过研究人员的详细分析，新桥遗址的相对年代晚于罗家角遗址。这就是说，早在六千多年以前，已经有原始先民在这片土地上繁衍生息。从发掘报告的描述里，似乎能看到一幅画面：温暖湿润的湖沼地区，先民们住着用木结构搭建的干栏式房屋，家中饲养家畜，烧制陶器用具，用自己制作的工具从事渔猎农事，安居乐业。随着沧海桑田变幻，很多东西早已被长埋于时光的厚土之下，史前文明里的智慧与创造却没有被湮没，它根植于这片土地，代代相传。

"勾践拓地，北至御儿。"历史在书本上总是跑得飞快，"御儿"的名字出现在《国语·越语》一书中，已是数千年后的春秋战国时期，它成了吴越两国旷日持久交锋的战场。它的归属顺应战事而变，正是两国成败兴衰的一个缩影。彼时，意气风发的吴王夫差，势如破竹般将曾经属于越地的城池一个个攻下，开疆拓土，建城以拒越，大笔一挥，便在御儿西郊造了何城，高垣睥睨，尽是胜利者的姿态，冷眼看着一败涂地的越王勾践途经此地入吴，臣服于他这个刚夺了自己家园的人。传说勾践一行来到御儿东南面的河边，已有身孕的勾践夫人突然临盆，在一旁的凉亭里生下一个女儿。文献资料里关于这段历史只提到了短短几个字，给人们留下丰富的想象空间。如今时过境迁，这个凉亭早已不复存在，但读到这个故事，仿佛仍然能听到那婴儿响亮的啼哭声，这对当时抱着"卧薪尝胆"决心的勾践来说，一定有着非凡的意义。没错，生命是永远充满希望的，勾践深深地记住了这个地方。后来的故事，我们都知道了，勾践遍尝艰辛，忍辱负重，直到东山再起，收复河山，将被夺去的东西一一讨回。重新踏上魂牵梦萦的故土，回到这个预示着希望的福地，勾践写下了"语儿"的新名字赐予它，这是汉代《越绝书》里所记载的"语儿"地名的来历。这一段，也一直为当地百姓津津乐道。而在流传下来的民间传说中，语儿得名则更富有人情味儿。据说勾践夫人当年在亭子里所生的孩子，就养在南沙渚塘（古称语儿泾）附近。等勾践再次回到这里的时候，发现这孩子已经会说话了，便给了此地一个极为应景的名，将这份欣喜广而告之。

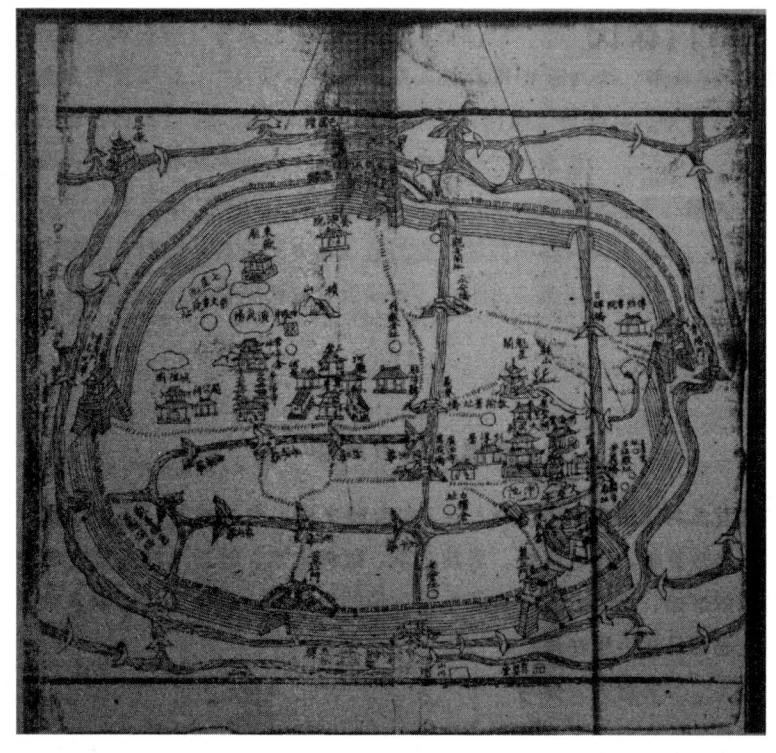

光绪《石门县志》县城城市图

在春秋战国时期很长一段时间里,这里都是硝烟弥漫的战场,然而岁月流转,所有的纷争终会散去,只有语儿泾涓涓流淌至今,用南沙渚塘的新身份述说着一切值得铭记的过往。

时间倏忽间又划过一个千禧。"几处天边见新月,经过草市忆西施。娟娟水宿初三夜,曾伴愁蛾到语儿。"诗人徐凝为语儿写下这些句子的时候,已是大唐盛世。敏感而细腻的诗人仍在感怀当年事,而他应该也无法料到,就在不久之后,语儿之地将开启新的历史篇章。唐乾符年间,黄巢兵乱,语儿之地的勇士在余杭人吴公约的带领之下，组成了一支义勇军，大败黄巢之兵，打了一场漂亮的家乡保卫战。经此一役，吴公约被特旨授义和镇谒使，语儿乡也跟着在四年后升了级，并于语儿西北隅新设义和镇，唐乾符六年（879）注定被载入史册，这是此地建镇之始。因成了官吏行政治地，语儿一地的经济发展和城镇建设迅速升温，街巷车水马龙，商贾络绎不绝，繁荣如此飞快蔓延，又何甘仅止步于此。

就这样过了半个多世纪，后晋天福三年（938），小镇又一次得到"提拔"，义和镇成了新置崇德县的县治，管辖崇德、千乘、语儿、南津、石门、积善、募化等七个乡。从那之后，除去元朝曾升州治，此地为县治的时间长达一千多年。直到1958年11月，崇德县与桐乡县合并，小镇才结束了作为县治所在地的历史。回首这段漫长的岁月，朝代更迭，风云变幻，而小镇却从未停滞过稳步成长，因为有太多人倾其所有爱它、护它、助它。许多故事依然鲜活，不只存在书本上，还留在司马高桥的石阶上、文璧巽塔的遗迹中，抑或是横街老屋的梁檐间，只待有心人去寻访。

二

从两县合并之时算起，至2019年已是第六十一个年头，经过改革开放四十年的蓬勃发展，如今崇福镇的风采更胜往日。站在春风大桥上，望着运河依然故我，思绪随之奔流的一刹那，好像真的能穿越时光之门，走进过去的岁月。春风大桥的原址，在宋代时建有春风楼，是当时县城最为繁华的地方，桥下运河带动了一座城的发展，便利的交通加速了商贸集聚、人丁兴旺，县域也随之不断扩大。而这条无私哺育小城的运河，也曾充当过守城者的角色。司马高桥是崇福镇现存唯一一座古运河大桥，这座始建于明朝洪武年间的单孔石拱桥，虽然如今连桥洞对联已变得模糊不清，却始终陪伴着古运河，度过每一个日出日落，见证每一个重要时刻。明朝嘉靖年间的一个寒冷的正月，运河边节庆的喜悦被一则突如其来的战报所打破，倭寇来犯令当地的官吏心急如焚。时任右通政的吕希周立刻结束了乡居生活，一门心思协助县令筑城御寇，并大胆设想将运河直塘改为曲形，得到了决策者和乡绅的一致赞同。由此，运河纡缓绕城，以水为障，固守防寇。民间有说"崇德出了个吕希周，直塘改作九弯兜"，这一改就维持了几百年，直到和平与安宁的时代来临。20世纪70年代，为顺应城镇发展的需求，"三弯取直"的河道改造工程正式启动，从此"船老大好当、崇德弯难过"已成为过去，而运河航道的拓宽，使得船只往来更加繁忙，运河之水滚滚而流，在日夜不断的迎来送往里，新时代小镇经济马不停蹄地飞奔着。

　　与运河朝夕相对的，除了春风楼以外，还有一个地方也必须提到，就是曾坐落于运河以西的崇德孔庙。始建于北宋元丰年间的孔庙，当时是县学的主要建筑物。千年以来，孔庙曾因兵燹，三次易址，却保留了下来，成为浙北地区现存唯一的孔庙，实在庆幸岁月的宽容，令崇德文脉得以延续至今。2005年年底，崇福镇开始对孔庙进行修复，重建大成门、重塑孔子像。2006年10月，崇德孔庙举办修复开放仪式，当地的几十名小学生在大成殿前集体朗诵《论语》，听着稚嫩却认真的琅琅书声，有种时空交错的感觉，所谓传承大概就是这样吧。

翻阅史料不难发现，宋代时的小镇正处于一个高速发展的时期，而文化的繁荣与经济增长密切相关。尤其是南宋迁都杭州之后，因崇德临近京都，又处于运河要道，被不少官吏、世家看中，举家搬迁至此，武将辅逵便是他们中的一员，他的二儿子就是辅广。说起辅广，或许一些人会觉得陌生，但要说到理学家朱熹，一定都听过。这位辅广曾是朱熹的学生，在朱熹一生最艰难的时刻仍陪伴在侧，学问和品德均深受老师赞赏。后来，辅广回家乡，创办了崇德境内第一座书院"传贻堂"，以"躬行实践、挽回颓风"为办学宗旨，教书育人、世代相续。辅广的心愿并未落空，"传贻堂"虽屡废屡兴，但历朝予以修缮、传道授业不曾停止。宋咸淳五年改名"传贻书院"，清光绪年间，又改为石门县学堂，而这也是如今崇德小学的前身。据说，传贻之名取"传之先儒、以贻后学"之义，书院这一路以来的变化，到底没有辜负始创者的理想。

厚积薄发，在长年累月的文化孕育之下，小镇历代文人雅士辈出，而他们的足迹仍留在那些古老的街巷里。

横跨整个崇福镇的中心，有一条名为横街的老街。在这条不过数百米的巷弄里，藏着许多活着的历史，当然不止那些斑驳的石墙角和巷口那棵高大的百年老树。横街上的老宅院大多建于明清和民国时期，如今看来狭窄的街道，在当时是繁华的闹市区，当地不少名士乡贤、望族大家都聚居在此。明代布政使劳永嘉的旧宅、西横街庙弄里的蔡氏待雪楼、保安桥北堍的清末著名画家吴滔故居,还有足球名将戴麟经住过的戴家楼,著名桥梁专家程庆国的故居……可以说,这里的一砖一瓦,不仅有历史的痕迹,更有文化的沉淀。

西横街128号,清顺治年间曾建有当时崇邑面积最大的古厅"守愚堂",是藏书家、诗人吴之振居住的地方。吴之振个性豪爽、交友甚广,黄宗羲的《天一阁藏书记》也记载着他们一道寻访收书的小故事。作为清初浙派诗人的代表人物,吴之振还和他的老乡兼好友吕留良,共同编纂了一部《宋诗钞》,为宋诗正名,向当时的潮流挑战,崇德文人的魄力实在可敬。经过几百年的变迁,"守愚堂"已不复旧貌,然而文人的风骨早已融入墙角屋檐。

《宋诗钞》的另一位编者吕留良也与横街有着密切的关系,因为他就降生于西横街登仙坊。吕氏老屋现已遗迹难寻,对于这位铁骨铮铮的文人,恐怕也只剩下吕园可供瞻仰感怀了。走进中山公园内的吕园,绿树掩映之下处处皆静谧。园中摆放的多是后世纪念吕留良的物件,只有中央耸立的一块牡丹石是当初吕氏祖居友芳园的原物,放在这里总显得有些孤独。好在,崇德孔庙原有文璧巽塔的遗迹也在这个公园里,吕园与此为伴倒也相得益彰。据传,当年吕氏家业很大,吕留良文字狱案后,吕氏一族或被杀,或被发配东北,家道从此衰落。

明代时,徐自华的先祖从衢州举家迁到崇德城外。清嘉庆、道光年间,徐自华的曾祖父得城西吕氏余址,陆续购屋扩建,然后带着全家搬来县城居住。1873年,徐氏祖屋"颐志堂"里充满生机的,除了新生的小生命之外,还有氤氲文气的延续。

书香世家

1661年，清朝第四位皇帝登上历史舞台，年仅八岁的爱新觉罗·玄烨即位，第二年改年号为"康熙"。新帝登基、广颁政令。为了避清太宗皇太极"崇德"年号之讳，崇德县被更改了名字。从康熙元年开始，之后两百多年的时间里，这里都被称为石门县，而徐自华的家族，当时便是石门县有名的望族。

若要追根溯源，石门徐氏，或者说崇德徐氏祖上并不是土生土长的本地人。据记载，徐氏祖籍是浙江衢州。或许是这里宜居的水乡小城颇具有吸引力吧，明代时徐氏先祖徐思椿便决心离开家乡，举家迁来崇德一地，定居在县城外的九里塘，过起了隐居生活。徐思椿也成了崇德徐氏始迁祖。

到了明末清初，徐氏家族传到了六世孙徐克祥的手里，也就是徐自华的曾祖父。徐克祥是清贡生，官至户部郎中，然而他却并没有将前途孤注一掷在仕途上。之后，他由儒转商，经营起了绸布业。尽管史料上并没有记载徐克祥自主创业的成绩如何，但从他能在石门县城里置地买屋来看，相信他的绸布生意一定是经营有道。于是，徐氏家族搬进了县城，在城西吕氏故址安了家，建起了"颐志堂"。

由此，徐氏一族渐渐成为石门县城一大望族。不仅如此，从《徐氏家谱》中可以看到，徐氏家族可谓是书香门第，单是第六代子孙当中，就有六名国学生，足见家族内勤学读书风气之盛。

尽管后来不作文章转而经商，徐克祥仍把读书和科举的希望寄托在子孙身上。在《语溪徐氏三世遗诗·莼湖公遗诗》中，记载着他七十九岁时，也就是去世那一年所写的几句话："科名且看子孙传"，"草堂小葺仍颐志，惟愿诗书永宝田"。徐克祥当年曾因战乱不得不抛下"颐志堂"，带着全家四代人离家避难，多年后才得以回乡。好在"颐志堂"虽遭遇兵燹，却并未尽毁。而在他有生之年还可以看到"颐志堂"的重修，亲眼见证它在子孙手中传承，一定是大感欣慰的吧。徐氏一族诗书传家的美名，从这短短几句寄语当中，也可见一斑了。

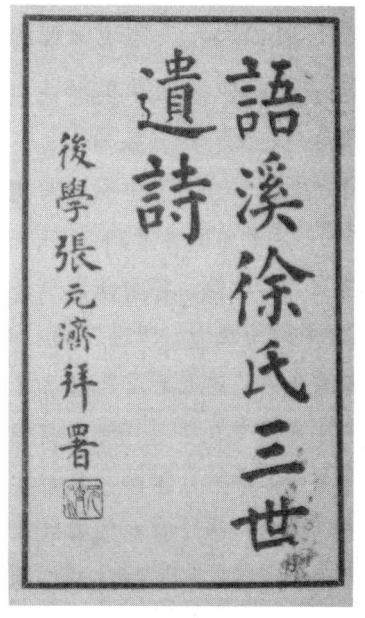

《语溪徐氏三世遗诗》

《崇德徐氏家谱》

徐克祥的后一代到底没有辜负父辈的殷切期望，三个儿子都非常争气，尤其是长子徐宝谦更是在官场颇有建树。

自古以来，孟子"天将降大任于斯人也"的一番论调鼓励了多少在困境中挣扎的人。而从徐宝谦所写的自述来看，他或许也是被这"大任"选中的一员。徐宝谦出生没多久就遭遇了命运的坎坷安排。在他三岁的时候，生母王氏就过世了，家里只好请了乳母，尚不知事的他无法适应这突如其来的变故，只好用拒绝进食来抗议。束手无策之下，还是祖母想出了办法，用龙眼、大枣煮汤作为替代食物给他吃。大概是年幼丧母的经历使他早早培养起独立的性格，年仅八岁便外出求学。读书的时候，甚至每晚都要"开夜车"，总要学习到打了"四鼓"才睡，相当于现在的凌晨两点左右。在古代，大多数读书人想要走上仕途，科举考试是他们唯一的出路，所有怀揣这个梦想的人都铆足了劲儿。但中华大地人才济济，想要脱颖而出，谈何容易呢？尽管多年来始终刻苦努力，十四岁第一次参加童试的徐宝谦还是未能被录取为生员。不过，知县卢昆銮倒是很欣赏这个聪明的孩子，帮他修改诗文，在朋友面前也毫不掩饰对他的夸奖。事实证明，知县的眼光并没有错，两年后，徐宝谦便以第三名的成绩成为县学的一名庠生。然而，他的科举之路，始终走得不那么顺畅。

之后，徐宝谦成了家，但读书求学仍未有丝毫放松，早出晚归，同时赶两处课堂学习。二十四岁的时候，他通过了本省学政巡回举行的科考，并位列一等第三名，成为享受廪膳补贴的生员，谓之"食饩"，即廪生。取得廪生资格，除了可得到每月的银粮补贴以外，更重要的是获得了参加更高一级考试的资格,或许还有机会被选为贡生。因为当时已有了家室,徐宝谦便在县学里谋了个训导的工作,一边继续参加科举考试,一边期待着被举荐去深造。然而,多年之后,依旧是"竟未得选,且屡困场屋",早已过了而立之年的徐宝谦陷入了两头落空的尴尬境地。事已至此,也只好憋着一股劲,继续往科举这条独木桥上走。直到年号变为"咸丰"的头一年,徐宝谦终于通过了乡试,在他三十五岁的时候中了举,这已经是他第十次参加考试了。然后又是近三十年过去了,年号从"道光"到"咸丰"再到"光绪",年逾花甲的徐宝谦才被命运眷顾了一次,中了进士。

在仕途生涯中,徐宝谦曾官至刑部郎中,安徽庐州知府。《崇德徐氏家谱》中就记载了一些他在庐州府任上的故事。徐宝谦刚就任庐州府知府,老天爷就给他出了一个大难题。那一年,大江南北蝗灾肆虐,灾情严重,刻不容缓。徐宝谦一面去各处查勘受灾情况,一面又下命令立刻筹办赈灾事务。并在郡城四面都设了粥厂,专门用来向饥民广施救济,惠及无数饥民,使他们得以生存下来。徐宝谦在任的时候,还解决了不少当地的陈年积案。值得一提的是,在处理这些案子的时候,徐宝谦并没有下令使用酷刑求口供,只用几句话就判断出双方争论的是非,从而将案子顺利了结。因此徐宝谦在当地赢得了口碑,后来,他任期已满,要离开庐州。离任的那天,百姓们自发来为他送行。成群结队的人们拿着匾额牌伞。或是自己写了诗来为他们的知府大人饯行。不难想象,徐宝谦在当时一定深受庐州百姓的信赖和支持。

为官时如此体恤百姓,告老还乡后,徐宝谦也不忘为家乡做贡献。上一篇提过的传贻书院,在那段时间里,徐宝谦就是书院的主讲人,每每论文校艺,他都是亲阅评点,倾囊相授,毫无私心。

除了入仕为官、教书育人,徐宝谦的涉猎十分广泛,甚至在医学方面也有所研究,著有《简要良方》《灸法心传》两书。不过,在他的著作中最为主要的,还是有关诗文的作品,著有《琴言室诗稿》十六卷、《倡和雪泥集》《花韵轩鞠令谱》等。而他对诗词创作的爱好和才华也传承到子孙后辈的身上。徐自华很早就表现出诗文方面的天赋,大概也与她从小就在祖父身边耳濡目染分不开。

徐宝谦那一辈,他还有两个弟弟,徐福谦和徐著谦。二弟徐福谦是优行附贡生,官至户部郎中。三弟徐著谦是附贡生,候选光禄寺署正。

二弟徐福谦个性恬淡,对他来说,更自在的工作是担任教职,他曾经先后在当时的海宁、归安、萧山、宣平、云和、武义、仁和等州县做儒学训导,协助教诲生员。不就县令而改教职,显而易见,徐福谦对于争名逐利确实并不在意。而他最放不下的爱好就是作诗吟诵,尤其古绝是他的拿手好戏。话到这里,就不得不提到著名的《语溪十二景》了。徐福谦晚年的时候回到家乡,阔别已久的故乡之景触动了他的诗情,于是他便将眼前景心中情写进诗里,写成了《语溪十二景》。透过这些文字,可以看到"晚凉闲逐花骢去,为洗征尘傍柳溪"的趣景,知晓"片石飞来粤海云、酬恩曾记雪中人"的奇遇,体会"越女名亭迹已非,荒烟蔓草认依稀"的惆怅,感受"两岸芦花秋似雪,谁描雁影绿波涵"的风光……一梦千年,这些名胜古迹许多都已无从寻觅,但徐福谦的诗句却将它们最迷人的模样永久地定格,一直流传至今,让后人仍可借此想象当时的美景,仿佛穿越时空般令人感同身受。

家风始终影响着徐氏一族的后代。到徐自华父亲那一辈,家族中仍维持着这样的良好传统,既有能诗善文者,也不乏走科举仕途的人。不过,和他的同胞兄弟相比,徐自华的父亲徐多镠实在有些特别。

徐多镠是徐宝谦的长子,通常长子总是背负着家族更多的希望和责任,可他却是个潇洒自在的性情中人。在才学上,徐多镠完全遗传了父亲,是当时的国学生。然而,他却完全不像他父亲那样对科举仕途有锲而不舍的执着追求,反而对做官丝毫不感兴趣。徐自华的外甥女林北丽曾写了一篇关于自己家族的回忆,说她的这位"逍遥自在"的外祖父和《红楼梦》中的贾宝玉有点像,这便完全可以想象得到这位官家大少爷是多么别具一格了。据说,徐多镠还酷爱音乐,古典乐器几乎样样精通,尤其喜唱昆曲,可以说是远近闻名。不仅如此,他还把这项爱好传授给女儿徐自华,昆曲表演一度成为家庭集体娱乐活动。当年,徐多镠所居住的"月到楼"中有时会丝竹达旦,父亲按笛奏曲,徐自华和义妹吕韵清则负责谱成《赏秋》等阕,闲情雅致,其乐融融。

旅行历来为许多文人骚客所热爱,徐多镠自然也同样向往着外面的世界。他自己制了两艘船,一到春秋两季适合出行的好天气,便会带着孩子一起坐船去游览各地风光。

有这样一位与众不同的父亲，想必徐自华的成长过程中一定充满了诗书曲乐的熏陶，还有洒脱自由的空气。

至于徐自华的生母马氏亦有故事可说。马氏亦是出生于石门县城一户秀才家庭，虽然六岁时失去父亲，但得外祖母悉心教养，出落得聪颖秀苗、德才兼备。嫁到徐家之后，侍奉长辈、操持家政，事事都打理得井井有条。更难得的是，马氏有着旧时代女子少有的远见和开明。因自己从小遭遇祸乱，没有机会读书，常常私下感慨遗憾。于是，她便对子女们的教育很是上心。徐自华五岁时，母亲便要她跟着舅父读书，并且亲自督课。徐自华说，虽然母亲没学过诗词，却很喜欢听人吟咏，而且很快便能领悟其意义。徐自华与父辈学习酬唱写的诗作，母亲一听就懂了。后来，母亲又要求徐自华教小妹蕴华学习。姐妹俩挑灯夜读的时候，母亲在一旁看着，总会面露喜色，很是欣慰。

既有愉悦的氛围，又有严格的督教，从徐自华姐妹自小就出众的诗文才华和勤勉的人生态度中，完全可以感受到父母辈的言传身教、潜移默化。

关于本书主人公的故事留待之后再慢慢细说，且略谈谈她的胞妹徐蕴华。徐蕴华比姐姐小十一岁，是家中最小的女儿，深受父亲和兄姐们的宠爱。和姐姐徐自华一样，徐蕴华也是小小年纪便显露出出众的才华。她从小就跟在父亲身边，在游山玩水中被自然美景所滋养，七岁的她就已经能写成诗句，与父辈酬唱。十岁开始，跟着姐姐学习，更是迅速成长。

徐氏家族这一辈的子孙当中，会写诗的女孩也并不只有自华姐妹俩，徐自华叔父的女儿兰湘也是一位才女。当年徐自华

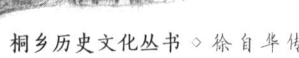

随父亲去广东顺德,便在叔父家中与兰湘切磋诗艺,互相酬唱。父辈对子女一视同仁地悉心栽培,同龄兄弟姐妹又能相互学习促进,生活状态包容且宽松,这样的家庭氛围始终围绕着徐氏一族的后代,将他们一个个送上成人、成才的舞台。

在一个人的成长过程中,家庭是第一个课堂,亦是影响最深远的一环。崇尚诗书传家的徐氏大家族在徐自华的人生道路上扮演着至关重要的角色,在那个风云变幻的时代,造就了这位来自江南小城的奇女子。

第二章 天生我才

诗才启蒙

1873年,清王朝举行了皇帝亲政大典,时年十八岁的同治帝可谓是守得云开见月明。同治帝在位期间,清朝一度出现了较为平静的局面。那时候,尽管内忧外患的阴影依然笼罩着整个国度,可生活总还得继续,安定地过日子也是普通百姓所最期盼的。

就在当年的五月底,在远离尘嚣的一个江南小城,石门县城望族徐氏正在为新生命的降临而忙碌着。自从明末清初举家搬迁至石门县城居住,这一支徐氏已是四

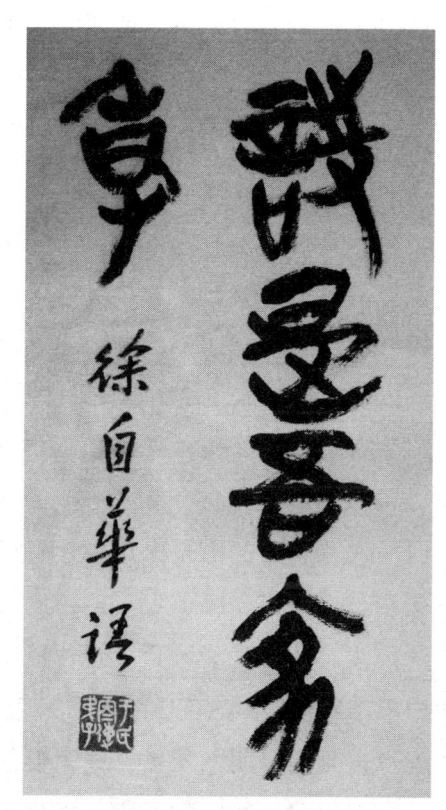

徐自华语:诗是吾家事——徐畅先生题

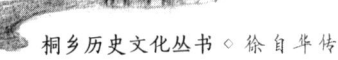

世同堂了。

家中即将临盆的是第三代孙徐多镠的夫人马氏。此时的江南正步入天气和暖、绿意盎然的初夏时节，伴随这怡人美景来到世界上的是一个可爱的女孩，取名"受华"，后又名"自华"。

徐自华在家中排行第四，在她之前还有一位兄长和两位姐姐，但由于姐姐们不幸早殇，她便成了家中最大的女儿。

两年后的深秋，与石门县城相隔千里之外的地方，一名女婴降生在福建一户秋氏官宦家庭，单名为瑾。此刻尚是懵懂幼童的徐自华当然无法预计两人二十多年后的相遇，更无法知晓将来在彼此的生命里会有怎样的交集。

后话暂且按下不提，话说回头，石门徐氏是一个名副其实的书香门第，并且祖辈思想很是开通。徐自华的祖父徐宝谦自少年时便颇具文采，入仕为官之余，作诗填词是他的一大爱好。作为大家长，培养子孙辈自然也是他最关心的事情之一。值得注意的是，在这个家庭里，并不仅仅只有男孩才能接受教育，徐宝谦特别要求女孙辈也要从小读书，学习吟咏。

刚满五岁，还是稚龄孩童的徐自华便正式开始读书学习，舅父马彝卿是她的启蒙塾师。虽然每天教习的内容并不太多，但一块儿念书的都是家族中比自己年长的哥哥姐姐，先生督课又相当严格，要跟上大家的进度，徐自华可谓是铆足了劲儿勤学苦读。从徐自华诗集《听竹楼诗稿》自序所记叙的童年往事中不难发现，小小年纪的她已表现出力争上游、不甘人后的个性。五岁正是爱玩闹的年龄，能耐得住性子坐在书桌前学习已是不易，更何况还能自加压力。因为担心自己背诵落后于兄姐，徐自华便坚持每天早起做功课。偶尔有几次起床晚了些，她便会因此闷闷不乐。

就这样，经过了几年的启蒙教育，先生开始重点教习徐自华作五言八韵诗。自唐代以来，五言八韵诗便是古代科举考试采用的诗体。例如大家从小就会背诵的"离离原上草，一岁一枯荣。野火烧不尽，春风吹又生"这四句诗就是选自白居易十六岁时所作的应考习作。诗的题目《赋得古原草送别》中"赋得"二字就是由于科举考试规定，凡指定的试题，题目前必须加上这两个字。

在清代，从乾隆二十二年开始在科举考试中增试五言八韵诗，直到清末废除科举之前，这种试帖诗始终都是考试中的保留科目。清代五言八韵诗的格式限制比起前代更为严格，写作试帖诗在点题、结构、用韵等各个方面都有相应的要求。清人李桢（守斋）在《分类诗腋》中将其分为八法，即"押韵、诠题、裁对、琢句、字法、诗品、起结、炼格"八个步骤，可见当时试帖诗格式的繁复严苛。

试帖诗是乡试、会试中的考题，而当时只有十岁的徐自华，便要学作这样的诗体，难度之大可想而知。先生还常常进行命题考试，要求按照五言八韵诗相应的格式作诗。徐自华在诗集自序中坦言，当时每每要考作这种诗，光是构思就是一件颇费苦心的事。这件"苦差事"始终伴随着徐自华之后几年私塾学习的岁月。直到及笄之年，徐自华离开了私塾。父亲徐多镠知道女儿一直学习的是应考试题，便告诉她今后不必再拘泥于这种试帖式的诗体。在父亲的建议之下，徐自华开始改学唐朝近体诗，这一改，就让她对诗词的热衷日渐浓厚。特别是随着年龄的增长，作诗填词的能力也在不知不觉中，跟随兴趣一道飞速提升。

《听竹楼诗稿》是徐自华自己整理编辑而成的诗集，其中收录的最早的作品，就是十四岁那年的诗作。尽管这几首诗不如她中后期的作品立意高远，但贵在纯净天然。这里摘录一首题为《舟行即目》的七言绝句："江流渺渺水浮天，风送轻舟箭脱弦。鸟影相随帆影后，近山断处远山连。"诗中描绘了一幅行舟即景，采用动静结合的手法，令人读来身临其境。用词精练，格调雅致，用时下的流行语来形容，颇有些小清新的味道。

后来，祖父徐宝谦见到了徐自华的诗词作品，对于孙女的诗才大为赞赏，并加以教导，不时唱和。除了诗文天赋以外，徐宝谦最欣赏孙女的还是她始终勤学不辍的态度。

正是家族长辈的开明，使得徐氏家族中的女孩们在成长的过程中，获得了更多提升自我的机会。听先生授课、与长辈唱和，在这样宽容的环境里学习成长，徐自华和姐妹们的诗文才华得以无拘无束地发展。

从十五岁那年开始，徐自华多次跟着父辈外出探亲。第一次，徐自华跟随父亲到广东去拜访了叔父徐多钤。走出了深宅闺阁，远离熟悉的家乡，连空气都是新鲜的。在那里，徐自华见闻了异地的美景趣事，更与表姐兰湘成了知己姐妹，两人相互酬唱，俨然少年诗友。

旅途令徐自华开阔了眼界，得到了许多比书本上更生动直接的体悟。或许在潜移默化中，一颗追寻平等自由的种子已经深埋在了她的心底,以时间去浇灌,只待发芽那日的来临。

一介书生

1887年正月,清王朝又一次举行了皇帝亲政大典。十六岁的光绪帝本以为可以不再听命于"垂帘听政"的慈禧。然而,慈禧对权力的把持却变本加厉,她时刻算计着自己的外甥,光绪帝的亲政前路依旧充满阻碍。这之后,两人展开了长达十多年的权力争斗,朝堂之上人心涣散,列强挑衅与侵犯不断,清政府政权将面临前所未有的冲击,近代中国民族危机步步加深。

高处不胜寒,年轻皇帝必须在内外交困下学会独自面对成长。而在寻常人家,长辈们总会为儿孙辈的点滴进步而万分宽慰。

二十一岁那年,徐自华从祖父徐宝谦手里得到一件特殊的礼物,那是祖父所珍藏的一方翠章,上面刻着四个字"一介书生"。乍一看,将这翠章赠予一个少女似乎有些不太搭调,但祖父确有他的用意。

从十五岁到二十一岁,几年之间,徐自华的诗文才华突飞猛进、日渐成熟。因她从那时起走进了另一个新鲜的课堂,在那道深宅院墙之外,与广阔多彩的大千世界相遇。

1887年,徐自华的父亲徐多镠收到了弟弟从广东寄来的一封信函。不久前,二弟徐多畛被调职去了广东顺德任县令。或许是知道大哥素来喜爱游历,安下脚来打点妥当,便立刻去了一封家书邀请大哥来粤。于是,探亲的行程很快定了下来,徐自华也被允许随侍前往,跟着父亲踏上了去往广东的旅途,这应该是十五岁的她第一次出远门。

在叔父家中，徐自华见到了堂姐兰湘，也就是徐多锵的第三个女儿，名叫蕙贞，字兰湘。两人年纪相仿，兰湘比自华大一岁，这姐妹两人一见面，便觉得性情相合，十分投缘。后来，徐自华在写给堂姐的文章里回忆起拜访叔父家的那段时间，形容自己和兰湘姐"如蛩駏之相依"。蛩駏是指传说中的异兽蛩蛩与駏驉，它们样子相似而又形影不离。短短六个字，把小姐妹俩亲密无间的相处描绘得极为生动。

这姐妹俩还有一个共同的志趣，就是读书作诗。兰湘开始学写诗，是受了徐自华的影响。那时，徐自华刚刚开始由学堂的试帖诗改学唐人近体，便要时常学写一些习作。兰湘见了徐自华作的诗，就成了她的忠实读者，对堂妹的诗才又是喜欢又是佩服，甚至还一本正经地希望跟她学写诗。徐自华则自觉诗学尚且浅薄还不足以为人师，只好婉拒了堂姐的请求。不过，从此以后，两人便每天一道儿学写诗，拂晓吟咏、秉烛夜读，互相切磋琢磨，夙兴夜寐地下苦功夫。徐自华的父亲徐多镠成了她俩的指导老师，一旦成了诗作，就会请他帮忙指点修改。叔父徐多锵公务繁杂，但一得了空闲，见到姐妹俩这样勤勉学习写诗，也总会加以赞赏。

"高台携手共徘徊，飒飒西风扑面来。……客里何须惊岁月，登临且泛菊花杯。"这是徐自华所作《重九日偕兰湘姊登高》一诗里的句子。在顺德的日子里，徐自华时常和兰湘姐结伴出游，吟诗抒怀。美景当前，知己在侧。不知不觉中，一切在悄然发生变化，同是寓情于景，她的诗作与一年前相比，已不可同日而语了。

相聚的时光总是过得飞快，一年以后，父亲徐多镠决定结束探亲之旅返乡，这可把姐妹俩给愁坏了。所谓"酒逢知己千杯少"，作诗又何尝不是这样。习惯了朝夕共处、互相酬唱的日子，突然就要离开对方，这可怎么能成呢。到底还是小姑娘家，临近离别的日子，免不了涕泪交加、难舍难分。"晨夕衙斋共唱酬，可堪独自上轮舟。""饯别空劳酒一觞，更无人饮泪沾裳。"徐自华在诗里写了那时的难别离。长辈们深知两个姑娘的心意，只好安慰她们，许诺等来年回到家乡时一定可以再见面。

船行千里，徐自华很快便随父亲回到了石门县城。这一次的顺德之旅，不仅让她得到了一位知己好姐妹，更使她增长了见闻，丰富了阅历。这些看不见的收获，都能从她的诗作中找到印证。回到家乡之后，徐自华对旅途见闻念念不忘。比如有题为《观春色》的诗，记录的就是顺德当地立春日的一种风俗。古人云，读万卷书，行万里路，两者不可偏废，的确如此。

回乡后，徐自华一边回顾刚刚过去的客居生活，一边将所思所感记录下来，她最想念的还是那个远在他乡的少年诗友兰湘姐，诗中亦时常提及她。在这样的挂念与期盼中，与兰湘姐重聚的那一天终于没有让她等得太久。

分别了一年之后，叔父徐多镕因为身体抱恙，便请求告假返乡，兰湘自然也跟着父亲回来了。因为病中之人不喜家居俗事烦扰，叔父便在风景怡人的杭州暂居下来养病。虽不在家乡一处，杭州与石门县城的距离到底比广东要近得多了。那一段时间，徐自华便时常离家，往杭州跑，与兰湘姐见面。

姐妹俩又可以相携相伴，她们游览最多的地方是西子湖畔，关于那段记忆留下唱和的诗作亦是最多的。值得一提的是，这段时间姐妹们聚会，还增加了一个人，就是徐自华的义妹吕韵清，亦是一位同她俩年龄相仿、志趣相投的才女。于是，三人同游，吟咏不断，比以往更是热闹。她们常常会玩连句的诗词游戏，以接龙的方式共同作出一首诗，单句要富有个性，整体又要和谐成篇，《听竹楼诗稿》中就收录了几首这样有趣的诗作。

那一年，在相互酬唱的热切氛围之下，徐自华诗作不断。从《听竹楼诗稿》来看，这一年被选入的诗作数量比之前两年加起来的还多。就这样，从"苏堤杨柳舞纤腰"写到了"怪底孤山梅信早"，寒冬来临之际，又到了话别的时刻。到底是长大了两岁，这一次，大家都显得比从前平静得多。然而，谁都没有料到，一朝离别竟是永诀。第二年的冬天，自华叔母（即兰湘姐母亲）去世，兰湘姐没能从母亲去世的打击里恢复，因此始终缠绵病榻，两年后就香消玉殒了。在她最后的岁月里，再与诗书无缘。

从此，少年诗友中途绝。尽管只是短短数年，但知己姐妹相互酬唱的美好时光，不仅是值得珍藏的回忆，更是徐自华诗学成长过程中的一个重要的时期。

如果说，姐妹唱和是兴趣至上的快乐学习，那么祖辈亲授则可以视作更高层次的进修。二十岁那年的春日里，徐自华再次跟着父亲外出探亲，这一次的目的地是安徽庐州，祖父徐宝谦正在当地任知府。

从石门县城出发，徐自华的笔就没有停过。过金焦时她以景怀古，泊燕子矶咏渔家月夜，经裕溪则描绘了船行山间之险。这一路上沿途记录游踪，直到庐州官署。

尽管离家在外，徐自华读书作诗也未有放松，登楼、纳凉均能成诗。祖父徐宝谦是当朝进士，善诗文，见了孙女写的诗大为赞赏，认为她才华出众，并且是可造之材，欣喜之余决定亲自加以指点教导。

于是，每每忙完公务得了空闲，祖孙俩便常常诗词唱和，祖父倾囊相授，徐自华更是勤学不息。客居庐州之时，得到祖父的提点，徐自华诗学日进、佳作频频，还编成了一卷自己的诗集，命名为《小韵轩诗稿》，诗作虽是少年语却已初显大气。

看到孙女这样的进步，祖父徐宝谦倍感欣慰，更令他赞叹的还有一件事。当时，作为知府的徐宝谦，需要批阅童生试卷。然而公务复杂繁忙，实在脱不开身的时候，祖父便试着让徐自华代为阅卷。出乎他预料的是，无论是批改卷子还是品评等第，徐自华都完成得极为妥帖恰当。

"是女倘投身作男儿，必木天中人也。""木天"意指翰林院，祖父丝毫不吝啬他对孙女的褒奖。

然而不难看出，这句话里也隐隐透着些许遗憾。毕竟在当时的年代，女子不能参加科考、不能入仕，成婚以后甚至连跨出院门的机会都极少。空有才华却难以施展，祖父是在替这个出色的孙辈惋惜。

即便如此，祖父依然打心底里看重徐自华，将"一介书生"的翠章郑重地送给了孙女。当时，与翠章一起送到她手中的，还有诗和赠言。在庐州相处的数月时间，祖父目睹了徐自华苦学的劲头。赠诗里特别提及她三更夜读之事,赞她好读书堪比书生,故将翠章相赠以示鼓励。

收到这件特别的礼物,徐自华立刻写了一首步原韵答谢祖父。不过,徐自华也清楚当时的社会现状,她在诗里坦言"窗下十年空力学,蛾眉那得振家声",多少也流露出身为女子的不甘,更不知该如何回报祖父的厚爱。

不过,后来徐自华的经历,我们都知道了。尽管二十一岁那一年,她依父母之命嫁做人妇,命运却自有它的安排。徐自华最终没有辜负那一方翠章,更弥补了祖父的遗憾。是红妆抑或须眉,早已不再重要了。

嫁为人妇

1893年,徐自华二十一岁,她在回给祖父的诗里不无感慨地说,"蛾眉那得振家声",那时的她,大概已经知晓自己很快将走进另一种生活。

在那个年代,婚姻是决定女子一生的大事,这是谁也逃脱不了的命运,更何况是望族门第的大家闺秀。就在收到祖父赠予"一介书生"翠章后不久,这位"堪比书生、性厌脂粉"的才女,也迎来了身着红妆上花轿的那一刻。

因是家中年纪最大的女儿,徐氏长辈对徐自华的婚事非常重视。那时的婚嫁,门第观念根深蒂固,男女双方家庭财富地位相匹配才可谈婚论嫁,尤其是有地位的家庭更是讲求门当户对。作为石门县城的望族,徐氏这一次相中的亲家是南浔望族梅氏。

南浔古镇通利桥

说起南浔梅家，在当地颇有声望，那时最出名的应该是梅鸿吉和他所创办的梅恒裕丝经行。"梅恒裕"主要经营的是当地特产辑里丝生意，产品还曾在西湖博览会上获奖。所谓的"辑里丝"，其实就是南浔附近特有的水土而产出的一种特优蚕丝。由于经营有道、家财渐丰，梅家便成了当地"八牛"之一，指的是当地家财在五百万两左右的富户。

徐自华的公公，正是梅鸿吉的同胞兄弟梅谦吉。与哥哥梅鸿吉一家几代人都经商不同，梅谦吉一家则过着另一种生活。梅谦吉是个读书人，家中并无田产，不以务农为生，也不做当地红火的蚕丝生意。那么，一大家子究竟用什么来维持生计呢？

用现在流行的词汇来说，就是做"包租公"，也就是房东。梅谦吉一家便是靠着家中的几间店房出租，收取租金过日子。不过，由于很会积累钱财，所以也有些家底。

于是，门户相当的徐、梅两家便商定结为姻亲。佳期来临之际，江南正值草长莺飞、春暖花开的时节，徐自华就在二十一岁那年出嫁南浔，成了梅家的新媳妇。

徐自华所生活的年代，女子出嫁之后，责任便是相夫教子、侍奉公婆。不得不说，在娘家度过的这些年，家中长辈对孙儿的成长很是宽容，徐自华一直过着比较自由的生活。到了夫家，一切都变得不同了。当一个称职的妻子、儿媳并不容易，有太多东西需要一样一样去学。她只好暂时放下对诗文的热爱，努力去适应角色上的迅速转变。

一般来讲，官宦人家的闺女总难免有些大小姐脾性，徐自华却是个难得的例外。她从小在四世同堂的大家庭里长大，再加上年龄较长，后来还一直帮着母亲操持家务，缝纫炊事、洒扫应对都难不倒她，全家上下对她有口皆碑。相信这待人宽厚、勤劳节约的作风，一定能为夫家众人所肯定。

不过，这桩看似美满的婚姻背后，有些冷暖只有自己知晓。

徐自华的丈夫梅福均是家中独子，从小过着养尊处优的生活，习惯了饭来张口、衣来伸手的生活，养成了他平庸懦弱的性格，凡事少了些进取之心。小时候倒还读书考试，却没有什么远大的理想抱负，才刚刚考中了秀才就有些自我满足，不再继续往上努力争取，就连诗文也束之高阁了。他做事不够勤勉，甚至有点懒散马虎、得过且过。这与徐自华自小要强的性子形成了反差，再加上梅福均文才亦是平平，两人便少了很多共同语言。

徐自华当时曾和妹妹徐蕴华不止一次谈起与丈夫相处之事，常常会感叹"天壤王郎"。"天壤王郎"这个典故出自《晋书·列女传》，相传才女谢道韫有次回娘家闷闷不乐，长辈询问缘故，她便以此话来形容丈夫王凝之太平庸。当然了，与谢道韫一样，徐自华不过只是在娘家人面前抱怨几句。她到底是端庄温和的大家闺秀，与丈夫梅福均的相处还算和睦，并不存在什么大的矛盾曲折，虽没有达到琴瑟和鸣的程度，还是相敬如宾的。

至于梅家上一辈人，公公和婆婆的确善于积存财富，但从另一个角度上说，难免有些过于看重钱财。财富的积累无非在于开源节流，梅家的收入来源并不多，只好把眼光放在用度上。徐自华小妹徐蕴华曾经说起梅家在金钱上如何精于算计，哪怕是新媳妇想要用一点零花钱，还得自己去向娘家要。想必，这种财富观或多或少影响了家庭氛围，徐自华的日子过得一定不如从前那么舒心。

婚姻生活里总有些不如意，好在聪慧如她、勤奋如她，徐自华很快学会像大部分传统妇女那样经营家庭生活。不过，梅家的这位少夫人的确有着与众不同之处。当时，在南浔妇女之中盛行一种比美的风俗。闺中大概很是无趣，便开始比较起各人身上珍珠、翡翠之类的首饰，甚至为了争论出谁的首饰更为奢华，常常因此互斗，闹得不可开交。徐自华素来不喜涂脂抹粉，对于这等风俗自是无法融入，见多了便有感而发即兴作了一首诗。"竟将粉黛斗妆新，失却天然面目真。翠羽明珠非我好，孟光岂是绮罗人。"这首诗题为自嘲,读来对这奢靡风气有讽刺的意味。尤其是末句提及东晋贤妻孟光除却绫罗、告别富贵,与丈夫粗茶淡饭、举案齐眉的故事。这一个闺中生活的细节,足以显出徐自华的不俗。

常居深宅内院,喜好又不从众,幸好,徐自华还有最爱的诗文相伴。尽管不能像以前那样整日写诗填词,至少也能作为平淡日子里的一种慰藉。婚后的那些年,尽管她为人妻、为人母,却从未完全放弃过诗词写作。有时候,孩子生了病需要在病榻前守着,与其任由心情低落,不如写上一首诗,就当是排解烦闷。徐自华曾在诗中自嘲"痴呆生性终难改,暂得偷闲又咏诗",可见诗文在她生活里的分量。或许于她而言,这已经不仅仅是一种爱好,更是心灵的寄托。我手写我心,在诗中,徐自华比任何时候都自由。她借由文字的翅膀放飞思想,用以描画草木春秋,感慨似水流年,抑或想念故园家人、遥祝远行亲友。不过,诗人的眼睛所看到的远不止这些。

此时正值19世纪末,短暂平静期早已过去,侵略者卷土重来。1894年甲午中日战争爆发、1895年清政府与日本签订《马关条约》、1896年沙俄诱迫清政府签订《中俄密约》……短短几年里,清政府的统治频频亮起危险的信号。

南浔与上海距离较近,有不少居民时常往来两地做生意,相对而言消息并不那么闭塞。想必,徐自华对这些事亦有所耳闻、心怀感触,在她的诗中都可以找到痕迹。一天夜里,她身体抱恙,心情亦是苦闷,便就着昏暗的灯光写了一首《病中感怀》,其中有一句"每因时局增烦恼",便透露了她的心事。1897年,徐自华二十五岁,她去杭州拜谒岳王坟,英雄的故事令她颇为触动,便写下了一首七律,其中有一句"饥餐胡虏悲歌壮,未报君仇怒发冲",相信是对时局有感而发吧。

那些年,眼看强敌入侵、民族危在旦夕,并不是没有仁人志士站出来试图挽救,然而却因为种种原因以失败告终。1898年,戊戌变法在坚持了一百零三天后宣告失败,谭嗣同等六君子在北京宣武门外的菜市口就义。当年的秋天,徐自华奉父亲之命为重九日品菊吟诗的聚会和一首诗,诗里有"我望燕云挥热泪,无心赏菊再衔杯",又有"已知黄种争存晚,赏到黄花感触依"。这个时期徐自华所作的诗词中,已开始表现出不一般的见识与情怀,未满三十岁的她在诗作创作中逐渐崭露头角。

可惜的是,在当时那个传统观念依旧的年代,无论是才华还是思想,这一切都只能放在女性的家庭角色之后,深埋于心底,亦被深藏在庭院之中。对于大多数女子而言,自盖上喜帕的那一刻起,后半生的生活已经注定了。从贤妻到良母,由从夫变从子,直至年迈归尘,生命里可能再无"自主"的权利,只能走这条从开头便可以预知到结局的路。

然而遭逢风雨乱世,人生更是无常,徐自华生命里的重大转折,从她二十八岁那年开始,一桩桩、一件件地接踵而至,打乱了既定的轨道。

重拾诗文

时间自顾自地飞跑,不管清政府的政权多么危机四伏,20

世纪的第一年依然如期而至。然而,新的世纪注定不再属于这个风雨飘摇的皇朝,清廷的统治者似乎也无暇关注新年的来临。自戊戌政变以来,光绪帝在这场权力斗争中一败涂地,慈禧正忙着谋废光绪帝另立新君。历史告诉我们,就在几个月后,一场更大的浩劫即将来袭,慈禧太后没有先知的能力,依然为所欲为,只想着如何彻底地独揽大权,殊不知国家民族存亡的劫难日渐逼近。

时事虽愈加紧张,日子还得继续过。对于寻常人家而言,最难承受之事莫过于生离死别,南浔梅氏的新年便笼罩在一片愁云惨雾中。

正月里,本该是合家团圆、欢庆佳节的日子,徐自华却遭受了天人永隔的巨大打击。丈夫梅福均一病不起,竟没能熬过这个新春,在正月初十那一天撒手人寰了。

旦夕之间就失去了家中年轻的顶梁柱,梅氏全家悲伤万分,徐自华更是痛彻心扉。虽是父母之命的结合,七年相伴到底亦是真,徐自华把伴侣骤失的痛楚和造化弄人的哀怨全部倾注于文字里,写下了整整七章悼亡诗,悼念自己短暂的婚姻生活,亦是自怜命运无常。诗中有一句"草生独活非余志、强抚双孤万念灰",道尽了在当时的社会环境下,年轻女子失去终生依傍的深深绝望,读来虽是直白却发自肺腑。

然而,徐自华比任何人都清楚,现实不允许自己过度地沉湎于哀伤的情绪中。在这个家里,年迈的公公婆婆经历了白发人送黑发人,已是在勉强支撑着,年幼的一对儿女还懵懵懂懂不知到底发生了什么事。正如悼亡诗里所写的两句,"真个龙泉趋死易，深愁虎尾立孤难"，徐自华虽难掩心伤，却更深知自己将来的责任，丈夫一朝离世，赡养公公婆婆、抚育子女成长、操持家中事务，这一切必须由她来接手。那一年，徐自华才二十八岁。

这一变故使得生活的重担全都压在了女子原本柔弱的肩上。即使是再坚强的人，也会有累的时候。一个严冬里的雪夜，徐自华正在督促孩子做功课。面对屋外白茫茫一片大地，听着凛冽的寒风不停地敲打着窗户，此时距离丈夫去世已过去数年，徐自华依旧忍不住悲从中来。她便写下一阕《满江红》，词中有"叹凄凉身世，那堪重说。旧事已随流水去，新愁只付鹃啼血"。人生道路上的巨大难关，又怎会如此轻易地就渡过。作为媳妇、作为母亲，徐自华必须保持坚强的模样，完成她该做的每一件事。可是孤独与无助总会趁着夜深人静，在她毫无防备的时候，侵入她的思想，煎熬着她的内心。丈夫故去之后的几年里，徐自华的诗作总充斥着一种化不开的愁，是那种经历世事变迁后深入骨髓的情绪。

或许是为了换个心情，三十岁那年的冬天，徐自华回了一趟娘家。那时候，比她小十一岁的小妹蕴华已长大成人，小妹也是个热爱诗书的人，在这方面的痴迷程度完全不亚于姐姐当年。这回看到姐姐回家，她可找着了知音，便时常缠着姐姐指点。一有了新的诗作，就马上请姐姐帮忙修改。父亲徐多镠见到徐自华给小妹改诗，不免感慨万千。他深知女儿遭遇的不幸，却更心疼她的现状，于是便和她认真地谈了一次话。

父亲先是重提旧事，说起了徐自华少年时，祖父徐宝谦教她作诗的日子。祖父当年对这个孙女的确是另眼相待、期望颇高，多次夸奖她才比书生，更与她唱和、加以指导。父亲不无遗憾地说，近来得知你几乎丢下了笔墨，以前写的诗稿也都散失了，为什么要这样自我放弃呢？谈话到最后，父亲给了徐自华一个建议，希望她至少可以留存一些诗稿，并不是为了诗书传家的虚名，只是别辜负了祖辈的一片用心。其实，在这个看似严肃的话题背后，或许还隐藏着父亲的担心，他真切地希望女儿不要再被命运的伤痛所打倒，不要放弃自己所钟爱的事物，也不要忘记曾经如此努力的自己。

父亲的那一问直入徐自华的内心深处，她听懂了父亲的担忧，也非常明白他的良苦用心。于是，她认真地考虑了父亲的建议，一回到家就着手寻找旧时的诗作，并决定编成一部诗集。这下，她的闲暇时间多了一项重要任务，精神上也有了新的寄托。女伴见她一本正经地在编诗集，便开玩笑问她是不是还打算刻印成书。徐自华则坦诚地说，不过是用以自我消遣罢了。这部诗集从徐自华少女时期的作品开始收录，生平际遇、旅游踪迹全在字里行间，对过往的人生经历留下可供回忆的情景，可算是给自己的一份礼物。正如她自己所说，偶尔翻开看看，好像过去的岁月就在眼前了。

诗集编成的那一年，徐自华三十一岁，离祖父送她翠章的时间，算来恰好整整十年。徐自华在诗集的序言中郑重地写下了祖父生前对自己的教诲，或许亦是一种告慰吧。尽管祖父没有亲眼见到诗稿，那方翠章会帮他见证，也替他陪着孙女面对接下来的人生路。

徐自华为这部诗集取名为《听竹楼诗稿》，化用了女诗人钱冰如的一句"夜来风雨里，听得竹寒声"。取"竹节苦而甘"，愿"苦后能甘"，多少透露出她当时的心境。在父亲的鼓励下编成《听竹楼诗稿》，对徐自华来说是一个转折点。在编辑的过程中，记忆中的美好事物纷纷再现，令她重新点燃了对诗词创作的热情。更重要的是，这一番忙碌使她找到了生命中更多有意义的事情，不让自己再被消极情绪所困扰。这之后，在做好家里的事情之外，一有闲暇时间，她便写上几句，寓情于景、咏物言志，情绪和心态也在逐渐恢复中。

那几年，徐自华重启了诗友酬唱，找回了旧时的乐趣。除了少年诗友义妹吕韵清之外，又有几个新成员加入了她的诗友队伍。小妹蕴华正是最活跃的年纪，便总跟着姐姐们游览美景、作诗填词，很是积极。徐自华那段时期的诗稿当中，与蕴华的唱和应该是最多的。而且她对这个小妹相当喜爱，不时以诗鼓励一番。一次，徐蕴华写了十多首诗，徐自华看了大为赞赏，并作了一首读后感回寄，标题便很直接地褒奖小妹的诗是"清新可爱"，又比喻为"仙露明珠""杨柳晓风"，足见对其才华爱之甚。小妹蕴华对姐姐更是发自内心的崇拜，直言姐姐的词能比李清照。我们都知道，几年之后小妹成了徐自华的得力助手，而对姐姐的追随和支持，或许从频繁唱和这个时期就已经埋下了种子。

还有两位新诗友也值得关注。一位是林长民，在徐自华与他唱和的诗当中，多是以"苣苳子"出现的，这是他的号。或许很多人对他的名字并不熟悉，不过他的女儿可是家喻户晓，

就是才女林徽因。林家与徐家,从前便有渊源,林长民的父亲林孝恂曾三任石门知县,与徐家素有交情。林长民与徐自华多次有诗词往来唱和。徐、林两家的联系还不止于此,多年以后,徐蕴华嫁给林寒碧为妻,成了林孝恂的侄媳妇,那是后话了。

另一位是乌镇才女郑静兰,徐自华诗中提及的"范夫人松筠女士"就是她。两个年龄相差近三十岁的女子,只因才情而惺惺相惜,而且两人的经历有不少相似之处。家族都是书香门第,幼时都曾跟随父辈到外地生活。最重要的是,两人都承受了丈夫早逝的打击,青年寡居的相同境遇更拉近了她们的距离,也给予彼此许多安慰。那时,郑静兰亦身在南浔,她刚刚接受了富商张弁群的邀请,成了张家的一名闺塾师。后来,这位张弁群筹办了浔溪女学,徐自华在女校担任教员,两人便有了交集,以后的人生理想亦因此番相遇而改变,缘分实在奇妙。

没想到,重拾诗文的决定,使得徐自华的生命里陆续出现新的人和事,也不难看出她的思想境界正随着社会交往而步入更广阔的空间。人与人之间的交往,必定会有更多的故事发展,新的交往,常常意味着新的机遇。生活便是如此充满未知,某天不经意遇见的一个人,或许会给你的人生带来巨变,谁知道呢?

第三章　生死之交

执教浔溪

时间重新拉回到1898年，那一年初夏的紫禁城里，年轻的皇帝正踌躇满志地酝酿着一场全新的变革。于是，《定国是诏》颁布了，在光绪帝的预想中，要从政治、经济、军事、文化、教育等各个方面进行全方位的改革。尽管这场改革以失败告终，然而，百日维新时期提出的一些改革主张仍然对当时的社会产生了不容忽视的影响。

特别是"百日维新"在教育改革方面的探索和尝试，例如废八股、改科举等创举，可以说对于中国的教育近代化起到了重要的推动作用。此外，还有一项举措，影响更为深远，便是兴办近代学堂。光绪帝要求从王公大臣到普通百姓都要兼习中西学，更下令将各省府厅州县的大小书院，一律改为兼习中学、西学的新式学堂。凡民间祠庙不再祀典者，一律改为学堂，并鼓励捐资兴学。

在维新派的教育理念中，有一点格外引人注目，第一次强调了女子在教育上享有同等权利，主张仿照西方各国兴办女学。后来，他们成立了中国女学会，创办了中国近代第一所女子学校和第一份女报。这所"经正女学"校址选在了上海，据说当时学校的课程设置"中西文各半"，分设算学、医学、法学三种，另设师范科，专门教授"教育蒙童之法"。学校一经开办便颇受欢迎，到了第二年在读学生人数涨了好几倍，周边地区的女孩也纷纷慕名前去，希望能够入学。

这所开女子教育先河的学校，是克服了重重困难、排除非议建立起来的。戊戌政变以后，在各方持续的施压之下，只能被迫以停办收场。即便它只存在了短短的两年，百年之后的今天来回顾当年如此大刀阔斧的革新，依旧觉得极为大胆。这不仅是向封建礼教发起了挑战，更是对传统观念的冲击。要知道，在这之前，"女子无才便是德"的观念将思想禁锢了多少年，现在女子也可以堂堂正正地走进学校、平等地接受新式教育，这是任谁都不敢想的事。不仅如此，人们这时候才渐渐发觉，"从来如此"并非全是对的，因为心灵是自由的，挣脱了桎梏，外面的世界是那么宽广。

建于 19 世纪末的第一所女校只维持了短暂的时光，便在 20 世纪的第一年画上了休止符，人们心中的热情和信心却并未浇灭。新世纪的开端注定充满希望，后来商务印书馆开始编印女子学堂教材，而各地女子学校如雨后春笋般涌现，女子教育逐渐兴盛。特别是在上海，一时间相继开办了好几所大大小小的女子学校，其中就有蔡元培所办的一所女校。如今提起这位著名的大教育家，多是和北京大学联系在一起，许多人也许并不知道 1902 年他在上海创办的爱国女学。蔡元培的这所女学无论从教学理念、课程设置还是学校管理上，都极为丰富和完善，在当时颇具影响力。

正当上海的女子教育发展得如火如荼之时，仅仅一百多公里以外的南浔小镇上，种子亦开始萌芽。

张家是南浔"四象"之一，主要经营丝业和盐业，是当地数一数二的富贵人家。发展到张颂贤后代手里分家后，其中张宝善这一支分得东栅老宅，也就是现在古镇东大街中段张静江故居所在的地方。张静江是张宝善的第二个儿子。不同于活跃在民国时期政治舞台上的他，众兄弟中另有一位热心教育事业的人物，就是张静江的兄长张弁群。

张弁群年轻时便经历坎坷，科举考试时竟突然患上了严重的眼疾，治病的事情一刻也拖不了，于是只能半途放弃了考试。之后，为了治好眼疾，他四处求医，却苦寻良方不得，严重的时候甚至到了左眼几近失明的地步。这时候，有一位在中国行医的美国医生与张家相熟，便向他们提出建议，不如去国外治疗，并且表示愿意相陪，一起去寻访名医。于是，抱着试一试的态度，张弁群跟着这位洋大夫踏上了远渡重洋的旅途。这一趟，辗转到了美国和欧洲数个国家，一走就将近一年半。在这段时间里，他一边治病，一边游历，眼疾渐渐好转的同时，国外的诸见闻令他极大地开阔了眼界。尤其是欧美教育的新思潮触动了他，他暗暗下决心回国之后定要办一些实事。

就在蔡元培创办爱国女学的同一年，张弁群眼疾康复踏上归途。一回到家乡，便立刻忙碌起来，着手准备开办他的新式学堂。很快，正蒙学社便在张宅东首建起来了。不过，张弁群的第一次办学经历并不那么圆满，学校最终因为不符合当时的

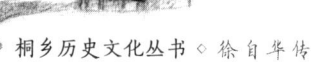

学制,在1906年年初停办了。

由于南浔一地经商之风盛极,走南闯北的人很多,消息自然较为灵通。那时候,周边大城市里女子教育方兴未艾,特别是像蔡元培担任校长的上海爱国女学,经过几年的发展,已日渐成熟。这一切,想必身在南浔的张弁群一定有所耳闻。于是,他便酝酿了一个大计划,要把女子教育这个新事物带进江南小镇。选址倒是容易解决,就放在原来正蒙学社的地方,校舍用具基本上都是现成的。只是,办女学不同于之前的学堂,这师资力量需好好物色一番。

此时,距离丈夫梅福均离世已过去了五年多,徐自华正逐渐从丧夫之痛中恢复过来,只是家庭的负担依旧令她倍感压力。上有年迈的公婆,下有懵懂的孩童,再柔弱的肩头也不得不坚强。然而,这样独自承受一切的日子,难免有些苦闷而乏味。就在这个时候,张弁群来找徐自华,并且给她带来了改变的机会。

至于张弁群是何时与徐自华相识的,确切的记载大概已无可考证。不过,可以找到相关联的事情,徐自华在1905年和郑静兰有不少诗词唱和,而郑静兰当时就在张家的塾中教书。郑静兰在给徐自华的《听竹楼诗稿》的题诗中也写到她们结缘,就是从郑静兰做张家塾师之后开始的。由此可见,张弁群对于徐自华不一般的才情或许早已心中有数了。所以,他告诉徐自华,希望聘请她来女校工作,更表示将委以主持校务的重任。

很快,浔溪女学在正蒙学社的原址上顺利开办,徐自华也如约走马上任。妹妹徐蕴华曾在文章里回忆说,当时徐自华在浔溪女学任教,每月工资所得并不丰厚,基本上一半用来侍奉公婆，一半花在子女身上，多少能贴补些家用。在当时的社会，对于一个女子来讲，她的确已经尽全力了。看来，徐自华能答应张弁群的邀请，其中很重要的原因是为了家庭。徐蕴华说姐姐是"克尽妇道盖如此"，在当时的社会环境下，女子的处境本就艰难，加之丈夫早逝，徐自华生活的艰辛更是可想而知。

不过，在浔溪女学教书的日子，对于徐自华来说却是新鲜而充实的，并且具有重大的意义。

尽管主管一所学校事无巨细都要操心，但这一改往日单调的居家环境，令徐自华对生活有了全新的体验。这是她第一次涉足教育事业，虽然因为种种原因，徐自华在浔溪女学的执教生涯并不长，却让她从实践中得到了许多开办女学的经验。多年以后，徐自华按照孙中山先生的意见，又在上海接管了一所新的女学，并坚持执掌办学十多年，相信这种魄力和底气亦来自最初在浔溪女学的经历。

同时，在浔溪女学的时候，家人的相伴也给徐自华带来许多快乐。在母亲马氏的建议下，徐自华将小妹蕴华也带到了南浔，并在这所女校读书，日日与她做伴。义妹吕韵清也受徐自华的邀请，来到女校出任国文兼图画教员，姐妹相聚就像是时光倒流，一切又似乎回到了旧时少年诗友相偕唱和的黄金年华。自从接下女校的工作，徐自华每天都过得忙碌而踏实，生活逐渐又充满了更多的活力和希望。

更重要的是，浔溪女学是徐自华人生道路上一个意义非凡的转折点。由此，她向闺阁女子的旧身份挥手作别，踏上了全新的人生道路，一步一步地改变着自己的命运。

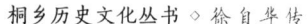

初到浔溪女学任教的时候，正值春风拂面的时节，好像注定会发生一些美好的事情。三月里一个看似平凡的日子，因为一场会面而被载入历史，为后人所津津乐道。那天，徐自华遇到了另一个奇女子，两人一见如故成为至交好友。然而，此时的她还并不知道，这番相遇将会成为影响她一生的新起点，前方等着她的将是一片更广阔的天地。

结交秋瑾

一

命中注定的相遇总会在不经意时主动找上门来，将一个平凡的日子变成纪念日。1906年3月的一天，刚刚到任浔溪女学不久的徐自华，如常地为学校的大小事务忙碌着。此时，有两位来客登门拜访，打破了她繁忙的状态。谁也不知道，这一次看似普通的会面，竟会成就后来许多的故事。

其中一位访客是嘉兴人褚辅成，当时是徐自华的同行，嘉兴南湖学堂校长兼任嘉兴府中学堂教员。褚辅成还有一个身份，就是同盟会成员。这次来拜访徐自华，全是为了与他同来的一位同盟会女杰秋瑾。那天，徐自华和秋瑾是第一次见面，一段佳话由此开始。

那时候，徐自华正踏上女性自我觉醒的道路，而秋瑾在这方面早已是先行者了，甚至在世俗眼光看来，秋瑾的行事作风是极为离经叛道的。大户人家的闺秀，不爱红妆扮男装也就罢了，居然脱离了家庭，独自跑去日本留学，成天和革命人士为伍，实在是太过特立独行。因此，当褚辅成介绍秋瑾来浔溪女学任教的时候，校方有管理人员竟找了个理由拒绝了她，这借口一推便推到了主持校务的徐自华身上。秋瑾偏也是个倔强的性子，就索性直接同褚辅成两人，找到了徐自华。

鉴湖女侠秋瑾

徐自华与秋瑾的初次见面，具体都谈了些什么，早已无从知晓了，但他们身边亲友都曾在文章中提及过这次重要的会面。无论是南社诗人陈去病写的一句"一见各自倾倒，徒恨相见之

晚",还是秋瑾弟弟秋宗章所写的"女士一见如旧相识",都形象地再现了当时的情景。徐自华从前就常喜与才女结交,想必言谈之间很快便察觉到,眼前这个女子绝非凡人。

徐自华的家庭教育从小宽松而包容,家中女孩也能同去学堂读书。少年时,祖父更是对她青眼有加、悉心教导,从不避讳夸奖她的诗才出众。然而,祖父说的"倘投身作男儿",毕竟只是一句永远不可能实现的假设。徐自华自己也明白身为女子的无奈,只得接受那一条早已被安排的道路。更何况,对于生活在小镇的她而言,能够走出闺阁,到浔溪女学任教,已是十分不易了。不过,总有一些隐隐的希冀,扎根在内心深处,从未被现实所磨灭,直到她遇到了秋瑾。秋瑾腹有诗书自不必说,还留学国外见闻广博,更重要的是她骨子里那份敢为人所不为的无畏,或许就是当时许多新女性最向往的模样吧。

徐自华曾在诗里感叹道:"多少蛾眉雌伏久,仗君收复自由权。"这是收录在她的诗集中,最早有关秋瑾的诗作。这是一首赠诗,应该是写于她们初相遇时。对于这位刚刚相识的新朋友,徐自华毫不掩饰地表露出自己的钦佩与赞赏,开篇就是一句"每疑仙子隔云端,何幸相逢握手欢",更说她是"其志须眉咸莫及,此才巾帼见尤难"。尽管秋瑾在回诗中谦虚直言"愧煞",却尤为感激能在他乡遇到了一位知音。

想来,真亏得秋瑾的坚持,两人不至于就此擦肩。既如此,徐自华便极力留住了这位一见如故的知己,也替学校挽回了差一点就失之交臂的人才。此后秋瑾就在浔溪女学当起了教员,一力承担起了日文、理科、卫生等课程的教学。

同在浔溪女学教书，徐自华与秋瑾不仅在工作上成了默契的伙伴，生活中亦是常常朝夕相对。短短数月，两人便从互不相识迅速成为至交好友。徐自华在回忆秋瑾的文章里写了不少两人相处时的趣事。那段时间，徐自华的小妹徐蕴华正在浔溪女学读书，课余就去找大姐，也和秋瑾逐渐相熟，三个人一有闲暇便常聚在一起。

在徐自华的记述里，那时姐妹间的交往，总是充满轻松有趣的氛围。有时为了写诗斟词酌句，就辩论起来，说着说着却变成了姐妹间的戏谑。兴致高的时候，两人还会把酒言欢。秋瑾的酒量极好，喝多了更会纵情豪言，颇有英雄气概。一次豪饮之后，秋瑾突然耍起了"酒疯"。徐自华素来并不爱饮酒，大抵喝得不多，正靠着一扇窗子看书。岂料秋瑾忽然劈手夺下了她手中的书，像演戏文似的说："女学士，请不要读书了，看我舞刀怎么样？"徐自华立刻了然，配合着说："太好了！"于是秋瑾拿出了留学带回来的日本刀，当场盘旋起舞，屋内顿时被刀光照亮。真像是"王郎酒酣、拔剑斫地"，一旁观看的徐自华发出由衷的赞叹。舞罢，秋瑾兴味不减，一把将刀塞到徐自华手里，非要她也学着试一试舞这刀。让她舞文弄墨倒是不难，这舞刀弄剑不是随意可为之，徐自华忙推辞不已，直说，这我可做不到，我实在没有那种魄力，学不会像你这般的英雄气概。秋瑾反将一军，你既然一眼能识英雄，岂不是有一双俊眼？这话虽是玩笑，倒也不假。

事实上，拥有这双能识英雄的慧眼，又岂止徐自华一人，秋瑾同样对徐自华另眼相待。秋瑾性格颇慷慨喜结交，再加上

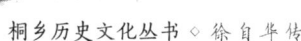

留学海外的经历,一向交友比较广泛,尤其和一些女界名人多有来往。但见的人多了,反而越发失望起来。谈起交友时体会到女界的黑暗,秋瑾告诉徐自华,有许多人自诩为女界名人,但每次慕名登门,才发现都不过是沽名钓誉之人,只说空话却不干实事。于是,这种见面往往是乘兴而去、败兴而归,令她不免对女界的现状心灰意冷。为什么女界少有真正出类拔萃的人物呢?秋瑾着实是个真性情的人,好几次说到痛心之处竟会哭起来,她常会感慨,同志难寻。然而,对于徐自华,尽管两人在浔溪女学相处不过短短数月,秋瑾却早就把她视作"自己人"。徐自华虽仍是闺阁女子,却诗才出众,能与她相互唱酬。更难得的是,徐自华懂得秋瑾所愁的家国大事。有一回,秋瑾一个人躺在床上偷偷地哭。徐自华见了,问她是不是病了,秋瑾只背对着她不肯说。又问她伤心的原因,把想念家乡、思念亲人都问了个遍,秋瑾一一出言否认了。最后,徐自华问,你是为国家忧心吗?秋瑾听了也不说话,只一面摇头一面不住地抹眼泪。徐自华心中明白了大半,便坐在床边陪着秋瑾,默默地想了许久,终于说中了秋瑾是因为感怀历史巨变而忧虑当今社会的大心事。秋瑾见她竟能理解自己,瞬间忘了伤心,又惊又喜地握住徐自华的手,赞她聪慧之余,由衷地感叹道:"胡不与我同志?"

二

那段短暂共处的日子里,徐自华与秋瑾由互不相识的陌生人迅速成为惺惺相惜的同行者。这或许是一段偶然发生的奇妙际遇，但两人如此投缘，却不得不说是一种注定的缘分。

徐自华与秋瑾的人生经历有许多相似之处。秋瑾同样出生书香门第，也是在家塾中启蒙的，而她的生母单氏是名门之后，本就读书识字，常常很严厉地督促秋瑾学习。而且，秋瑾的确颇有天分，学过的东西过目不忘。十一岁的时候，她已经能作诗了。若论天资聪颖、孺子可教，徐自华和秋瑾可以说是不相上下。再者，秋瑾祖上亦不乏入仕为官者。就像徐自华儿时曾多次随父亲探望在外地为官的祖父和叔父，以此有机会接触外面的世界。秋瑾童年和少年时，最丰富的经验也是跟着父辈辗转各地。那时祖父在福建等地做官，秋瑾跟父母一道随侍左右。祖父卸任回到家乡绍兴后，秋瑾的旅途也并未停止，后来又跟着父亲去了湖南、台湾等地，在行走之间增长见闻、开阔眼界，以至于她在十几岁时就写出了爱国诗歌。到了青年时期，秋瑾与徐自华都在家族的安排下，走进一段并非自主选择的婚姻。虽是门户相当的结合，却没有得到心灵契合的伴侣。秋瑾是勇敢反抗挣脱了封建礼教的束缚，徐自华则因为丈夫病逝而告别婚姻生活。于是，当她们遇见彼此的时候，都正在寻求一种全新的人生目标，这怎能不一拍即合？

除了相仿的经历，还有一项更为关键的因素。爱好一致，志趣相合，使得徐自华与秋瑾有了更多的共同语言。说到自己的爱好,徐自华写过一首诗自嘲偷闲也要作诗,其中有一句是"痴呆生性终难改"。这和秋瑾形容自己"好吟词赋作书痴"，二者所表达的意味差不离。她们笔下常出现的事物也很相像，比如徐自华爱梅花，诗集中有许多咏梅的作品，光是其中一年就收录了十首。秋瑾则有《梅》十章为其代表作。借梅喻人，以诗言志，可见两人个性投合。

生活中，徐自华从来不爱涂脂抹粉，连做女红时也不喜绣花，偏要绣诗词。秋瑾更不必说了，常常别出心裁地扮起男装，骑马、舞刀，英气十足。徐自华婚后写过一首诗，借自嘲的方式，对南浔当地妇人流行攀比穿戴的风气表示不满。而秋瑾也写过"繁华莫但夸衣玦"的句子，希望新时代的女子要有志向，不要只关注穿着打扮。并且，两人对女性的权益亦多有争取和维护，徐自华写《缠足》，一句"恨煞南唐李后主，一朝作俑祸千秋"道出了她的心声。秋瑾不仅写诗谴责缠足的恶习，更身体力行带头放足。这样敢于批判世俗，冲破桎梏束缚的勇气，两人同样拥有。

徐自华与秋瑾都精于诗词，却并非爱写婉转闺情，虽是小女子却都有着大格局。秋瑾的诗中多有爱国主义的主题。在她东渡留学时始终心系国家民族存亡，写下感怀甲午中日海战的诗，表达自己愿为祖国献身的豪情壮志。徐自华虽身在深闺，却关注着风云变幻，生病的时候仍是"每因时局增烦恼"。她总在诗里提及岳飞，借古喻今，愤慨当时的社会现状，又苦闷自己难以出力。徐自华从起初只是钦佩秋瑾的义举，到后来能在对方的影响和发展下投身革命事业，也与她自身的思想层次有着密切的关系。

就这样，徐自华与秋瑾日渐亲密，成为异姓姐妹，甚至到了一日不见如隔三秋的地步。可天下无不散之宴席，分别的消息来得如此猝不及防。

一次，秋瑾有事要去一趟苏州，临行前特地给徐自华留了一封信，说好只过三四日就回程。没想到，两天后的夜半时分，熟睡的徐自华被一阵敲门声惊醒。起床开了门，外面站着的竟是秋瑾。徐自华意外地问她为什么提前回来。秋瑾并不认真回答，只戏谑地说："恐子望陌头杨柳。"这是故意调侃徐自华是唐朝王昌龄名作里写的那个"悔教夫婿觅封侯"的闺怨少妇。若是平日里，徐自华定会出言还击。可是那一天，徐自华却不知哪来的第六感，似乎隐隐地觉得或许有什么突发状况。因此，并不像从前一样跟着她开玩笑，反而认真地问究竟发生了什么事。而接下来的谈话之后，等待她们的将是一个充满离愁别绪的无眠之夜。

倾向革命

一

江南的春夜仍带着阵阵寒意，那翦翦轻风在离人眼里亦是恼人的。

提前结束苏州行的秋瑾，漏夜赶回南浔住处，叩开了徐自华的房门，更难得地邀她同榻而卧，说是有事要相告。

徐自华隐隐觉得情况不太妙，便急切追问究竟发生了什么事。

"说出来，你一定会骂我的。"秋瑾先是回避了问题，并不正面回答。

聪慧如徐自华，心中早已猜到几分，就抢白道："你不必说了，

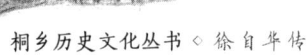

我知道你一定是要去苏州教书了。"

"不是去苏州，是南洋爪哇那边要招聘几个教习。路途实在太远，几乎找不到愿意去的人。"秋瑾这才将一切和盘托出，并决心满满地说，"我已经答应了。"

这一番交谈之后，徐自华不由自主地皱起了眉头。她就知道，事出反常必有问题，自己的预感果然没错。只是她并未料到，离别是这样突如其来，况且南洋又如此遥远。

徐氏姐妹与秋瑾相识以来，朝夕共事、生活，工作上已是默契同事，私下更成了知己诗友。彼此之间的感情早已胜似嫡亲姊妹。诗词唱和、相伴解闷自是少不了，更难得的是病中照料。秋瑾患有心脏旧疾，本不能受累，可她偏偏又是个恪尽职守的性子。在浔溪女学教书期间，秋瑾常常是带病坚持上课，一次心疾复发严重，就撑不住病倒了。徐自华姐妹不但关怀备至，更是亲自为她侍疾。秋瑾病愈后写了一首诗表达感谢，有"劝药每劳亲执盏，加餐常代我调羹"的词句，芝兰之情可见一斑。

说到这心疾，又是令徐自华愁眉不展之处。"爪哇海岛天气炎热，你又有个痼疾，一个人去那么远的地方怕是不合适。"

秋瑾见她这样，便一如往常地笑她做小儿女之态，并直说："我生平喜为人所不为之事，死且不惧。"短短数月，从陌路到知己，徐自华自是对秋瑾的侠肝义胆了然于心，只是既已情同姐妹，便免不了为其担忧。

言及此处，秋瑾便顺着徐自华的话说了下去："你的妹妹小淑，我一向爱护她，可否让她与我一同前往，助我一臂之力。"秋瑾话语恳切，"你若是真心爱惜我，一定答应我这个请求。"

"此事虽由不得我做主，但只要双亲允许，我必定是赞成的。"徐自华暂时收起了离愁别绪，决定尽快找父母商量此事。

一夜无眠，天光渐亮，秋瑾要离开浔溪女学的消息也传开了。这下，不舍秋瑾离去的，又多了另外一群人。

秋瑾腹有诗书，而且为人直爽，再加上教习认真，在女校学生中颇具人气。当时，甲班恰好是备考的关键时期，这一听说老师要走，大家哪还有心思温习。全体丢下了书本，围在秋瑾身边哭着挽留她，"老师怎能厚此薄彼，丢下我们呢？"秋瑾一贯为人洒脱，闻言却也不免动容，只好动之以情、晓之以理。"我并不是无情弃你们不顾。"她说，"这里不过四十多人，就算我走了，还有其他的良师教导你们；可爪哇那边有百万人，由于地处热带很少有人愿意前往。四海皆同胞，应当先顾全大局。"大道理讲完了，秋瑾瞧见女孩们真挚的模样，只好退一步，保证等考试完了之后才离开南浔，并许诺赴爪哇之前还会再回女校一趟。在秋瑾的再三安抚之下，众学生这才依言去温习读书。

徐自华对这段故事定是印象深刻的，并在纪念秋瑾的文章中记录了下来。秋瑾对学生说的那些话，让徐自华再一次明其心志所在。秋瑾说人生"岂鹿豕也，而常聚乎？"这话来自"鲁子高游赵"的典故，它还有个上半句是"人生有四方之志"。徐自华虽和其他同事一道试图劝秋瑾留下，可她心里却很清楚：分别，终是不可避免的了。

东风唤不回盛景，送春的时节里，终于到了告别的日子。那日，众人齐齐来为秋瑾送行，泪洒当场，依依惜别，一直送到了河岸边。

望着秋瑾远去的背影，除了感叹聚散太匆匆，最令徐自华深感遗憾的是，自己无法说服父母，没能促成小妹蕴华与秋瑾同去。"小淑是妹妹，家中双亲在堂，我又怎能擅作主张呢？"徐自华是在向好姐妹解释，又像是在说服自己一般。她的确被秋瑾愿孤身远赴他乡的义举触动，也有意成全小妹的志愿，然而孝义难两全，不得不有所取舍。

于是，徐自华写下了《送别璇卿妹》，整整十章的长诗，千言万语全在其中。诗中有云："欲求世界尽文明，化及蛮夷不惜辛。我为浔溪拚一恸，学堂何可少斯人。"从这些诗句中足见徐自华对秋瑾的钦佩与推崇。其实，秋瑾那时在浔溪女学不光是教学启蒙，更经常借着课堂的平台，宣传革命思想，教化熏陶学生。在当时保守陈旧的大环境下，秋瑾的特立独行很快引起了质疑。据说女校有一校董名为金子羽，思想顽固守旧，见秋瑾颇受欢迎，对她心生嫉恨，便捏造了学生家属意见，讽刺逼迫秋瑾辞职。这恐怕也是秋瑾决心离开女校的另一个原因。这些事当时还传到了徐自华公婆的耳朵里，也引起老人的诸多不满。但不管周遭的言论如何，徐氏姐妹与秋瑾始终不曾疏远，徐自华也逐渐开始走近"革命"这个曾经离她相当遥远的领域。

自从与秋瑾结识，徐自华的诗词中出现了更多的家国情怀。两人在相互酬唱的过程中，谈的最多的也是有关妇女平权解放、拯救民族危亡之事。与留学海外的秋瑾相比，徐自华毕竟一直生活在深闺，对于外面的世界知之甚少。虽然她也曾感叹"每因时局增烦恼"，但像是秋瑾这般割舍小家出国门、身先士卒干革命的大胆做派，对于徐自华来说，那是想都不敢想的。透过与秋瑾的交往，才为她打开了另一番视野。

对照品读两人互赠的诗作，不知不觉间，秋瑾便成了徐自华在革命道路上的"引路人"。徐自华从不吝表达对秋瑾的敬佩和支持，却也坦承自己因家庭牵绊，仍未有勇气和机会当革命的同行者。每每此时，秋瑾总会回诗给予鼓励和劝诫。徐自华曾在诗里写道，"儿女情怀噬我怯，英雄事业望君奢。"秋瑾则以《柬徐寄尘》回之，希望好姐妹以花蕊夫人的历史故事为鉴，莫被"家庭苦恋"所局限。一句"时局如斯危已甚，闺装愿尔换吴钩"，如"国家兴亡、匹夫有责"一般掷地有声。秋瑾毫不掩饰自己的爱国情怀和革命抱负，更是活得潇洒恣意、快意恩仇，这令徐自华看到了女子还有另一种生活方式，一种更有意义，更具价值的人生。徐自华在送别诗里为秋瑾写下："惊醒同胞二万万，仗君去作自由钟。"这是对知己姐妹的衷心祝愿，更带着些连她自己或许都不曾察觉的向往。而这份憧憬，正在朝着现实大踏步地迈进。

二

暮春离开南浔前，秋瑾曾许下诺言，必定会抽时间再来向众人辞行。于是，那段时间，女校的学生们日日都在期盼秋师再回浔溪。徐自华更是在诗中直言，"我本悲秋同宋玉，思君更是怕逢秋。"幸好，还未到这悲秋的时节，秋瑾便兑现了重聚的承诺。

夏日的热情击退了离别的愁绪，姐妹重聚又好像回到了往日朝夕共处的时光，促膝长谈好不愉快。小妹蕴华因未获许同去爪哇，一直为此感到闷闷不乐，秋瑾倒是始终关心着她的学业。

秋瑾离开南浔后，徐自华目睹好姐妹在学校遭遇的不公，也跟着愤而辞职。得知这些事，秋瑾便向徐自华建议，南浔之地到底有局限，若从长远来打算，应当早日将小妹送到大城市里更进步的学校去求学。后来，遵照秋瑾的指点，徐蕴华转入了当时被称为革命文化机构的上海爱国女校读书。

正如徐蕴华曾说的："秋瑾对我与家姊的爱护与期望，十分深切。"那年夏天，在南浔短暂停留的时间里，秋瑾还办成了一件大事，这对徐氏姐妹来说，可谓是命运的重要拐点。

南浔是当时浙西相对富庶的大镇，商人们的经营范围更是遍及海内外，想来应是不乏见多识广者。秋瑾初来此地教习学生的同时，也想试着借此机会募集筹措革命军需，却没想到，许多有头有脸的人家非但保守顽固，丝毫不愿施财，甚至谈革命而色变，竟找不到敢于出一分力的人。于是，秋瑾只好改变了策略，先从传播革命种子开始，试图影响和改变人们的观念。秋瑾不遗余力地在课堂上宣传革命理论，传达革命精神。与秋瑾最为交好的徐氏姐妹，更是受到诸多熏陶和感召，进步相当迅速。秋瑾觉得是时候了，经由她介绍，徐自华和小妹蕴华一起秘密加入了同盟会。成为革命者有多危险，她们必定心中有数，而前路有多少风雨，谁也不能提前预知。一切只因"我们受到秋瑾至诚的感化"，便是义无反顾的了。

端午节刚过，秋瑾就启程离开南浔。这一回，徐自华暂时不必吟诵"长江风送故人舟"，她因恰巧有事要办，就和秋瑾一同登上了开往上海的航船。

当时革命形势日趋严峻，许是料想今后两人定是聚少离多，便互赠贴身物件留作纪念。秋瑾送的是盘龙翠钏，即玉镯，徐自华则以金表链回赠，一字一句地说："愿我二人盟言金玉。"秋瑾此时又恢复了往常的幽默感，打趣道："这是薛宝钗的金锁吧。"很奇妙的是，徐自华总能适应她的跳脱，反应敏捷地接上话。"你这是去教书呢，还是去做和尚呀？"徐自华学着秋瑾的样子，也笑着调侃起来。原是分别忧伤的气氛，倒是少了许多伤感。

　　船快到上海了，秋瑾忙催促徐自华快些梳妆准备。徐自华推说婢女晕船不能来伺候，秋瑾立刻爽快地说："我来为你梳妆，一定胜过你的婢女万倍。"这回轮到徐自华先玩笑起来："我哪里修来的福气得你这样的婢女？"秋瑾从来嘴快："你不知道陈淑兰给丈夫写的诗？"陈淑兰是乾隆年间著名诗人袁枚的弟子，据说她与丈夫性情相投、十分恩爱，然而结局却是凄惨，丈夫投水而亡，妻子自杀殉情。徐自华知道秋瑾是在戏谑，却怕她真应了晦气，便制止道："你说话处处要占便宜，却说这些不吉利的话。"秋瑾却是百无禁忌，不以为意地继续谈笑："你怕我溺水而死，我一定不会这样死的。"又拿起一面镜子自照，像是故意一般，把隋炀帝那句经典台词搬了出来："好头颅，孰断之？"这下徐自华实在气急了，一把抢过镜子，却不料一时失手，镜子堕地摔了个粉碎。秋瑾倒是依旧不放在心上，笑得更大声了："你想讨个吉利话，偏偏来了个不祥的预兆。"破镜，常用来比喻分离。此刻相聚时，玩笑着便算过了。可谁也不会想到，命运的捉弄，正在一年后等着她们，而人生却从无未卜先知。

　　这次上海之行，徐自华陪着秋瑾待了半个多月，游园、看戏，作诗，过了一段难得自在的时光。此时，徐自华收到了一封从家中寄来的急信。得知父亲病重，徐自华归心似箭，匆匆向秋瑾告辞，便立刻启程返回石门。她写了一首诗以作告别之意，诗中写道："重逢难预料，勤觅寄书邮。"彼有革命大事，自己亦有家庭牵绊，聚散无期，只求各自珍重吧。

回到家乡后的几个月，对徐自华来说，是极难熬的时光。因为短短数月间，先是长兄徐受沉突然病逝。父亲徐多镠的病本来有所好转，但看到唯一的儿子竟先自己一步而去，悲伤过度也跟着去世了。接连不断的噩耗，给徐自华和整个家庭带来了沉重的打击。

偏偏又是悲秋的时节。"涕泪一问天，悠悠曷有极"，徐自华在诗里恸哭着。连陪友人游园时，也解不了惆怅，直叹"那堪明日一孤舟"。就在这时，秋瑾来到了她的身边，一是为吊丧，二主要是来看望慰问徐自华。这一次，换秋瑾陪徐自华同住了半个月。"慎风霜、客中珍重，勤传鱼素。"送秋瑾离开石门的时候，徐自华这样写道。能在彼此最艰难的时刻施以援手，知己姐妹又何须多言，便只愿你我安好足矣。

尺素不绝，这年初冬，徐自华又收到了秋瑾寄来的信件，提及一件极为难之事。

原来，秋瑾原本计划年内出发去南洋，却受到了上海的几个同人极力劝阻："你想要追求的是打破女界的落后守旧，我们国内的女界如此黑暗，尚且没有办法挽救，你还要先去爪哇。虽然四海皆为同胞，莫不是舍近求远了？"听到这一番劝告，秋瑾深表赞同，便决定放下赴南洋的计划，安心待在上海筹划挽救女界之计。

改变需从思想上开始,创办一张专为女性打造的报纸,很快提上了秋瑾的日程。她为之四处奔忙,事无巨细地筹划,更是亲自写了《创办〈中国女报〉之草章及意旨广告》刊登在上海的《中外日报》上招募股金。然而,在创刊资金这第一步上便卡了壳。原本秋瑾打算募集万元,购买印刷机器,不仅要印报纸,还要出书。可没想到,竭力筹措之下,响应者仍是寥寥。仅有四五人入股,只得了数百元,远远达不到预期。难道辛苦筹办了这么久,还未出报便要夭折了?

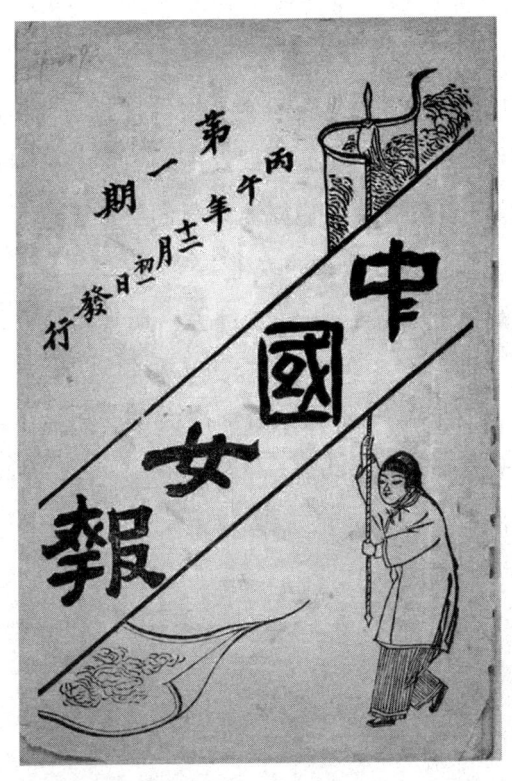

秋瑾创办的《中国女报》

读罢来信,徐自华为姐妹的苦心难成而着急,又痛心于女界觉醒之人太少,遂毫不犹豫地将整整一千元积蓄全部充入女报创刊。小妹徐蕴华也把首饰零用悉数取出,凑成五百金一同奉上。为此事,徐自华更写下了六章诗,呼吁女界同胞踊跃入股。诗云:"明珠翠羽日争妍,公益输财谁肯先?我劝红闺诸姊妹,添妆略省买珠钱。"

"口说维新无实践,世间几个热心人。"正如她在诗中所写,这也是徐自华第一次以实际行动资助革命运动。1906年的岁末,徐自华同小妹徐蕴华又在秋瑾的发展下,成为另一个革命团体光复会的新成员。

《满江红·感怀用岳武穆韵》是徐自华写于这年的词作,也是她的代表作之一。词中最后一句写道:"愿吾侪、炼石效娲皇,补天阙。"徐自华破天荒地显露出这样的决心,这似乎也像在宣告,从此后,她将会打开新的人生大门。

充满故事和转折的一年终于过去,新年刚过,就有好消息传来。1907年1月,《中国女报》创刊号发行,旨在宣传妇女解放、呼吁妇女走向社会,一切皆是美好的愿景。然而,命运的齿轮向着既定的轨道滚动,前方巨大的阴影正在逼近。谁也不会知道,某一天挥手道一声"再见",是此生再不相见。

西泠之约

一

1907年1月14日,《中国女报》正式在上海创刊发行。正如秋瑾在《敬告姊妹们》里所说，"我姊妹不懂文字又十居八九……内中文字都是文俗并用的，以便姊妹的浏览，却也就算为同胞的一片苦心了"。于是，报纸一经刊发，便受到了强烈的反响。据说，当时有文化的妇女争相传阅女报，不识字的就请人念给她们听。眼见这番热闹景象，秋瑾感动之余更添了信心，便决定第二期要改用精美纸料印刷。可这样一来，资金又成了头等难事。原本创刊之初募集股金已然受挫，幸而徐自华姐妹尽出积蓄慷慨解囊，自己又多方筹措才勉强支撑。秋瑾原本计划每月出版一期，但面对如此情形，也不得不暂且放慢脚步。

女报事务不得已缓了下来，革命局势却日趋紧张，秋瑾的革命工作亦由宣传转向了军事。1906年年底，在江西萍乡、湖南浏阳、醴陵爆发了一场反清武装起义。光复会会员集议上海，准备响应起义，秋瑾则负责浙东方面的联络。不料"萍浏醴起义"宣告失败，秋瑾悲愤之余决定进一步进行秘密发动，酝酿筹划新的起义。

当时，秋瑾刚刚接任大通学堂校务主持，她在校内加强机械体操和兵式体操教育，为革命培养军事人才，同时又以办学的名义，多次来往沪杭等地运动军界和学界，常常在各地联络点召开会议，商讨革命事务。当时为了避免暴露，秋瑾邀集会议常常要打"游击战"的方式，不停地换地方，客栈、煤号、山顶，甚至是西湖的游船上，都曾做过集会的场所。此外，在杭州，秋瑾还有一处秘密联络点，和徐自华密切相关。徐自华的堂弟徐受清（景卿）正在杭州经商，于大井巷口开设了一间名为"悦记衣庄"的铺子。那时徐自华从石门来杭州探望秋瑾，便是居住在此，也是在这里，再次与分别数月的秋瑾相聚，把酒言欢，议论时事。后来，这里也渐渐成了秋瑾与革命党人聚会的据点之一。

那一次徐自华与秋瑾在杭州会面，正值春意盎然的江南三月。巧合的是，差不多一年以前，便是徐自华与秋瑾第一次见面。这样一来，此番重逢亦可算作是相识一周年的纪念。恰是踏春的好时节，两人暂且放下了那些沉重的责任与负担，一起去赏了一回"人间天堂"的绝美风景。然而，这一次的出游却使人愁肠百结，往后回忆起来更令徐自华五味杂陈。

那天，徐自华与秋瑾泛舟西湖，登凤凰山。从凤凰山往下望，湖光山色尽收眼底。如此美景此刻看来，却心生许多怆然。南宋时，皇城曾依凤凰山而筑，相传凤凰山亦是南宋嫔妃墓葬之地。闻此传说，徐自华与秋瑾皆感触良多，吟咏成诗。徐自华写："忍向凤凰山上望，宋家陵寝没胡尘。"秋瑾则写下："白杨荒冢同凭吊，儿女英雄尽可怜。"南宋时，朝廷昏聩无能，近奸臣远忠良，致使英雄无用武之地，社会动荡不安。又联想到当时处于清王朝的腐败统治之下，国家与民族的处境危在旦夕。抚今追昔，怎不使人痛心疾首。此情此景，更激起了秋瑾的斗志，眼下已经没有太多时间留给感慨。

身在高层便不为浮云遮眼，极目远眺，整个杭城几乎一览无遗，好像一切都尽在掌握。秋瑾又兴致高昂起来，拉着徐自华一道秘密侦查城厢内外的出入径道，并将它们绘成军事用的地图，以备不时之需。徐自华虽敬佩秋瑾的雄心壮志，却更担心她太过激愤冲动。可又不愿直接泼她冷水，便委婉地劝她现下时机还未成熟。秋瑾听了这话，神色黯淡下来，却丝毫没有辩驳，只是沉默不语，不知在想什么。

从凤凰山下来，两人又一同来到栖霞岭下，瞻仰岳王坟。精忠报国的一代名将岳飞长眠于此，周遭庄严肃穆，最适合凭吊怀古。岳飞一生的境遇令人唏嘘，想他如今又要眼见山河破碎，悲愤之情再次在秋瑾胸中翻涌。她再也抑制不住，全然不顾旁人的眼光，当即吟唱起了岳飞所写的传世名篇《满江红》。这首词作洋溢着爱国情怀，英勇而悲壮。从"怒发冲冠"吟到"收拾旧山河"，秋瑾心情越发感慨激昂，最后竟是声泪俱下。

直到夕阳西下，暮色渐起，秋瑾依旧在岳王坟边徘徊瞻顾，迟迟不肯离去。徐自华见她如此，实在于心不忍，再三催促无果之下，只好故意说，"你难道也想死后葬在这里吗？"

这话听起来好像带着点讥刺，背后却是对好姐妹的担忧和对那未知结局的惧怕。她并不是不清楚秋瑾在筹划的事有多危险，却更知晓秋瑾的脾气从来是坚贞不屈。所以，徐自华以姐妹间惯有的对话，试探秋瑾的真实想法。

秋瑾了解徐自华的用意，听了这话也并不生气。只依旧沉浸在感慨里，叹了一口气说："要是能葬在这里，那真成了我天大的福气啦！"

徐自华不敢往下深想了，只好又半开玩笑地说，"你要是有一天离了人世，我一定将你安葬在此；或许我走在你前面，你也会替我这样做吗？"

秋瑾终于笑了："看我们谁能先得这好处了。"

此时，"埋骨湖山"多半不过玩笑一句，豁达如这两位女子，并不十分介意谈及生死。可谁知命运却将它当了真，欲任其付诸残酷的现实里。

恋恋不舍离开岳王坟，秋瑾却又忽然想起一事，便急急地问起徐自华的意见来。《中国女报》第二期正在筹备出刊中，但是秋瑾革命事务缠身需要多方奔走，实在抽不出空闲专心办报。她便想着，索性将这些事宜交由徐自华负责，并要她留在上海几个月，打理报刊的一应大小事务。徐自华心中感激秋瑾对自己的信任，女报创刊她也曾出资赞助，原该义不容辞地接下这份工作。然而，徐自华有她自己的苦衷。徐家先后失了两代顶梁柱，只有生母马氏独自操持家计，长此以往便积劳成疾。因此，徐自华回到石门后，既要帮着料理家中大大小小的家务，又要照顾母亲的身体。况且小妹又在上海读书，这一家怎能离得了徐自华呢？徐自华说清了这些原委，便婉言谢绝了。秋瑾是个心直口快之人，闻言便面露不悦。她责备徐自华因为放不下家庭牵绊，而将公益大事抛诸脑后，还写了诗来规劝。

不过，徐自华最后依旧没去成上海，秋瑾倒也并没有强求。为人子女，总有无可奈何之处。几个月前，秋瑾自己刚刚失去母亲，她在《挽母联》中写："爱我国矣志未酬，育我身矣恩未报，愧儿七尺微躯。"想必，她定能对徐自华报以理解和宽容。

相聚何匆匆。杭州一别，徐自华回石门侍奉母亲料理家事，秋瑾又开始了忙碌的奔走，办学培养军事人才、运动各地会党、筹措革命军需、购置武器战备，为重拳出击做着全方位的准备。四月，秋瑾为统一浙江的秘密军事组织，组成了一支光复军，日夜操练士气高涨。尽管繁重的事务责任在肩，她依旧没忘记《中国女报》的编辑出版工作。也是在这个月,延迟多时的《中国女报》第二期终于出版了,还用上了道林纸印刷,报上还收录了徐自华的诗作。只是由此开始,尽管秋瑾仍挂心女报事务,却越来越无法分身顾及。她在暮春回给徐蕴华的信里,说"同心缺少、臂及无人",再加上经费不足,只能暂时将报馆关闭。尽管后来秋瑾把第三期的稿件编辑完成,却因革命事败,终未得以发行。

不过,秋瑾实在无暇忧心女报的将来,那时革命的战鼓已擂得越来越激烈。孙中山曾在《孙文学说》中提过:"其时慕义之士,闻风而起,当仁不让……其最著者,如徐锡麟、熊成基、秋瑾等是也。"为了响应革命党人在其他地区的武装暴动,再加上各方面条件日渐成熟,秋瑾与各方秘密商讨之下,终于定下了起义的路线,时间就在七月。秋瑾起草了重要革命文件,打算在起义前夕秘密铅印,分发张贴,希望发动广大群众,推动起义热潮。

一切准备就绪,只待约定之日到来。那段时间,秋瑾常与上海《女子世界》记者陈志群通信,曾让他帮忙物色人才,信中说明来的人"须牺牲一切而尽义务"。由此,不难看出,秋瑾对此番义举的决心可以说是坚如磐石,她已然做好了最坏的打算。

二

这边厢是山雨欲来风满楼,而石门县城里的人们并不知情,依旧照常生活。六月下旬的一天,夜半的宁静被一阵突如其来的敲门声所打破。谁会半夜来访?徐自华从熟睡中惊醒,迷糊地想着。于是，急忙吩咐婢女去开门。没想到，站在门外的竟然是秋瑾。

自从杭州分别，已经过去了三个多月。此刻突然相见，徐自华又惊又喜，赶紧将她迎进来，两人同卧一榻说体己话。秋瑾这次是从杭州抽空赶来见徐自华的，上海还有许多事务等着她，不能久留石门。而更重要的原因，恐怕是革命起义将近，风声日紧之故。

徐自华的侄媳妇陈寿荫因父母双亡，自小就住在夫家，当时也见证了那次会面。在她的记忆中，十二岁那年发生的事令她始终无法忘怀。那天清早，陈寿荫去姑母（即徐自华）房中问安。大概是徐自华素来疼这个侄媳妇，陈寿荫径直走向了内室。没想到，接下来看到的一幕把她吓得顿时说不出话来。姑母的榻上竟然躺着一个陌生"男子"，两人抵足而卧举止亲密。后来才知道，这原来就是乔装改扮的秋瑾。据陈寿荫回忆，秋瑾直到离开石门，一直是女扮男装，从未露出真容。由此可见，当时形势之严峻复杂，这一趟相见冒了多大的风险。

秋瑾在石门只停留了短短三日，其间她与徐自华谈了许多，像是要把这一生的话都说完了似的。说得最多的，依旧是革命大事。过去的三个月，秋瑾像个陀螺似的为诸多事务辗转忙碌，眼里只有一个月后的那桩义举，这是理想往现实踏出的第一步。徐自华听她说着种种，又见她消瘦了不少，便难掩心疼地细细问来。秋瑾长叹了一口气，说："事务繁重皆不顺，能相助的人太少，家人之中没有思想开通的人，无法倾诉排解，旧病越发严重了。"

少见的一丝脆弱很快消失不见了，话题又重新回到秋瑾心中最重要的那件事上。只有在最亲近的人面前，才敢放心地示以真实的一面，亦无须担心有口难开。秋瑾告诉徐自华，自己即将回到绍兴参与起义，其余事务大抵均已成熟。只是军饷捉襟见肘，多方筹措仍远远不够，正为此发愁。

徐自华听到"起义"二字，心中已料到此行之凶险，可她知道事关大义，又怎能阻止得了秋瑾。与其徒劳地劝说，不如给予最实际的支持。徐自华随即翻遍了自己的妆奁，将里面的积蓄首饰取出，全数交到秋瑾的手里。据徐蕴华回忆，这些物件大约值黄金三十两。当时，徐自华寄居在娘家，父亲已经去世，生活并不那么宽裕。在当时的社会环境下，一个普通女子可以为了知己情谊、为了革命大义倾其所有，更显难能可贵。

"我将这些全送给你，仅余这些首饰物件也不知可否应急？"徐自华认真地问。秋瑾是个性情中人，感动之下，难得地展颜而笑，由衷说道："寄尘姐这么重的一份礼物，除了感谢，我真不知该怎么报答你啊。"说罢，秋瑾低头瞧见自己腕上戴的翠钏，突然像是想到了什么似的。她立刻除下一双玉镯，装在手枪盒子里，郑重地交给徐自华。

"这个小物件，给阿姐留作纪念吧！"秋瑾心中感慨万千，又说，"这次分别之后，恐怕难再相见。义举之事成败无法预料，若一旦事败，必难逃一死。将来枫林月黑之时，请你为我作悼词吧！"徐自华听了这番话，心中又是恐惧又是悲痛，只是推辞不得，便收下了这令人心碎的纪念品。姐妹俩一道狠狠地哭了一回，涕泪交加，不能自抑。末了，秋瑾又提起两人在杭州时许下的旧约,再三嘱咐,若真到了那一日,要徐自华定将她"埋骨西泠"。三个月前的一个玩笑,此刻却让人有些不敢想象,是因为害怕它会成了真。

在徐家住到第三日,秋瑾计划深夜离开石门回上海。徐自华知道留她不住,便任她打点行装。出发前,徐自华为其饯行。谁知秋瑾突然面色惨白,杯子握不住摔在了地上。徐自华吓了一跳,急忙起身去看,问她究竟怎么了。"心脏老毛病犯了,怎么办?"秋瑾痛苦地说。徐自华立刻吩咐两个婢女一左一右扶着秋瑾,为她捶背顺气,然而秋瑾依然感到疼痛不止。

徐自华见状,建议道:"你今晚看样子是走不成了,何不暂且留下休息,等好些了再走?"秋瑾却说事已有约,必须得走了。话虽这么说,徐自华着实放心不下,只好又劝起来:"要不然明天一早,我雇一艘船专程送你去赴约,这总行了吧?"秋瑾这才点头答应。

心痛疼痛稍稍得到缓解,时钟已响过了三回。徐自华这才安心了不少,便问秋瑾此行到底是去做什么,为什么这样匆忙着急。秋瑾之前并未谈及具体,所以又拣了些大概相告。徐自华听了心下大惊,眉头深锁,又忍不住劝了起来:"时机还未成熟,你且不要太急躁啊!"秋瑾强忍着疼痛,激昂果断地说:"不管怎么样,我甘愿为女界革命开道引路!"尽管作为知己姐妹,徐自华最关心的是秋瑾的安危。然而,她想起秋瑾曾说过"死且不惧",不得不敬佩于这种壮怀激烈。徐自华知道,再多的劝说也是无用的了。

翌日,天还没亮,秋瑾已经起身,准备出发。徐自华为她送行，一直送到溪边。夏日的破晓时分，天空仍挂着稀疏的几颗星，一草一木都像被烟雾笼罩。恍惚间，徐自华感觉到不知哪来的一股寒气，隔着衣服径直窜入心脏里，莫名地沉重肃杀。徐自华急急地想撇掉这可怕的预感，便问道："办完了上海的事，有空还能再来这儿吗？"秋瑾却是清醒地回答："从今往后怕是再不能来了！"

那天送别时的情景，成了徐自华心中永远的痛。后来，每每看到晓风残月，总会勾起那段回忆。令她痛彻心扉，却不愿忘怀。

那段时间，秋瑾还去了一趟上海，与徐蕴华见了一面。徐蕴华问及起义准备事宜，秋瑾奋笔写下两个断句作答，此后便与徐氏姐妹再无相见了。

没想到，义举临近约定的时间，却生出诸多意外变故。革命党人只得匆匆起事，已无力挽回局势。半个多月后，先是徐锡麟安庆起义失败，壮烈捐躯。秋瑾顾不得悲痛，设法赶在围剿之前疏散学生，又焚毁或转移了一批重要革命文件。为了掩护其余义军，保存革命实力，秋瑾不惜暴露自己身份，并且不顾旁人再三劝其隐避，始终坚持留守大通学堂。直到清兵包围了学校，她依旧面不改色，泰然自若。

被捕入狱后，秋瑾在酷刑之下仍不给供词，关于革命党坚决不说半个字，只留下一句"秋雨秋风愁煞人"。负责审讯的绍兴知府贵福见她软硬不吃，索性伪造了一份供词，按着手指强迫她画押结案。之后，心肠歹毒的贵福竟一不做二不休，求来了将秋瑾先行正法的命令。

农历六月初六是天贶节,而那一年的佳节良辰,对徐自华来说简直是一个噩梦。当时,徐自华应朋友之邀在杭州西湖避暑,便修书给秋瑾,想请她来杭州会面。然而,信还没来得及寄出,就传来了秋瑾就义于轩亭口的噩耗。差不多就在那时,她又收到了另一封信件,那是秋瑾被捕前五日,秋瑾从绍兴寄到上海给小妹徐蕴华的绝命词,蕴华当时不甚明白其用意,直到不多日听闻秋瑾的死讯。信中只有一首诗,并无其他只言片语,诗中有云:"虽死犹生,牺牲尽我责任;即此永别,风潮取彼头颅。"读完信,徐自华顿时悲痛欲绝,只能拼命将满腔冤愤注入笔下。等心情稍稍平复下来,含泪写成十二章的悼念诗作《哭鉴湖女侠》,回忆了她们相识一年以来的点点滴滴,赞扬秋瑾的大义凛然,痛斥当局官吏的昏聩无能。而区区六百余字又怎能说得清、说得够这许多的爱和这许多的恨?

泪不知流了多少遍,徐自华渐渐从打击中清醒过来。她明白,此刻不能任由自己沉浸在这痛苦的深海里。徐自华清楚地想起了当日在杭州岳王墓旁许下的那个"埋骨西泠"的诺言。斯人已逝,音容宛在,那个笑着打趣谁先得此便宜的人,那个再三嘱咐要她守约的人,如今被黑暗所吞噬,亦不知身在何方。可是,那个人一定还记着她们之间的约定,一定正在等着她去兑现承诺。她必须一往无前,虽千山不能阻。

为秋瑾所作的悼亡诗最后一句,徐自华写下了:"待仿西湖岳王墓,鉴湖从此亦千秋!"大声地表明了自己的决心。此后,她将为此付出不懈的努力,愿将往后余生酬知己。

第四章　继承遗志

营葬秋瑾

一

1907年7月15日清晨,秋瑾英勇就义于绍兴轩亭口。消息一经传出,舆论霎时一片哗然,皆为此义愤填膺。然而,在当时清廷的高压手段下,许多人都是敢怒而不敢言。女侠遗骨竟一时无人收埋。秋瑾在被捕前已经通知家人避难。此时他们正寻找可靠的藏身之处,以躲避清廷搜捕。里保来传报告的时候,家中根本没有能做主的人,余下留守的女眷更是不敢出面认领。最后,只能由善堂负责收殓,草草埋葬于绍兴府城外的卧龙山,当地人称"府山"脚下。不能将秋瑾好好安葬,成了那时避居在外的秋家人痛心而无奈之事。

同样挂心此事的,还有正旅居杭州的徐自华。自从听闻秋瑾的死讯,徐自华感到时常被一种悲愤之情所包围,郁结在心而无法排解,最后竟生出一场病,令她自顾不暇。

9月末,又是那恼人的悲秋时分,徐自华独自去了一趟西湖。离3月那次与秋瑾结伴踏春,仅仅过去了半年时间。西湖的一汪碧水、栖霞岭的岳王坟,一切风景依旧如昨,然而身边已没有了那个熟悉的身影。可是，那山间湖畔，偏偏处处皆是抹不掉的回忆。想到此处，徐自华心痛成诗："填胸悲忿难浇酒，触目凄凉一哭卿。"经过平湖秋月时，徐自华又想起秋瑾留下的"秋雨秋风愁煞人"，不禁百感交集，便以此句入诗，写成绝句数首，其中有一首："旧游回首倍酸辛，秋雨秋风愁煞人。欲觅西湖干净土，为卿三尺造孤坟。"后两句是从秋瑾被捕前给徐蕴华的绝笔信中化用而来。徐自华以这样的方式提醒自己，定要设法兑现许下的承诺，完成秋瑾的遗愿。

与此同时，徐自华开始回忆并记录下自己与秋瑾的交往，希望让更多人知道鉴湖女侠的故事。在许多人对秋瑾和秋案避之唯恐不及的情况下，徐自华却甘愿冒险不断地为她发声，这份勇气实属不易。11月，上海的《小说林》杂志第六期刊出了一篇《秋女士历史》，这是徐自华关于秋瑾生平最早的记述。这一年里，徐自华先后在《神州女报》发表了《祭秋女士文并序》和《挽秋女士》四章，在《小说林》发表了《秋瑾轶事》。这些作品从不同的角度还原了一个更真实的秋瑾，不单单是刻在纪念碑上的一个名字。世人只道秋瑾心怀家国大义，却不知她会酒后纵情舞刀；只道她性格倔强不服输，却不知她也有独自垂泪的时刻；只道她颇具咏絮之才，却不知她幽默风趣的一面；只道她豪爽爱结交，却不知她难觅知音，更不会知道，浔溪结交、盟言金玉、西泠之约究竟发生了怎样曲折的故事。试想一下，若徐自华当年没有用文字保存下这种种回忆，后人又要如何以思想穿越时空，拨开历史迷雾，看清她们当时的模样呢？

营葬秋瑾一事千头万绪，徐自华倍感独木难支。这时候，在上海有另外一名奇女子，也在为同一件事忧心。她就是当时有名的才女吴芝瑛。吴芝瑛原先在京城居住时就与秋瑾相识，志趣相投遂成为至交。秋瑾东渡留学时，吴芝瑛亦有相助。当时，吴芝瑛与丈夫迁居上海，同样急切地关注着葬秋瑾事。徐自华便托小妹徐蕴华给吴芝瑛捎了一封信，与她共同商讨营葬事宜。很快，吴芝瑛那边便来了回信。徐自华得知她也和自己有共同的心愿和目标，又在《时报》读到吴芝瑛写的文章，知她也想去绍兴。书信邮寄日期难定，徐自华等不及，就索性赶去了上海，准备与吴芝瑛直接会面。然而，只在客栈住了两天，徐自华就收到了从石门寄来的一封家书，信中所写犹如晴天霹雳一般。是母亲马氏来信告知徐自华，爱女蓉儿竟患上了白喉症，如今已生命垂危。徐自华焦急万分，立刻启程赶回家乡，离开前匆匆寄了一封信给吴芝瑛说明情况。不久，蓉儿就因治疗无效而早殇，徐自华数月中先失挚友、又失骨肉，命运有时实在残忍。她在《哭蓉女》中说，"剧痛连城先碎玉。"满腔悲愤无处宣泄，唯有更加专注地投入到营葬一事中，让自己忙得没有时间胡思乱想。

离开上海前，徐自华曾嘱咐徐蕴华先与吴芝瑛见一面，将她的想法代为转达。吴芝瑛又很快写了一封回信，进一步商讨营葬方案。

由此，徐自华与吴芝瑛开始了频繁的通信往来，营葬秋瑾的筹划安排几乎都是通过书信商讨完成的。那时的信件邮寄并不像如今这样便利，延误更是常有的事，但两人始终保持着联络。

徐自华与吴芝瑛初步约定，秋瑾葬事由两人共同承担，买地、

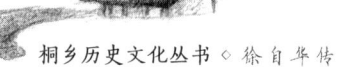

葬事等一切费用均可分摊筹备。只是,当务之急要先买到一块合适的地,才能考虑后续诸多事项。吴芝瑛久病缠身,不能远行,找地的任务就交给徐自华去完成。只是徐自华那时因女儿离世,有许多事要操办,再加上丧女之痛使之情绪低落,便暂时无法离家去杭州寻地。

这时,吴芝瑛那边传来了一个好消息。原来,西湖大悲庵有一位慧珠道人给吴芝瑛写了一封信,说听闻秋案始末,又知有人正为其营葬,便自愿献出大悲庵旁边的三亩地,为秋瑾营墓,并为她祭扫。现成的地既已找到了,徐自华又听吴芝瑛说,为了掩护秋瑾的墓,想给自己造一个生圹,将秋瑾葬于生圹内,将来合葬亦全了姐妹情。既是营葬大事,自然不能草率决定,徐自华打算尽快去一趟绍兴秋家,统一意见后再行事。

将女儿的丧事办妥之后,踩着1907年的尾巴,徐自华仅带着义女濮亚华一人前往绍兴,途中要渡过钱塘江。渡江那一日,天空彤云密布,霎时风雪大作,江上孤舟行路,正如徐自华那时的心情一般。后来,她写下四章诗作记录当时的情景。诗云:"哭女伤心泪未干,首涂急急觅君棺。一腔热血依然在,纵冒风霜不怕寒。"

行路匆匆,终于与秋家人见了面。秋瑾的弟弟秋宗章那时才十二岁,却对那次的会面印象深刻。徐自华本与秋家毫无渊源,家人也对秋瑾与她的交往并不知情。在许多人急着撇清关系的时候,徐自华却为了一句旧约不辞辛劳四处奔走,秋家人知道后,又是悲痛,又是感慨。那时发生的种种,秋宗章记了许多年,回忆起来仍仿佛历历在目。

寒暄过后,言归正传。营葬秋瑾涉及两件大事,一是选址,二是移柩。将秋瑾营葬至西泠一事，秋家人得知是其遗愿均表示赞成。只是因秋瑾一生独立自主，不愿依附、连累任何人，家人想要成全她生平之志，不希望附葬累及旁人。至于移柩，正如吴芝瑛在信里所说，秋家人已然做了准备。当时，秋瑾藁葬于山中，秋家人碍于地方官吏的强权不敢移动。后来，清廷将处理秋案的官员先后调离，秋瑾的哥哥秋誉章眼看形势有所好转，便以重金雇用了几名夫役，秘密找寻秋瑾的棺柩，并偷偷地送到城门外的严家潭丙舍暂停。原本打算过段时日将棺柩葬于祖坟旁边，只是一直没有办成。于是，徐自华便与秋家人约定好，因墓葬营造需时未定，为了免去另找停柩之处的麻烦，待营造完毕，再由秋家人负责将棺柩运送至杭州。

既已初步商讨完毕，徐自华便不做过多停留，从绍兴直接赶往杭州。当务之急是要把地给定下来。新的一年，就在徐自华这样的奔波忙碌中开场。

二

原以为，只要与慧珠道人见个面走个过场即可。没想到，徐自华在杭州寻访了数日，不单没找到大悲庵的所在，更不知晓慧珠道人身在何处。不知是先前的信函信息有误，抑或是在人迹罕至的僻静之地，徐自华一时也无头绪。可好不容易来一趟，总不能空手而归，只好自己再去另寻别处。所幸，功夫不负有心人，终于在西湖苏堤春晓处找到了一处极合适的场所。尽管面积不大，但此处在西湖中心苏小小墓的旁边，与郑节妇墓相连，同去相看的友人都表示满意。徐自华立刻致书吴芝瑛，告知绍兴之行、西湖寻地等种种事宜的进展情况。并依照之前所约定的两人分别负责买地和营葬，请吴芝瑛尽快派人来杭州料理造墓的事务。吴芝瑛亦火速回信，告知将由她的丈夫廉泉立即来杭州，会同刘庄马卓君料理造墓之事。信中，吴芝瑛还具体与徐自华商讨关于运灵柩、树墓碑，以及如何秘密行事，防止官府干涉的种种细节，以求万事尽量周全顺利。

1908年1月中旬，徐自华收到吴芝瑛丈夫廉泉的来信，得知他已到杭州，便立刻赶去接洽。徐自华与廉泉详细面谈交换信息后，本要一起商定造墓的具体工程。然而工匠报价较高，双方一时谈不拢。徐自华便先行回到南浔过农历新年。之后造墓、移柩、归葬种种，大抵都由廉泉一手联络操办，徐自华亦是后来通过绍兴方面的来信才知道详情。

民国初年造秋瑾墓

1月25日，秋誉章秘密运送秋瑾灵柩到达杭州，由廉泉负责接应，将其葬于西湖西泠桥畔。秋侠终于得偿夙愿。当时，廉泉还邀请了秦歧农绘制了一幅《西泠悲秋图》，记录下当时西泠桥畔秋墓的场景。正如徐自华之前在给吴芝瑛的信中所说："美人、节妇、侠女，三坟鼎足，真令千古西湖生色。"

收到秋瑾棺柩葬于西泠湖畔的消息时，徐自华正在给吴芝瑛写回信。虽然不能亲眼见证那一刻，徐自华依然感到欣慰万分。侠骨既已归葬，许多同人都提出要择日会祭秋瑾，有数人甚至特地在杭州等候。于是，徐自华便将此事添至信中，与吴芝瑛商讨。最终，会祭日期定在了2月25日（正月二十四）。只是后来，吴芝瑛因种种原因未能到场参与。

"今择月之二十四日，至坟前公祭。凡我男女同胞，如痛鉴湖之冤者，届时务请降临，于一点钟赴西湖凤林寺集议……"不日，徐自华发出了一封《会祭鉴湖公函》，邀请学界同人广泛参与。

终于到了会祭秋瑾那一日，追悼大会上来了商学各界的众多人士。清驻防闻人贵翰香不知为何不请自来，甚至登台大放厥词。最后在徐蕴华的严词诘问下，终于灰溜溜地离开。

追悼大会上，徐自华先汇报了营葬秋瑾的始末。接着，秋瑾兄长秋誉章讲述秋瑾生平以及英勇事迹。最后，众人相继发表演说怀念秋瑾，在场之人无不为之落泪。徐自华又说，虽然自己与吴芝瑛等人勉强完成了归葬一事，但毕竟孤军奋战财力薄弱，无法独自承担今后的祭扫责任，因此需要共同商议办法，以做到后续长久的维持。于是，有人提议应有墓工以及每年扫墓、修墓经费。来宾即刻积极响应捐输，共募集到三百六十一元，还有一位女士独认捐资刊刻墓铭。讨论完毕，众人再到秋瑾墓前，分男女两班致祭、行礼，并宣读哀词和祭文。

会祭当日，以继承秋瑾遗志为目标的秋社正式成立，首批社员有陈去病、褚辅成、姚勇忱、杨侠卿等数十人，并推举徐自华为社长。会后，徐蕴华受姐姐之托，回上海将会祭情况以及秋社成立之事向吴芝瑛汇报，还送去了一封秋社同人写给她的信，感谢她为此事的付出。吴芝瑛心下颇感安慰，个人之力毕竟微薄，如今有众人协助，盖亭建坊的墓工亦可期了，就立即写了回信给徐自华，便说："此后布置，由秋社同人公决行之。"又给徐自华寄了一首诗，诗中有云："旧交三两在，谁与诉烦冤。"徐自华与吴芝瑛，这两位秋瑾的旧交，一直只是纸书之谊，现在终于盼到了相见的时刻。

3月中旬，吴芝瑛去了一趟杭州，原想途中经过石门时与徐自华见面，但最终因同行还有他人家眷，故不便上门拜访。吴芝瑛先行去了秋墓祭扫，刚回到刘庄便有人来报，不久前在街上看到过徐自华。吴芝瑛料想她或许还未离开，马上写了一封信，邀她来相聚。这次，两人总算没有错过，从文字里相识大半年后，终于可以面对面地交谈。那一次，徐自华写了《西泠吊秋和吴芝瑛女士原韵》以作留念。诗中有"几个人还忆旧盟，延陵挂剑感高情"，颇有些凡尘遇知音的味道。

之后，两人又共同完成了秋瑾墓的墓碑和墓表。墓碑是吴芝瑛所书。墓表由徐自华撰写，吴芝瑛书丹。徐自华又找了石门金石家胡匊邻刻石，当时有人称其为"三绝"，又称"西泠十字碑"。而这一切也是由徐自华与吴芝瑛互通信件中商讨决定的，若不是志同道合者，恐怕很难做到这样默契的配合。

那年六月初六，是秋瑾成仁一周年的纪念日。徐自华原本打算召集同人秘密祭拜，却因为计划泄露而作罢。到了那一日，徐自华只能独自来到西泠桥畔的秋坟。祭奠完毕，天公像是通晓人心一般，忽然间风雨大作。徐自华写下一首诗，诗中有云："风雨成孤愤，雷霆激寸衷。莫抛儿女泪，继起是英雄。"这是她当时的内心写照，逝者已矣，生者与其悲伤，不如承其志，继续前行。

立于西泠之畔的秋墓，诉说着沉冤待雪，呐喊着壮志未酬。对徐自华他们来说，既是鞭策也是鼓励。然而，秋侠埋骨西泠尚不足一年时间，麻烦就迅速找上门来了。10月，清廷"平毁秋墓"的命令一经下达，毫无转圜的余地，甚至波及徐自华与吴芝瑛自身安危。徐自华不得不暂时避祸隐居，以待日后有机会再设法将秋柩还葬西泠。可她并没有料到，这将是一场以数年计的"持久之战"。

重修秋墓

一

原以为"埋骨西泠"便能使侠骨安眠，但秋瑾墓终究犯了清廷的忌讳。1908年10月，御史常徽奏请平秋墓，理由竟说因秋瑾墓与岳王坟并峙便是目无法治，这根本是欲加之罪。更可恶的是，奏本里还特别将徐自华与吴芝瑛一并提出，意指两人参与营葬便是秋瑾的同党，要缉拿她们问罪。第二天，清廷上

谕浙江巡抚增韫"按照所指各节,严行查禁,毋任匪徒煽惑滋事"。一夜之间,形势突变,可谓是危机四伏。

好在,徐自华得到消息的时间较早,便果断地离开了常居住的地方。那时徐蕴华仍在上海爱国女校读书,徐自华便前往上海避居,秘密藏身于一家医院。抓不到人,增韫只得另想办法去查证,便找到了林孝恂。林孝恂从前在石门县城任职六年时间,如今在杭州府治仁和当知县。林孝恂本身与徐家交好,面对增韫的询问,显然不会急于明哲保身。"徐自华是妇人之仁,请不要牵连太广。"林孝恂打算帮徐自华姐妹说情,却也不敢明着来,也只能避重就轻试一试,"徐蕴华还是个小女孩,年纪小不懂事,不过是盲目追随姐姐罢了。"同时,吴芝瑛也千方百计走了些门路,去运动两江总督端方,想办法扭转局势。最后,终于换来了增韫上表的奏章里这几句话:"其从前捐资掩埋之女士吴芝瑛、徐寄尘等出自一念慈悲,有类似红十字会举动,实与原案无关,应请免予置议……"至此,徐自华、吴芝瑛的风波才得以平息。

徐蕴华后来回忆此事,分析当时增韫、端方愿意放人一马,实则是迫于舆论的压力。当时,平毁秋墓、通缉徐吴的命令一经下达,立刻引起了公愤,报纸上刊登出各种为当事人叫屈、辩冤的文章。增韫、端方眼见这种情形,当然不愿意步张曾扬、贵福等人的后尘。再加上那段时间义旗四起,时局不稳,与其累及自身,不如保官要紧。

尽管徐自华和吴芝瑛幸运地躲过一劫,秋瑾墓却依旧下令被平毁,棺柩被勒令迁移。幸好,秋瑾的伯父当时官任黑龙江提法司，和增韫曾有旧交情，便报了信让家属赶紧来迁墓，并由浙江巡抚派了人会同秋誉章取出秋瑾棺柩，一路送回绍兴，依旧在严家潭丙舍暂停。后来，又被湘潭王家派人运到了湖南。秋宗章在回忆文章里说："初以为埋骨西泠将成虚愿矣。"

侠骨灵柩由秋家亲属负责迁移，另有一件事却让徐自华着实挂心，就是秋坟前的墓碑。毁墓前夕，徐自华和上海革命同志便派徐蕴华秘密去往杭州，保护有纪念意义的"三绝"墓表。这次的"抢救"行动，得到了一位名叫朱端人的同志大力相助。朱端人是朱公后裔，就住在祠堂里，计划趁着夜深人静之时，帮着将墓碑偷偷地运到朱公祠，埋在供案下的泥土里。正当徐蕴华徘徊等待机会之时，却被西湖巡逻队发现了踪迹，遭枪柄击伤了尾椎骨。这一次受伤，使得徐蕴华留下了终身隐痛的后遗症。所幸，任务最终顺利完成，"三绝"墓表才得以留存至今。

秋墓一朝被平，却掩盖不了秋案的影响力。差不多同一时期，由徐自华撰文、吴芝瑛手书的《鉴湖女侠秋君墓表》悲秋阁拓本印行，纪念秋瑾之声不绝于耳。虽然徐自华等人在这之后的几年里，并没有什么机会为秋墓被平一事讨公道，但至少从未忘记过曾经发生的这一切。徐自华手里有一幅《西泠悲秋图》，她便拿着这幅画，多方征集诗人、同志的题咏，像南社成员庞树柏、吴梅都曾为此画题过词，以此来缅怀秋瑾。

话说这几年间，中国社会亦发生了巨变。1908年年底，斗了大半辈子的光绪帝和慈禧太后相继离世。年仅三岁的溥仪即位，这也是清朝最后一位皇帝。1911年，清廷宣布实行"责任内阁制"，所谓"君主立宪"却是换汤不换药，依旧是皇族成员占多数。清廷这边是气数已尽,连原本的立宪派也失望透顶,逐渐向革命派靠拢。而革命党人在一次次的失败挫折下,始终没有放弃希望与努力。直到1911年10月,武昌起义爆发,众人的士气受到了极大鼓舞。十余省份纷纷响应,宣布光复独立,形成了全国规模的辛亥革命。

新的一年迎来新的开始。1912年1月1日,中华民国临时政府成立,孙中山在南京宣誓就中华民国临时大总统职。就在这一天,徐自华发布了《西泠重兴秋社并建风雨亭启》。她在信中表示,希望同志们参与募集资金,在西泠秋瑾墓的原址处修建一个风雨亭,改刘氏伪祠为"秋社"。信的最后,她写下同盟会女会员语溪徐寄尘的署名。而后,徐自华又大胆地致电临时大总统孙中山先生寻求支持,将营葬秋瑾到秋墓被毁的来龙去脉都讲了个明白。由此开始,这件事终于逐渐得到了新政府的重视。

很快,徐自华又马不停蹄地投入了修亭建祠的各项准备工作中。

当务之急是募集所需款项。1912年1月下旬,绍兴的《越铎日报》刊出了一则《越社启事》,为建筑风雨亭、改建秋社向海内外各界募集资金。越社是1911年创立的地方文学团体,陈去病曾为之作成立叙。此次募捐发起人是徐自华,赞成人有陈去病、褚辅成、王金发、黄介卿等。紧接着,秋社、越社联合在绍兴大善寺召开秋瑾烈士追悼大会,当时有上千人到会参与。徐自华以临时主席的身份发表演说,宣讲秋瑾的生平事迹,告知众人募捐的缘由,再一次发动募捐。关于那天的追悼大会,徐自华曾写下一阕词和四章诗以作纪念，尤其是一阕《满江红》道尽她心中的悲愤和决心，词有云："五载凄凉风雨恨，一朝光复神州旧。"最后更问道："慕芳徽、裙屐喜重来，君知否？"

1912年，是徐自华的不惑之年，而谁又能预料人生还剩下多少个五年。好不容易盼来的机会，必须要紧紧地抓住。再加上秋社集会时，得知众人多有重营秋墓的想法。于是，不久后便上书浙江省议会，提议迎还秋瑾遗骸归葬西湖。很快，省议会同意了请求，并委托给秋社办理。

西湖秋瑾墓，墓前肃立者是与徐自华一起操办葬秋事宜的吴芝瑛女士

二

这一次，秋瑾新墓的布局规划得更加完善。由于原本的墓

地狭小，凤林寺僧自愿捐地，用于建造新的秋瑾墓。旧墓址则另建风雨亭以供凭吊。当时的浙江都督蒋尊簋还批准了秋社的请求，把抗击太平军的清朝功臣刘典专祠没收充公，改为"鉴湖女侠祠"，即秋祠。因屋宇荒废破旧，还特别拨给秋社一笔经费用于修缮。秋瑾生前常借祠旁的临湖小楼秘密议事，于是这五楹小楼改称"秋心楼"，秋社也附设在这小楼中。

1912年7月，徐自华发出《秋社主任徐自华通告》，告知各界秋祠修缮完毕，秋墓原址上风雨亭也已竣工。并将定于7月19日举行纪念大会，邀请广大赤忱好义人士参加集会。并且登报向大众征求秋瑾的遗物，届时将陈列会场以示纪念。

重修秋墓的工作，主要由秋社同仁负责。吴芝瑛虽不能亲至，却同样尽其所能。在与徐自华的书信往来中，可以看到她不仅发挥专长写了风雨亭和秋心楼的题额和新的墓碑，甚至在自己被逼债的情况下还参与了募捐。后来看到报上所登的告示，正在病中的吴芝瑛立刻找出自己和秋瑾结义的盟书，以及秋瑾遗衣两袭等珍贵物件，着人专程带去杭州交给徐自华，借由这些物件代替自己参与纪念大会。

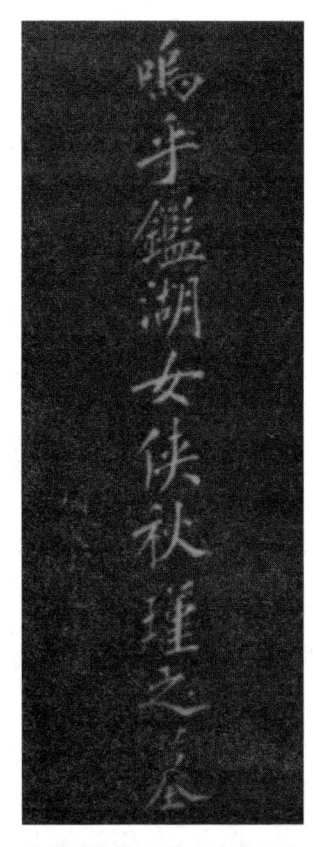

吴芝瑛书秋瑾墓十字碑拓片

7月19日，农历六月初六，在秋瑾成仁五周年之际，纪念大会在杭州凤林寺隆重举行。这次集会颇有规模，除了各团体同仁，还有都督、军长、各司长到场参与，挽联哀词挂满了墙壁。会上，徐自华再次以临时主席的身份报告秋社历史和改建秋祠、募建风雨亭的始末。谈及秋瑾成仁的往事，徐自华颇为感慨，直言如今是"拨云见日"。最后，现场奏乐一番，各官长行三鞠躬礼，送栗主入祠。

礼毕，徐自华心中稍安，余下却还有另一件重要的事还未尘埃落定，侠骨灵柩仍远在湖南。早在3月时，秋社便与湖南方面就此事进行商讨，然而对方始终不肯松口，只同意把遗像、衣物还来，让浙江方面在西泠原址设衣冠冢。秋社众人联名上书和湖南都督据理力争，还通过秋瑾妹妹秋珵去劝说，过了数月仍无结果。7月，徐自华听说湖南方面有意把秋瑾葬于岳麓山，知道再拖不得了，便委托陈去病前往湖南，与秋珵一道去交涉。

在多方努力之下，终于劝服王沅德同意将秋瑾遗骸归葬西湖。同盟会成员王时泽恰巧从上海回湖南，曾记录下这样一段回忆。当时，湖南和浙江已经商定，要把秋瑾灵柩送回杭州，重新葬在西泠桥畔。有人就带了秋瑾儿子王沅德来找王时泽，说王家认为秋瑾子女都在湘潭，不赞成迁葬西湖。王时泽婉言相劝许久，王沅德才不再反对此事。说通了这一边，那边部分同盟会会员又主张改葬岳麓山，王时泽又坚持认为不妥当。因为秋瑾出生在浙江，又是在浙江就义，当然应当重新归葬西湖。

最终，湖南都督下了批文，同意侠骨还葬浙江。文中有言：

"今以秋侠为革命巨子,世界公人,不敢一家私有,已许秋社同人迁葬……"9月底,陈去病和秋珵护送秋瑾灵柩从湖南启程。差不多一个月后,经由上海抵达杭州,棺柩暂时存放在西湖秋社。

1913年7月9日,又是一个六月初六日。秋瑾逝世六周年的这天,灵柩终于登穴入土,重新安葬在西湖西泠桥畔。从秋瑾灵柩返杭,到入土归葬,中间历经了九个月。为何相隔三季之久,或许是有意将仪式安排在成仁纪念日,但恐怕还存在另外的缘由。

重修秋墓一事,浙江省政府原本交给秋社主持办理,徐自华则是营葬事务所主任。都督蒋尊簋也一直对此事表示宽容和支持。然而,1912年年中,因袁世凯就任临时大总统,到处搜罗亲信,蒋尊簋不堪饱受排挤,愤而辞职。就在秋社为迁柩一事奔走苦恼之时,浙江都督府一朝易了主。后来,徐自华规划设计了秋墓图样,庄严朴素、颇为壮观。那位新上任的都督朱瑞曾经是秋瑾主持的光复会骨干,起初倒是爽快地批准了方案,开始动工营造。差不多完工之时,袁世凯政府委员来浙江视察民政,参观秋墓之后大为不满,竟随意找了个借口,说秋瑾虽然对革命有功劳,但不应该和岳王坟对峙。没想到,朱瑞是个忘恩负义的墙头草。命人连夜将秋瑾墓拆低了五尺,还废除了原本设计为居中而立的石像。徐自华听说了此事,自是不肯轻易退让,据理力争无果之下,她又印发了传单,将都督出尔反尔的行径告知大众。面对徐自华的强硬态度,朱瑞恼羞成怒、翻脸无情,他擅自弃用徐自华,另外委派了营葬所主任负责后续事务,更扬言要与徐自华势不两立。后来,徐自华被逼无奈之下,去了上海另谋他职。恐怕这背后的种种纠葛,也是影响事情进展的原因。

　　不过，无论如何，历时一年多，重修秋墓、建秋社秋祠的计划总算是圆满完成。侠骨能长眠于西泠，便是徐自华最大的安慰。只是，鉴于一葬秋瑾后的遭遇，徐自华始终对西泠桥畔的一切放心不下。后来，她甚至搬到了西湖长住，与秋墓朝夕相伴，而经营秋社、保护秋祠，也成了她后半生最重要的事。

徐自华撰的秋瑾墓表

秋社秋祠

一

1927年夏天，五十五岁的徐自华将手头所有工作移交完毕，便踏上了离开上海的行程，一路往杭州去。她心中早就打定了主意，要将自己的新家安在秋社。此后生命里的每一日，都要和西湖美景相邻，与知己青冢为伴。更因为西泠桥畔的秋社与秋祠是她如今最为挂念之事。

秋社成立于秋瑾第一次葬于西泠桥畔的那一年。徐自华在杭州筹办了一次会葬秋瑾的活动。众人在凤林寺集合，追悼秋瑾，瞻仰秋墓，举行公祭，这是活动最关键的环节。随后，当场成立了秋社，众人又一致推举徐自华为社长，最早入社的一批成员有陈去病、褚辅成、姚勇忱、杨侠卿等数十人。

秋社成立的初衷，一是为便于开展祭祀、纪念秋瑾的活动，二是为继承秋瑾遗志，继续参与革命。本着这样的初心，在之后的许多大事件中，秋社都发挥了积极的推动作用。

1908年秋侠归葬西泠，没过一年便遭遇被平毁，再到五年后回迁复葬，充满了戏剧性。两次葬秋，秋社同仁均深入地参与其中，甚至可以说是促成此事顺利完成的关键。

凤林寺集会后，没赶得及参加大会的吴芝瑛收到了秋社同仁专门写给她的一封信。读了信之后，吴芝瑛给徐自华回信说："今既得同人之协助，则盖亭建坊等事，可一气蹴成。"言语之间颇有些欣慰和安心，并提议以后的诸项事宜，都由秋社同人共同商量决定。由此，秋社加入营葬秋瑾的事务中，并逐渐得到认可。然而，1908年10月，清廷忽然下令将秋墓平毁，捉拿参与营葬的徐自华和吴芝瑛。尽管最后经过多方努力，徐、吴两人都得以免于灾祸，但面对清廷的高压态势，在这之后的数年间，她们都不得不低调蛰伏，当然也包括秋社。

秋社被重新提起，是四年后的"民国初年"。孙中山就任临时大总统后，徐自华做的第一件事就是向所有人宣布，她要重新组织秋社。这一次，秋社不再只是口头上的组织，而将会有实实在在的活动场所。后来，浙江省议会又把还葬秋瑾至西湖的事务委托给秋社办理，并在秋社设立营葬事务所，任命徐自华为主任。于是，在第二次营葬秋瑾的过程中，秋社始终作为主导参与其中。

一方面，因涉及修缮秋祠、建风雨亭等建设项目，亟需一笔资金投入。尽管浙江都督府支持了部分经费，仍然存在不小的缺口。于是，秋社与越社联合召开秋瑾追悼大会，宣讲发动经费募捐。又通过越社在绍兴的报纸上刊发募捐启事，广泛寻求帮助。另一方面，秋社还要尽快促成秋瑾灵柩的回迁。在与湖南方面交涉时，秋社成员表现得不卑不亢，集体向湖南都督据理力争。一番交涉无果后，秋社成员陈去病又按照徐自华的指示，直接赶往湖南与多方商讨，终于促成秋侠归葬西泠桥畔。

秋社成立后的几年里，每年的六月初六，徐自华总会召集社员，开展祭祀、纪念秋瑾的活动。特别是1912年的秋瑾成仁纪念日，恰逢秋社重组、秋祠新设、风雨亭落成，秋社筹办了一场庄重而盛大的集会悼祭。为此，秋社还提前在报纸上刊登公告，征集秋瑾烈士的遗物，在大会当天陈列展出。1913年，《秋女侠诗文稿汇编》在杭州出版。这本书就是秋社同人专为这场追悼大会编印的,里面收录了悼念秋瑾的文章、传记、诗歌等作品,可以说是纪念秋瑾的专刊。

秋社、秋墓远景

秋社在协助处理秋侠后事中频频亮相,因而吸引了一大批志同道合的伙伴,以英雄之名凝聚在一起。后来,秋社渐渐成为徐自华等人开展革命工作的重要联络点。

那时,秋社常借由纪念秋瑾的名义举办活动,实则是集合一批实力骨干成员,积极商讨浙江起义活动。秋社成立那年夏天,徐自华姐妹和竺酌先、王金发、姚勇忱等几名革命党人在刘公祠唱湖小楼(即后来秋社所在地)聚会。秋瑾的大哥秋誉章曾住在附近的民居,也多有来往。要知道,在当时的社会形势下,一群人过从甚密难免招眼。加之风声日紧,这种集会就引起了有心人的注意。一时间谣言四起,他们最终被官府的人盯上了。一天,浙江巡抚秘密派了几个人装作游客前去查探。恰好竺酌先、王金发都还没到场。徐自华的堂弟景卿见状,急中生智,假装躺在榻上抽起了大烟。窥探消息的人见他面色不改、吞吐自如,疑虑立刻打消了大半,直说:"这是误报了吧,革命党怎么会像这样腐败?"这些人回去之后据实以报,此事才得以平息。但无论情况有多凶险,徐自华与秋社始终没有中断和革命党人的联系。

1912年重组之后,秋社又受到了更广泛的关注。曾接待过临时大总统孙中山和革命家黄兴等知名人士。特别是1912年年底,孙中山应徐自华之邀,从上海出发抵达杭州。在徐自华的陪同下,孙中山来到秋社祭奠秋瑾,还题赠了一块"巾帼英雄"的匾额。在那次会面时,徐自华大胆地提出邀请,希望孙中山担任秋社的名誉社长。诚意打动人心,最终得到了孙中山的首肯,这一结果极大地提升了秋社当时的社会影响力。

后来,尽管社会动荡不减,秋社同人们始终初心不改守护这一方净土。特别是徐自华,担任秋社社长有二十余年之久。直到1935年的六月初六,秋社召开社员大会,宣布由社长制改为委员制。徐自华自知年迈体弱不能再独自支撑秋社运作,便主动让贤,只做了个常务委员。即便如此,徐自华始终心念着秋社事务,遇到重要会议,就算不能到场参与,也要亲笔签到。对于秋社的发展计划,她都细细询问、关切万分。秋宗章回忆说,当时秋社打算筹资创办一个女子图书馆,徐自华极为赞同和支持。病情危急之际,她还强撑着留下书信,托王孚川、褚慧僧、姜心白等同志帮忙资助经费。正因有徐自华他们的苦心经营，才使得秋社在革命大潮中发挥出应有的作用。

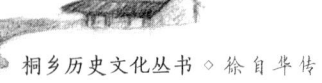

旧时秋祠

二

"二我轩"是20世纪初杭州著名的老字号照相馆。在徐自华与吴芝瑛的通信中，也曾提到过请这个照相馆帮忙拍照云云。民国时期，"二我轩"曾出版过一套《西湖风景》的相册，因而闻名海内外，该相册在南洋劝业会和在美国举办的巴拿马世博会上均荣获金奖。据说，目前法国国立图书馆也有收藏。影集中四十八张珍贵的老照片记录了杭州城旧时的美景。其中就有秋瑾风雨亭和秋祠的照片，可见当时重修后的秋墓颇为庄严肃穆。

从"二我轩"所拍摄的照片来看，秋祠入口处有高高的牌楼，画面上看空间宽敞，想来当时也是经过一番精心挑选的。这座秋祠又名鉴湖女侠祠，是第二次葬秋之时所建，场所是现成的，就是原来的刘公祠。由省政府做主改建，拨款修缮成秋祠，作为祭奠、凭吊秋瑾的场所。

这刘公祠是清廷的赏赐，奖励给镇压农民起义的官吏刘典。辛亥革命之后，刘公祠被收归公有，浙江省政府将其拨给秋祠也算是物尽其用。然而，刘氏后人始终对此愤愤不平。之后围绕秋祠的种种纠纷，皆是由此引发的。

1919年，刘氏后裔告到了北京政府内务部，想要夺回秋祠。当时正值军阀割据时期，浙江省省长盲目顺从北洋军阀政府的旨意，打算把秋祠发还给刘氏。徐自华听说这件事后，立刻上书浙江省议会，呈请保存秋祠。历经了大半年的时间，终于等来了省议会的批准，刘氏后裔的无理要求被驳斥了。这一争，换来了秋祠往后几年的平稳日子。

后来，军阀混战加剧，江浙战争爆发。1924年，直系军阀孙传芳被北京政府任命为闽浙巡阅使兼浙江军务督理，率军进攻浙江。之后，浙江督军卢永祥宣布下野，直系军阀进一步控制了浙江。刘氏后裔不知耍了什么手段，竟与当局狼狈为奸，趁机将秋祠据为己有，由亲属把持管理权。徐自华见此情形，虽痛恨于无法祭祀英烈，却又对此无能为力，以致积忧成疾，郁郁寡欢，身体虚弱了许多。

两年后，一场以推翻帝国主义和北洋军阀反动统治为目标的北伐战争开始了。1927年年初，北伐军势如破竹，占领了杭州，北洋军阀在浙江的统治正式宣告结束。徐自华马上召集秋社同人联名呈请浙江政务委员会恢复秋祠。浙江政务委员会令杭州市政府查明情况后决定发还，并下令由公安局派人员，会同徐蕴华前往接收。徐蕴华回忆说，那时祠内陈设已破损不堪。全靠徐自华和陈去病捐出两千元，又向社员借了两千元，这才得以重新修缮一新。每年秋侠成仁的纪念日，终于有了固定祭祀的地方。

至此，秋祠的归属本来应该是尘埃落定了。然而，刘氏后裔不服省政府的命令，始终不肯死心，依旧向政府上告，只盼着有个"万一"能成功。自从迁居杭州之后，徐自华便一心扑到了保护秋祠这件事上。

1930年年初，徐自华以秋社的名义递交了"秋社呈内政部请备案文"，请求政府予以备案，免得秋祠将来再遭人侵占。文中具体陈述了秋社、秋祠建立的缘由，为承继秋志所做的事情，产生的积极影响，等等。尤其是点明了刘氏后裔欲将秋祠占为私产的阴谋，希望政府了解原委，能在将来引起纠纷之时保护秋祠。徐自华在文中恳切地表示，保存秋社、秋祠多有不易之处，祭祀缅怀英烈又是如何要紧。她又动情地说自己"年近六旬、精力衰耗"，如果没有妥善地定下规章程序终究不是长久之计。实在是担心将来会横生枝节，引起许多纠纷。尤其是这十几年来一同为秋社、秋祠付出过的人们，绝对不愿意看到其因此而衰败。文末，徐自华再次表达心中的恳求，写道，"俾先烈之俎豆常新，而秋社之精神亦赖以固结也。曷胜感激屏营之至！"

徐自华这边是据实以报，刘氏后裔却一再地寻找机会诬告，企图误导政府方面，以便抢夺秋祠的所有权。刘氏后裔污蔑徐自华霸占秋祠，根本是无稽之谈。然而当时政府里竟也有人，因为种种原因偏帮袒护告假状的人。

这下，徐自华被彻底激怒了，直说："青天白日之下，如果连先烈祠宇都无法保存，谈何革命啊？"还在秋社友人面前表决心，如果最高当局来杭州的话，她必定背上秋侠的神主牌，"晋谒层宪，为先烈请命"。甚至表示，若不成宁愿与秋祠共存亡，哪怕是拼个血溅当场，也算是对得起九泉之下的故人，颇有些破釜沉舟的决绝之志。说到激愤处，徐自华抛下一句："年逾六十，死不为夭，更有何事，不能勘破乎？"在场众人听了这番话均是大惊，有朋友就婉言安慰，但徐自华始终义愤填膺，又如何能凭几句话轻易缓解。

徐自华原本打算马上进京，然而身体实在支撑不住，终究没有成行。后来又派了亲信作为代表，上书给行政院长，请求给予主持公道。最后由政府出面查遍了档案文件，估量情况、斟酌道理，终严厉地驳斥了刘氏后裔的无理请求。这番一波三折之后，秋祠最终得以保全。秋瑾弟弟秋宗章最清楚这件事的来龙去脉。据他回忆，当初自己较早得到了这个好消息，便立刻去信告知徐自华。当时，徐自华已经缠绵病榻，仍然勉强支撑起来看信。读罢来信，虚弱的她终于展露出一丝喜色。

为秋社、秋祠半生操劳的徐自华，终于盼来了圆满的结果。然而，直至离世，她始终心系于此，弥留前几日还在嘱咐身边的人尽快处理未完成的事务。秋社与秋祠早已不仅仅是一个精神符号。二十余年来，徐自华带领着志同道合的同人，通过这个秘密基地，默默地为革命事业奉献着。无需伟岸的丰碑来纪念，一切都真实地镌刻在历史的记忆中。

无悔此生

1935年5月，刘典后裔请求发还秋祠的呈文被政府驳回后，秋祠的归属之争终于落幕。消息传来之时，离徐自华去世只剩下短短一个多月了。不知是不是因为心事已了，此后，徐自华的病情一天比一天严重，以至于逐渐变得药石无用。然辛劳半生、终得圆满，想她定能得以安慰了。

自从秋瑾英勇捐躯之后，徐自华先是忙于营葬侠骨，后又经营秋社、秋祠纪念英灵，这是贯穿她整个后半生的头等大事。而她所筹划参与的，远远不止这些。这几十年间，徐自华彻底告别深闺，投身大局，完成了身份上的转变，促成了诸多于革命有益之事。

一

民国元年夏天，徐自华正忙着筹办秋瑾五周年成仁纪念集会。差不多同一时期，有一所女校在上海成立了，发起人是王金发和姚勇忱。当年，他们都曾在大通学堂任职。为了纪念曾经并肩作战的秋瑾，他们便取秋侠之号，创办了这所"竞雄女学"。徐自华与这所女校的缘分，却是始于半年之后。

民国元年创建之竞雄女学

在重修秋墓之时，身为营葬事务所主任的徐自华与浙江都督朱瑞产生了分歧。由于彼此的革命意志差别太大，两人的矛盾冲突愈演愈烈，以至于惊动了孙中山。孙中山曾到过秋社，与徐自华有往来。他听闻此事，便去了趟杭州，极力劝说徐自华千万不要和朱瑞背后的袁政府势力硬碰硬，以免变成新军阀铁蹄下的牺牲者。接着，孙中山给徐自华指了一条路，去上海接管竞雄女学。因为这所学校是为纪念秋瑾而设，对徐自华来说也有着特别的意义。并且，当时竞雄女学的师资办学经验不足，不利于长远发展，急需像徐自华这样有办学经验的人来管理。与其冒险对抗，不如远离此地，去做一些更实际的革命工作。

听了这番中肯的劝导，1913年春天，徐自华便去往上海正式接办竞雄女学。原本学校只设小学部，在徐自华的经营下，扩充为中学以及师范学校，并将"使女国民学得应有之智识技能，俾得自谋生计"作为办学宗旨，力争培养20世纪的"新国民"。

当年报纸上的一则则招生广告、启事，记录下一百多年前这所女校的办学情况。1916年2月10日《民国日报》刊登了一则《竞雄女学招生》，由校长徐自华署名，为学校新一年开班招纳新生。女学的开学日期和如今的学校相仿，是正月元宵节过后的一天。学校内设初等小学、高等小学，还有中学预科、选科。招生广告中还特别提到，学校设有文艺专科，聘请陈佩忍、胡仆安、陈匪石、叶楚伧等当时文学界的知名人士任教。并且，这个班还设有英文教学的名额，欢迎海内外有志研求文学的学生来报名。可见，竞雄女学颇有综合性和包容性。

徐自华在办学过程中非常注重与时俱进。在学科设置方面，从最初的只有初等、高等小学，到开设中学科，再到开设专业性更强的文艺专科、师范科等，后期还兼收幼稚生。在教学内容方面，学校也比较趋于多样化。当时，教育界的新潮比较偏向西化，竞雄女学在不放松国学的基础上，也顺应潮流，在各级学科开设英文课，以求做到"中西并重、体用兼赅"。另外，女学授课相对灵活，除了日常课堂以外，还有其他的教学方式。例如，在暑期的时候，女学会开办讲演，由老师们每天讲授三小时的中国的经、史、诸子以及诗文、词赋、小说，丰富学生见识。竞雄女学与当代教育也有相似之处，特设暑假补习班，分学科进行授课。国文、算学、英文是固定科目，高等小学有地理、历史，初等小学则是较简单有趣的图画、习字等科目。并且，竞雄女学的补习班不设入学限制，非本校学生只要有保证人，均可报名参加。

在徐自华发布的招生广告中，总能看到"整顿""改良"的字眼。竞雄女学便在这样的勉力经营下，发展迅速，日渐成熟起来。到后期，学校已经不仅限招收女学生，从而惠及更多想要接受新式教育的学子。

在兴办教育的主业以外，竞雄女学还承担着另一项重要工作。当时，许多同盟会、光复会成员常常以学校教职员的名义为掩护，参与革命工作。1916年以后，整个社会讨伐袁世凯的声势逐渐浩大，留在上海的革命同志，齐聚竞雄女学商量事宜。最终决定派徐自华与陈去病前去苏州策应，谋划占领苏州加以抵抗。为了不暴露真实身份，徐自华和陈去病化装成一对去进香的母子，而前方等着他们的将是一次相当惊险的旅程。原本，革命党人与苏州警察所长已有联系，安排徐自华两人在苏台旅馆住下，暗中指挥布局。谁料，那个所长居然临时反悔，命令军警包围了苏台旅馆，意图逮捕徐自华和陈去病。徐自华临危不乱、急中生智，将重要的图记和旗帜藏在裹腿里面，空着手从边门脱身。陈去病也乔装逃走。虽然最终并未促成革命成功，但革命党人将如此重要的任务相托，足见当时竞雄女学的地位和作用。

1927年，历经十多个年头的竞雄女学早已走上轨道，发展平稳。徐自华却选择在此时功成身退，将她的心血全权托付给秋瑾的女儿王灿芝继续管理。七年前，徐自华与同盟会成员唐群英共同资助秋瑾子女来上海求学。这所学校本来就是为了纪念秋瑾所设，这些年的苦心经营亦成全了故友之情。如今烈士之女已长成，徐自华认为该是交接的时候了。况且，徐自华因上了年岁身体更弱，尤其是苏州险些被捕后得了后遗症，心悸怕惊时时发作，令她更觉力不从心。于是，徐自华邀请王灿芝接替竞雄女学校务，并将一样珍贵的物件一并交到了她的手里。

这是徐自华珍藏多年的一对盘龙玉镯，它们原来的主人就是秋瑾。时间倒回到1907年夏天，那是徐自华与秋瑾最后一次相聚。徐自华将积蓄尽数赠予秋瑾充作革命经费。秋瑾大为感动，立即脱下手上一双翠钏回赠。二十年后，徐自华将这份念想郑重地转交给了王灿芝，要她好好收藏，更感慨地说道："见钏犹见汝母也。"让校返钏一事，徐自华后来将它写成了《返钏记》，用一对玉镯的故事纪念与秋瑾的挚友之情。当时，这篇文章被上海各大报纸、杂志争相刊载，还被选入了中小学语文课本。

竞雄女学的校训是"勤敏朴诚"。这是由孙中山先生题写的。在这样的熏陶与勉励之下，一批批有思想、有文化的学生从竞雄女学毕业，走上社会、参与革命。可以说，竞雄女学承继了秋侠未竟的遗志，更成为秋侠革命精神的延续。

二

徐自华的后半生，似乎常常在扮演着守护者的角色，对那些她所珍视的人和事施以援手。

1912年1月，为了重修秋墓、再事营葬，徐自华赶往绍兴，筹办秋瑾烈士追悼大会，以便借此机会宣讲和募捐。追悼大会之后，徐自华并没有急着走，另有一事令她放心不下，就是秋瑾一案的案卷该如何妥善保管。徐自华听说，当时秋案发生之后，所有相关的资料全都存放在绍兴兵科。而原来的绍兴知府黄介卿，在辛亥革命后去了绍兴军政分府任总务科长。于是，徐自华找到了那时任职绍兴军政分府都督的王金发。幸运的是，王金发正是秋瑾在大通学堂时的同事兼战友，再加上之前与徐自华亦素有往来，便很快答应帮她搜集这些旧档案。于是，徐自华顺利地拿到了有关秋案和大通学堂的旧档案，将它们带回秋社保存。

据徐蕴华回忆，那一批档案极具价值，特别是里面还有秋瑾手书的《光复军军制军规》《革命论说》，尤为珍贵。后来，秋社、秋祠几经动荡，徐自华担心将档案存放于此不是长远之计。为了避免这批卷宗日久失散，徐自华将它们全部寄藏到了浙江兴业银行杭州分行保管库。多亏了这番深谋远虑，这些革命史

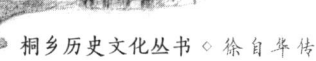

料最终被完好地保存下来。后来由秋瑾女儿王灿芝将其领出，现保存在上海革命纪念馆。中华书局曾出版过《秋瑾集》，据说，其中的《光复军军制军规》，就是来自这批档案。

秋瑾是以革命烈士的身份广为人知，其实，她的诗词才能也非常突出。如今所看到的秋瑾诗词，有不少都是在她离世后由家人好友所收集整理的，徐自华也为之贡献良多。1925年，秋瑾儿子王沅德发出《征求秋烈士诗文遗稿启事》，末尾收件处写了三个地点，其中有一个就是徐自华任校长的上海竞雄女学。1929年，秋瑾女儿王灿芝负责编辑的《秋瑾女侠遗集》由上海中华书局印行，徐自华亦有参与。1930年4月至5月，《江苏革命博物馆月刊》连续刊出题为《秋雨秋风集》的一组诗词，署名是秋瑾所著、徐自华编辑。这本诗集收录了四十九题、七十首诗，其中有二十多首就连中华人民共和国成立后出版的《秋瑾集》中都未曾收录过，属极罕见作品。徐自华收集编辑的这组诗集保存了秋瑾的佚诗，可以说是难得的第一手材料，为后人研究秋瑾的诗词和思想，留下了很多有价值的参考资料。

徐自华对革命同志也十分关切，屡屡在危急时刻挺身而出。吴惠秋是秋瑾在浔溪女学时的学生，后来一直跟在秋瑾身边干革命，知晓许多重大的机密。1907年夏天，吴惠秋奉秋瑾之命执行任务时被清兵发现，虽然幸运脱身却只能东藏西匿，处境相当危险。尽管当时自己也在外避难，徐自华仍焦急地托人暗中打听吴惠秋的下落。最终，在徐自华的热心帮助下，将吴惠秋安全送入集贤女学。1913年，革命党人发动了"二次革命"，然而这场反对袁世凯的武装革命因为种种原因以失败告终。有不少参与其中的革命党人,只能亡命海外以求一线生机,但却是囊中羞涩。此时,徐自华却毫不避嫌,尽力出资帮助他们逃亡。徐蕴华描述姐姐对此是"虽脱簪珥不恤",可见徐自华的勇气和慷慨。1915年,浙江都督朱瑞办了一件耸人听闻的事。朱瑞旧时也是光复会成员,却因为攀附袁世凯势力,一心想要杀鸡儆猴,竟然诱骗秋瑾在大通学堂时的旧同事姚勇忱到杭州。岂料,这场旧相识的见面是一场"鸿门宴"。姚勇忱被朱瑞杀害之后,陈尸市曹,竟无人敢去收殓。徐自华听闻此事,丝毫不顾忌会遭到牵连,立刻派人去杭州,替姚勇忱料理后事。诸如此类的事还有许多,例如为苏曼殊捐赠墓地等等,徐自华虽是大家闺秀,却颇有任侠好义的气概。

从出嫁到南浔,到后来各地奔走,徐自华常年在外闯荡。但即便如此,她也从未忘记过生养自己的江南小城。或许很少有人知道,徐自华曾为自己家乡的光复做出过贡献。陈去病在《徐自华传》里记录下这样一段故事。1911年10月,武昌起义爆发,一时间各地纷纷响应,硝烟四起。11月,浙江军政府成立,但此时石门仍由清军把守,还未光复。徐自华当时客居苏州,只好急忙致电在军政府担任政事部长的褚辅成,请求他加以援助。褚辅成便派了革命军二百人前往收复石门,清知县一见这阵仗便举了白旗投降。可以说,石门县城能够免遭战火、顺利光复,徐自华也是其中的幕后英雄。

1935年7月12日,徐自华的病情突然急转直下,当晚在西湖秋社离开了人世。临终之时,她依旧神志清朗。秋宗章回忆当时的情景,说徐自华还像平常一般"条理井然",将未了的公

事和私事都一一嘱咐旁人。在她的亲笔遗嘱当中,没有任何煽情或是忧伤的文字。即便是写到身后墓葬之事,仍然语气平静,字里行间透露出"于愿足矣"的况味。

徐自华实在算不得是命运的宠儿,却能挣脱既定的剧本,演绎出了属于自己的人生。她的前半生,因秋瑾而踏出改变的第一步。而她的后半生,在还报知己的过程中,找到了生存的意义。这一生,应是没有遗憾了。

第五章　南社留影

百年南社

一

中国历史的大船在内忧外患的浪潮中驶入20世纪初，以推翻清王朝为目的的中国民主革命，日益高涨。"天下兴亡，匹夫有责。"无数有识之士挺身而出，投入斗争。在这样的大背景下，在江南大地，有一群文人，陈去病、高旭、柳亚子等，他们登高一呼，众山响应，成立了中国近代第一个民族革命旗帜下的文学社团——南社。他们继承明末几社、复社人士倡导的气节，以文会友，同声相求，"操南音不忘本"，他们以笔杆作武器，从事反清、反袁、反军阀等革命活动，形成一股席卷大地的巨大力量，在中国近代史上留下了光辉的一页。

南社创始于1909年，那时还在清王朝统治时期。第一次在苏州虎丘张东阳祠雅集，只有十七人，直到1936年，在上海福州路同兴楼举行南社纪念会第二次聚餐会止，前后维持了二十七年之久，社友发展到一千余人。其时，南社社友遍布全国各地，如水之趋渊，鸟之集林。就在辛亥革命前后，许多社友纷纷来到全国文化中心——上海，他们办报撰文，发表各种文章。当时各种报刊大多由南社社友主持笔政,几乎成为南社社友的一统天下。各出版社又纷纷请南社社友担任撰述,出版大量书刊,广为流传,社会影响很大。当时,素有"南社灵魂"之称的柳亚子曾不无自豪地说过:"请看今日之域中,竟是南社的天下。"可见,南社不仅在近代文学史上书写着重要的一页,在当时整个社会也极有影响力。而本书传主徐自华和妹妹徐蕴华,也是南社早期的重要成员。事过百年,抚今追昔,依然令人热血沸腾。

南社第一次雅集,苏州虎丘张东阳祠举行

二

说到南社组建,首先不得不提到三个重要发起人:陈去病、高旭、柳亚子。

第五章 南社留影

南社发起人陈去病像　　南社发起人高旭像　　南社发起人柳亚子像

　　1902年春，柳亚子应试吴江，与陈去病相识。柳亚子生于1887年，小陈去病十三岁，陈去病与柳亚子父亲念曾、叔父慕曾均为诸杏庐弟子。所以按辈分柳亚子应叫陈去病叔父，但陈去病从不摆长辈架子，反而将柳亚子当作"小朋友"，两人一见如故，结下深交。

　　1903年，列强陆续占我国土，陈去病以霍去病"匈奴未灭，何以为家"为由，改名陈去病（原名庆林），以明大志。柳亚子自称是陈去病的"信徒"，便效法辛弃疾改名柳弃疾。

　　1904年6月，高旭到上海访《警钟日报》，认识主编陈去病，当时柳亚子已由陈去病介绍加入蔡元培创办的中国教育会。高旭当时认识孙中山，入同盟会，后任江苏分会会长。

　　这样，三人组合渐成，以后便同创南社，因缘际会，由此而始。

　　追根溯源，南社酝酿，最初与孙中山有着密切的关系。陈去病很早就追随孙中山，在跟从孙中山奔走革命中，他深感革命必先结社。因此，在组建南社之前，陈去病等人参与或组织过许多社团，已有许多南社式的活动，从中积累的经验教训，可以视作后来组建南社的前期准备。

从1898年春陈去病在故乡吴江同里与金松岑、蔡冶民组织雪耻社开始，提倡维新运动。1902年在上海参与蔡元培组织的中国教育会，并在同里、吴江、常熟等地建立支部。1903年陈去病留学日本，孙中山赴东南亚领导革命运动，陈去病又结识了黄兴、苏曼殊等，加入拒俄义勇队。回国后，介绍柳亚子、蔡冶民等加入中国教育会。1904年，光复会在上海成立，陈去病由蔡元培介绍入会。1905年，陈去病入兴中会。1906年因主编的《警钟日报》被封和私购军械遭缉避苏州、镇江。曾应聘徽州府中学堂，由刘师培介绍入同盟会，与黄宾虹等组织黄社。

而与南社更有直接影响的是神交社。当时，徐锡麟、秋瑾被害，陈去病在上海主持国学保存会和《国粹学报》，欲开秋瑾追悼会，组织起事，因形势险恶，为友人所阻。后利用他与兴中会、华兴会、光复会等诸党首领有着深厚友谊的有利条件，以魏晋竹林七贤为范，在上海组织发起神交社，以讲学论交为名，联络天下文士，宣传革命，伺机而动。七月初七，神交社在上海愚园正式成立，到会者都是东南后彦。高旭明确希望陈去病来继承几社、复社遗风，主持东南文坛。当时，柳亚子未参加，应陈去病之请，赋诗为之援笔。神交社曾举行雅集，绘有《神交社雅集图》，柳亚子撰《神交社雅集图记》流传至今：有"丁未七夕，神交社同人，修秋禊于海上之愚园，一时贤豪长者，罔不毕集……"

神交社实为以后南社的准备。后来为南社社员的如刘季平、高旭、柳亚子等人都是当时神交社的中坚分子。

光复会、同盟会为辛亥革命主要的有力组织,陈去病由秋瑾介绍加入光复会,柳亚子也为光复会的一分子,由蔡元培介绍的,同时又入同盟会。南社社友很多原是同盟会会员,都在同盟会中起着革命作用,有的竟仗剑从军,投入到实际工作中。南社继续革命传统,可谓渊源深远。

三

经过数年的酝酿,直到1909年11月13日,即己酉十月初一日,在苏州虎丘举行第一次雅集,南社正式宣告成立。

成立之前几天,南社社员陆续从各地云集于苏州。柳亚子从黎里先到了苏州,冯心侠、俞剑华也从太仓赶来,一同住在苏州金阊门外的惠中旅馆。这时,陈去病正在吴中养病,便尽地主之谊,招待一切。

13日早晨,他们雇了画舫,从阿黛桥出发,循七里山塘,一橹双桨,摇到虎丘,上了岸,直奔张东阳祠。当时有社员十七人,加上来宾两人,共十九人,共开了两桌,菜肴都是船娘准备的,别具风味。

大家一边喝酒,一边选举职员,预备发行《南社丛刻》,当场选出陈去病为文选编辑,高旭为诗选编辑,庞树柏为词选编辑,柳亚子为书记,朱少屏为会计。选举既毕,觥筹交错,酒兴大发。

醉意正浓时,大家高谈阔论,谈论诗词,时柳亚子还闹出一个笑话,此事记录在他的《南社纪略》中。

话说清末时，本来盛行北宋诗和南宋词，柳亚子却偏偏认为论诗应宗法三唐，论词应宗法五代和北宋。别人崇拜南宋词，他不服气，与人争论。柳亚子因为有口吃病，与柳亚子持同样观点的朱梁任也患口吃，两人有理说不清，自然争不过对方。柳亚子急得大哭起来，骂人家欺侮他。对方急忙道歉，事情才算告一段落。

本次雅集会上通过了南社条例十三条，规定每半年举行一次雅集，由社员投稿，出刊《南社丛刻》，一年两集。第一集于1910年1月出版，首列陈去病所撰的一篇《南社叙》为南社有代表性的重要文献。柳亚子当时作了许多诗，作为发起人之一的高旭，当时没有参加，原因说法不一。

四

南社自1909年11月13日第一次雅集成立开始，到1936年2月7日南社纪念会第二次聚餐会止，前后持续二十七年，举办了二十六次不同形式的雅集活动。其中1909年11月到1922年6月共举行十八次雅集活动，基本上每半年一次。

从1923年10月14日，新南社成立开始，则仅组织聚餐会的形式，到1924年10月10日新南社共举行了三次聚餐会。

1928年11月12日，陈去病等发起在虎丘冷香阁，举行南社二十周年纪念，应该算是第二十二次雅集活动。1934年3月4日，社友在上海宁波同乡会举行追悼陈去病大会，晚宴设于北四川路新亚酒店，并举行南社临时雅集，到者一百零九人，这是第二十三次雅集。

1935年11月10日，社友会葬陈去病于苏州虎丘，晚宴设于城中中央饭店，举行南社临时雅集，为第二十四次。

1935年12月29日，南社纪念会成立，柳亚子为会长，于上海西藏路晋隆西菜社举行第一次聚餐会，此为第二十五次雅集。

1936年2月7日，南社纪念会于上海福州路同兴楼举行第二次聚餐会，到者一百五十七人。推蔡元培为名誉会长，徐蔚南为编辑部主任，蒋慎吾任文书部主任，郭孝先任会计部主任，胡道静任事务部主任。此为第二十六次雅集。

南社的每次雅集，都摄影留念，柳亚子都将其保存，标出人名，便于稽考，并录大事记。郑逸梅先生的《南社丛谈》一书中的《南社大事记》，可见南社每一次活动都有详细记录，均转引柳亚子先生所记。

当时与南社响应的，全国各地还有许多社团或分社，如较早有淮南社，为南社支社之一，南社姚石子有《淮南社序》存世。如沈阳有辽社，也是南社支社之一，南社陶小柳有《辽社发刊辞》。还有广东南社分社粤社、湖南长沙分社、浙江越社、福建闽社等。尤其是越社，陈去病当时正担任绍兴《越铎日报》主笔，与越社有密切联系。除此之外，还有许多集团，虽不用南社的名义，却都是南社社员所组织，也可以说是南社的小组活动。多年的发展壮大，南社社友总数达到一千一百多人。

五

人多了，阶层也复杂，就会导致思想宗旨不一，行动表现也会不一致,不免产生纠纷甚至斗争。

从最开始第一次雅集时的唐宋之争,到后来的逐朱鸳雏公案,当时蔡哲夫想拥高吹万当社长,推翻柳亚子等。南社二十多年间,纠纷、斗争不断,朋友之间感情破裂的事情时有发生,故事很多。

如高旭和柳亚子两位发起人,本来都是同窗好友,关系也密切,但两人都有点脾气,时常闹别扭。高旭作诗很自负,曾作《吊岳王》七古,自谓"可以惊天地、泣鬼神",又自称"江南第一诗人"。柳亚子也很自负,就不服气,做了一首诗讥讽他:"自诩江南诗第一,可以竟与我同时。"意思是,有我在这里,第一诗人你就不配。高旭因此耿耿于怀。《南社丛刻》第一集是高旭编辑的,出版后,柳亚子认为编制太杂乱,没有条理。故前二次雅集高旭都没参加,第三次又没来,会上依条例推选职员,陈去病和高旭都落了空,陈去病不计较,但高旭却十分计较。又一次雅集,高旭来参加了,聚餐时,与柳亚子两人大闹酒阵,就某一问题争论不已。座中有袒高旭的,有袒柳亚子的,而站在柳亚子一边的占绝对优势,柳亚子得意地说:"这真叫'得道者多助'哩!"高旭又一次吃了亏,怀恨更甚了。

1912年,南社举行第七次雅集,地点在上海愚园,高旭和柳亚子都在。柳亚子提议再度修改条例,把编辑员三人制改为一人制,引起高旭激烈反对。投票结果,反对票占多数,柳亚子孤掌难鸣,气得闷不开口。高旭笑道:"这究竟谁是得道,谁是多助呢?"选职结果仍原封不动三人制。晚上聚餐,高旭又说了些冷话,自鸣得意。柳亚子受不了这个刺激,第二天就拟了永远脱离南社的声明，登在报上。

柳亚子是南社的灵魂，失了灵魂怎么办？社友都为了南社的前途着急。高旭也觉得当时对柳亚子过了火，托人向柳亚子道歉。柳亚子置之不理，但还是负责将第七集《南社丛刻》校勘付印问世，才把责任告卸，总算有始有终。

后来两次雅集社友们均提出希望柳亚子复社，但柳亚子拒绝不纳。直到第十次雅集，进行条例修改，采用了柳亚子的整体设想。在随后的临时雅集时，欢迎柳亚子复社，三十位社友到会，大家分韵赋诗，极一时之盛。随后，柳亚子积极赶编丛刻，很短时间内，连续出了第九至十二集，补以往的脱期。

另外黄季刚和柳亚子也发生过纠纷。《南社丛刻》的编辑工作，其中也经历许多事情。如第五集编辑时，担任文选的宋教仁、诗选的景耀月、词选的王西神都因事而没有担任起编辑工作，柳亚子自告奋勇，独任其事。而且因社友的文稿都写在纸上，手稿真草不一，为了便于大家阅读，都由柳亚子亲手做誊文公，全部抄录到他所规定的红格子上，虽很费事，但他毫无怨言。

1915年夏，柳亚子和高吹万、姚石子各带家眷，十一人游杭州西湖，这时南社社友在西泠印社临时雅集，都有唱和。后来，柳亚子、高吹万、姚石子三人汇集而成《三子游草》。高吹万将多余的书在松江地方报上登一小广告，托报馆寄售，柳亚子见了大不以为然，严词责问高吹万擅自出售，最后两人因此闹到绝交的地步。直到1920年柳亚子在上海遇见高吹万，做了一首五言律诗，两人方言归于好。

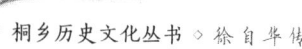

柳亚子和林庚白也因一句话闹翻过,幸得徐蔚南调解,才和好。此后又因论诗不合,争闹起来,柳亚子大发脾气,举起一棒向林庚白掷去,林逃,柳追,环走室中。柳亚子深度近视,行动不便,大声叫骂,他的夫人郑佩宜听到了,阻挡了柳亚子,林才溜走。后来林曾有诗寄于柳说:"故人五十尚童心,善怒能狂直到今",柳看了喜欢,"余独深喜之",认为"入木三分骂亦佳",胜于搔痒不着也。

至于柳亚子逐朱鸳雏,是南社内讧搅得最厉害的一件事。柳亚子事后写过一文《我和朱鸳雏的公案》,叙述事情经过,并坦言后悔之情。

事情的起因是宋诗问题,柳亚子与南社中提倡同光体的朱鸳雏等人打起了诗论战争,互相猛烈攻击,最终闹出开除朱鸳雏南社社籍的一重公案。当驱逐朱鸳雏的启事一出,成舍我等许多人都来劝柳亚子,甚至兴起讨柳之师。柳亚子一概不理,甚至将成舍我也驱逐出社。

之后,甚至连蔡哲夫也出来反抗了。这样的情况持续好多年,连柳亚子自身也觉得灰心,感觉天下事不可为,怏怏然辞去了南社主任的职务,由姚石子继续担任。再以后,南社终于停顿了。

柳亚子后来说道,"这一次的公案,自然鸳雏是最冤枉了"。朱鸳雏后来"闹得四面碰壁,自然内心也很痛苦,后来便郁郁而亡,年纪好像还不到三十吧。我虽不杀伯仁,伯仁由我而死,我是觉得很痛心的。……"柳亚子甚至希望与几位朋友一起筹钱为朱鸳雏的遗骨合葬在公墓,才算了却心事。可见柳亚子内心对朱鸳雏最终是原谅并抱有无限同情。

无论如何，这次纠纷，成了南社的致命伤，柳亚子从此提不起劲头，态度也很消极，最后将担子交给姚石子。之后，南社慢慢衰落，失去了原有的影响力和勃勃生机。

南社后期内部的种种曲折和斗争，致使柳亚子意志消沉最终退出南社。直到五四新文化运动兴起，提出了文学革命的口号，再次激发了柳亚子复兴南社的思想，柳亚子、叶楚伧、胡朴安等南社旧友很快重新组织起来，新南社继起。

新南社成立大会于1923年10月14日在上海福州路小花园都益处菜馆举行，会后在那里聚餐。到会三十八人中旧南社社友占二十九位。选举柳亚子任社长。新南社宗旨是：整理国学；引纳新潮；提倡人类的气节；发挥民族的精神；指示人生高远的途径。柳亚子还起草了新南社成立布告，虽计划宏大，但最后都没有一一落实。新南社甚至没有举行雅集，只是聚餐而已。

六

南社、新南社的所有活动，到南社纪念会成立，便是最后的节目了。1934年3月4日，南社社友在上海为陈去病开追悼会。第二年，即1935年11月10日，南社旧友又为陈去病在苏州虎丘举行公葬。虎丘为南社发祥地，而陈去病又是南社发起人之一，埋骨于此，也很有意义。当晚在城内中央饭店举行临时雅集，包天笑提议恢复南社。柳亚子反对，认为新南社成立时，旧南社早已结束，现在南社成了历史上的名词，复兴非但不必要,也不可能,替南社做纪念倒是可以的。于是,大家推柳亚子主持南社纪念会,并于这年的12月29日正式成立,地点在上海西藏路南京路口的晋隆西菜馆,由柳亚子任会长。1936年2月7日,元宵节,又在上海福州路同兴楼举行第二次聚餐,实到一百五十七人,柳亚子称它为"灵山一会"。

南社纪念会也没有举行雅集,只聚餐两次,丛书也只出了两种。柳亚子本人也因精力不济,纪念会也很快就结束,成为历史上的一个名词。

南社结束了,但南社的产生,在辛亥革命时期的地位、作用及影响却是深远的,它留下的诸多成果永远留在历史上,给后人以启迪。南社众多诗人,更在以后的文学史上留下永久的鲜亮的印迹,至今为人乐道。

石门女士
——徐自华与南社

一

南社于成立后不久,徐自华和妹妹徐蕴华即加入南社,成为南社早期社员和骨干力量。她们积极参与南社雅集活动,为《南社丛刻》撰稿,并且以南社为阵地从事纪念秋瑾等反清革命活动。说到南社,除了陈去病、高旭、柳亚子等创始人之外,徐自华姐妹自然也不得不提,而说到徐自华,自然也绕不开南社,不能忽略其参与南社的不凡经历。南社诗人诸宗元是这样评价徐自华的:"石门有女士,巾帼而丈夫。"

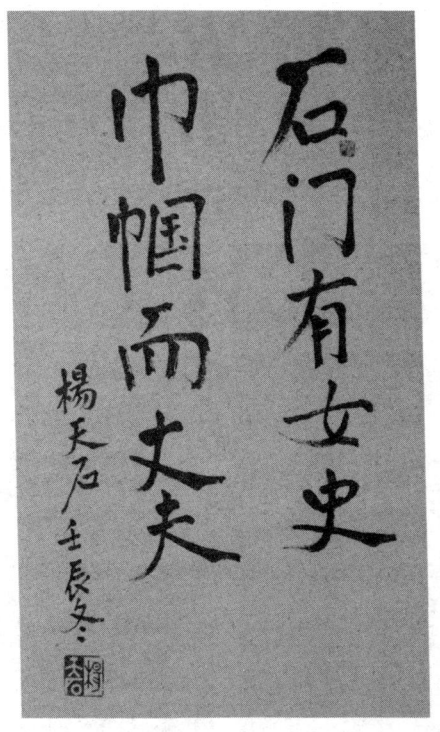

杨天石题

二

翻开那些泛黄的南社旧影，在一张张南社雅集的老照片中，时不时会看到，徐自华以一介女流，跻身于那么多热血男儿中间，气度不凡，人们心中自然会生出诸多敬意。想象一下，百年之前的旧中国，普通女子无非相夫教子，做家庭主妇，像徐自华这样走出深闺，走向社会，立足文坛，引领风骚者，实在是凤毛麟角。而在当时，作为近代中国第一个资产阶级革命文学团体南社，社员编号以入社书收到先后为序，徐自华在社员编号为第十一位,妹妹徐蕴华为第十二位,姐妹俩率先成为第一批社员,后来社友发展到一千多人,她们自然是其中的佼佼者。加入南社后,徐自华积极参与南社雅集,与社友诗词唱和,投身到反清革命大洪流之中,并因此留下了不可磨灭的印迹。

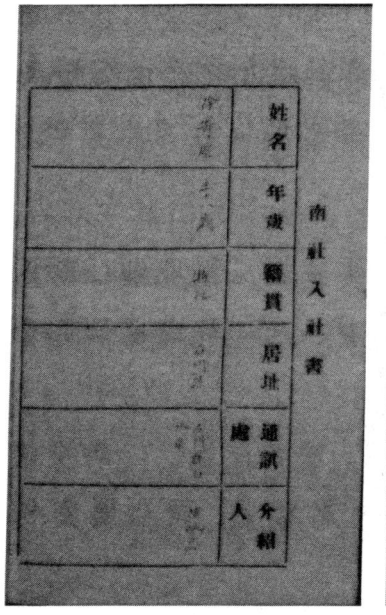
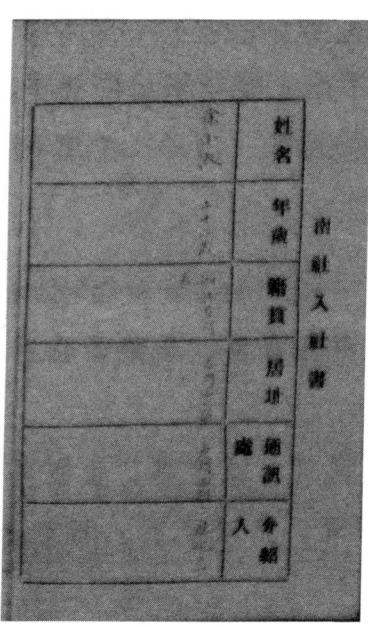

徐自华、徐蕴华入社书

南社从1909年成立到1922年,共举行了十八次雅集,加上后来新南社的聚餐会、南社纪念会等活动,徐自华参加了许多次雅集,留下许多珍贵的文字和图片资料,有明确记载的有以下六次:

1914年5月24日,南社在上海愚园云起楼举行临时雅集,欢迎柳亚子复社,到会三十多人。徐自华也参加了此次雅集。

南社成立后,柳亚子曾因与高旭闹纠纷,于第七次雅集时登报宣布脱离南社,后经南社社友姚光力劝,柳始同意复社。

1915年5月9日,南社在上海愚园举行第十二次雅集,此次活动到会者四十二人,徐自华参加。

1919年五四运动爆发,揭开了中国新民主主义革命的序幕。1922年,徐自华五十岁。这年6月11日,她在上海参加南社在半淞园举行的第十八次雅集,到会者二十三人。

1923年10月14日,新南社成立。在上海福州路小花园都益处菜馆举行第一次聚餐会。公举柳亚子为社长,邵力子、陈望道、胡朴安任编辑主任。徐自华参加了此次活动,并成为新南社社员。

1923年12月,上海岁寒社集会,前排左三为徐自华

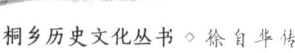

1925年12月31日，南社同人会饮上海酒家，徐自华也参加，并有词纪之。

之后，徐自华较少参加南社活动，但与陈去病、柳亚子等社友一直保持密切的联系。

1933年10月4日，作为南社发起人之一的陈去病去世。1934年3月4日，柳亚子与当时上海市市长吴铁成、南社社员胡朴安、朱凤蔚、朱少屏等人发起，在上海西藏路宁波同乡会为陈去病举行追悼会，徐自华参加此次活动。

同日晚，在上海北四川路新亚酒店举行南社临时雅集，徐自华参加了雅集。这次的雅集还有一个小插曲。当时，到会者共一百零九人。徐自华向柳亚子提议：不妨参照《水浒传》，以水泊英雄相拟，开一个南社点将录名单，如何？柳亚子欣然应和，仿《东林点将录》《乾嘉诗坛点将录》，拟定《南社点将录》，还登报宣布，《上海市年鉴》也收录此名单。

《南社点将录》中，开山头领托塔天王蔡孑民自然列第一名；天魁星呼保义柳亚子列第二名，后面有朱少屏、叶楚伧、林庚白、徐蔚南、余十眉、包天笑、冯自由、张心芜等南社精英都在内，徐自华被封为"天暴星两头蛇徐忏慧"，名列第三十五位，其妹妹徐蕴华被封为"天哭星双尾蝎徐小淑"，名列第三十六位，两位女诗人均榜上有名，实为罕见。从这个点将录，可见当时南社真的是人才济济，盛极一时。

三

除了积极参加南社雅集活动，徐自华还积极参与《南社丛刻》

的撰稿工作。

1909年，南社成员在虎丘第一次雅集时，柳亚子推荐徐自华担任《南社丛刻》词选编辑员，因陈去病反对而作罢。但在当年岁末（公历1910年1月）第一集出版时，就刊登徐自华的诗一题四章，题曰《秋感和亚庐韵寄巢南》，其中有"欲磨宝剑作长行"之句，很有秋侠气息。之后，许多集中，都刊出徐自华撰写的诗文。

1910年7月出版的《南社丛刻》第二集，刊登了徐自华的诗一《谒岳王坟》和词一《蝶恋花·题扇和病倩韵》。《谒岳王坟》作于1897年，是诗人游杭州西湖，谒武穆王坟，抒发对岳飞的赞颂和对时世的感叹。这一集中徐蕴华也有作品刊登。

同年岁末，《南社丛刻》第三集出版，又刊登了徐自华撰的《鉴湖女侠秋君墓表》以及为陈去病所辑乡邦文献《笠泽词征》作的序。还有诗《九日闲兴》等三题，以及词《意难忘》等六阕。

1914年5月出版的第九集，还刊登了陈去病撰写的《鉴湖女侠秋瑾传》和《徐自华传》，对了解秋瑾和徐自华这对盟友有很大的史料价值。

徐自华的诗文在《南社丛刻》刊登，以及陈去病介绍徐自华的文章，都很有分量，也引起了南社诸同人和读者的广泛关注，反响很大，徐自华无疑是《南社丛刻》的重要撰稿人之一。

四

南社是资产阶级革命文学团体，其成立的宗旨就是对抗朝庭，从事反清革命活动。而徐自华置身其中，尤其是在秋瑾的影响下，也积极投身革命。她曾几度遇险，而毫不退缩。如1916年，袁世凯称帝，举国声讨，蔡锷起义，浙江也变相独立，而冯国璋在南京大耍两面派手段，同盟、光复两会留沪会员在竞雄女学协商抵抗，意图占领苏州，陈去病、徐自华到苏州，乔装母子进香，辟室苏台旅馆，指挥一切。后被警军包围，将加逮捕。陈去病乔装后逃脱。徐自华急中生智，密藏图记及旗帜于裹腿之内，空手从边门脱险。经此遭遇，徐自华受惊过度，留下病症，终身不愈。

徐自华还为家乡的光复做过一件有意义的事。1911年秋武昌起义爆发，浙江各地相继光复，而徐自华的家乡石门还在清廷官吏手中。徐自华当时住在苏州，急电浙江都督府政事部长褚辅成乞援，褚辅成也是南社早期成员，更早在南浔就与徐自华相识，秋瑾到南浔教书也是褚推荐的。褚氏即派革命军二百人攻石门，攻下后，举马昭懿为县执事，石门一邑得以平安。

同年11月上海光复后，苏州独立。原江苏巡抚程德全任都督，请陈去病等人创办《大汉报》，与高旭、姚光等部分南社社员在《大汉报》社址可园举行宴会，庆祝光复，徐自华当时在苏州，也前去参加。当时，许多南社社员还出任地方军政府都督，如社员王金发出任绍兴军分府都督等。

同时，徐自华还与南社同仁，积极投入葬秋义举及纪念秋瑾等活动中。1912年，徐自华与陈去病前往绍兴，借大善寺为秋瑾开追悼会。白车素马，备极哀荣。徐自华有词《满江红》纪之。

孙中山就任临时大总统后，秋社同人商议重营秋墓，徐自华力赞其成，并任秋瑾营葬事务所主任，积极投入筹建工作中。

后又听从孙中山先生的建议，徐自华赴上海主持竞雄女学，邀请南社同人陈去病、胡朴安、黄宾虹、陈世宜、叶楚伧、庞树柏等去该校任教，极一时之盛。1927年，徐自华将竞雄女学校务交给秋瑾之女王灿芝接管，由沪移居杭州西湖秋社。

徐自华1935年7月12日逝世于杭州西湖秋社。至此，徐自华与南社相伴二十六年的缘分也到头了。而南社、新南社、南社研究会，经历了种种曲折、纠纷、离散，也渐渐走向尾声。柳亚子记录的"南社大事记"到1938年也戛然而止。直到1947年柳亚子又在香港组织扶馀诗社，已相隔十多年，可以说是南社的余波，也是最后的活动了。

往事如烟，南社百年匆匆过，石门女士徐自华的名字却深深镌刻在南社的历史上，历久弥新。

风雅吾师
——徐自华与陈去病

一

陈去病是南社三位发起人之一，1874年8月12日生于苏州娄门，字佩忍，别号巢南，自署垂虹亭长。

陈去病十五岁起师从著名学者长洲诸杏庐先生，执经就学五载，经史子集，文章词赋，都读遍了，尤长于经世大略，从小立下大志。二十一岁时补吴江县学生，第二年科试优等补廪。时值甲午战败，清廷丧权辱国，他极为痛心，与金松岑、蔡冶民等创立雪耻学会,以唤起民众为己任。戊戌政变和义和团运动的失败,再次使他感到国家民族之图存,不能寄希望于维新变法,必须进行革命。1903年春,他东渡日本,结识了黄兴、陈天华等很多进步的爱国志士,积极投入反帝反封建的斗争,以此确立了他革命一生的牢固基础。1903年夏秋间回到上海,在爱国女学任教。

陈去病一生的活动是多方面的。他办学校、亲自任教,东江国民学校、竞雄女学、爱国女学、绍兴府中学、东南大学,处处留下他的足迹;他办杂志,亲自主笔撰稿,《二十世纪大舞台》《大汉报》《警钟日报》《中华新报》《越铎日报》《国粹学报》《民报》等,都曾是他创办或主笔;他组织各种进步社团,带头写诗文、时文,从雪耻学会到匡社、秋社、越社、神交社、南社和黄社,都有他的组织参与;他加入兴中会、同盟会后,在孙中山先生的领导下,直接从事革命活动,投身到具体活动中,他一生经历各种挫折,几遭厄难,矢志不渝。

1927年4月12日,蒋介石公然发动革命政变,陈去病采取不合作及至反对态度。孙中山去世,陈去病全力为葬事奔波,后来因葬事委员会加推蒋介石等七人为委员,陈去病痛恨蒋介石违反孙中山遗教,发誓"终身勿与蒋氏共事",一怒之下,辞去葬事委员,编纂成《总理哀思录》后,拂袖而去。1932年(五十八岁时)尽辞诸职,退归故里。1933年10月4日逝于同里,南社诸友及故旧门生将其葬于苏州虎丘南冷香阁下,以纪念他创南社于此。

二

徐自华与陈去病相识并相知，应该说是建立在志趣相投、诗趣相谐的基础上。

首先是志趣相投。这个志趣，当然是指有志于中国民主革命的共同理想。徐自华只比陈去病大一岁，可以说是同龄人，他们的相识、相知，最后成为一生最重要的朋友，均缘于孙中山、秋瑾等为之奋斗乃至牺牲生命的革命事业。

当时，秋瑾离开南浔在上海筹办中国公学，创办《中国女报》，作为朋友、知己，陈去病和徐自华均慷慨解囊，出资全力支持秋瑾的革命活动，《中国女报》于1907年1月14日创刊，没想到，才半年时间，秋瑾就遇害了。

秋瑾的牺牲，对志在革命的陈去病和挚友徐自华来说，心里都充满了极大的悲哀。陈去病作《江上哀》一诗，表达愤懑与哀悼。而徐自华更是泣血成诗，先后写下《哭鉴湖女侠》十二章、《挽秋女士》四章等诗作。

秋瑾的去世，使徐自华和陈去病等心里充满了悲哀与义愤。以后的日子里，他们筹划葬秋和继承宣传秋瑾的活动，一起为悼念、营葬秋瑾，继承秋侠遗志，为着共同的同志、朋友秋瑾，他们走到一起来了，从此，风雨同舟，一路前行。

1908年2月，陈去病接到浙江绍兴府中学堂的聘书，当时得知徐自华等正在筹划安葬秋瑾和开追悼会的事，决定在开学之前，先去拜访徐自华等人。

1908年2月25日，陈去病与徐自华一起在西湖凤林寺参加了秋瑾追悼会。徐自华撰写《鉴湖女侠秋君墓表》，由秋瑾好友吴芝瑛书写。陈去病也登台演讲，痛悼秋瑾。事后，陈去病写了《正月二十四日会葬鉴湖女侠于西泠桥畔》赠给徐自华及同人。徐自华也和陈去病韵作四首七绝。

在这次追悼大会上，陈去病提议组织秋社以纪念秋瑾，得到大家赞同。秋社成立，徐自华任社长，陈去病任干事，成员有褚辅成、姚勇忱、杨侠卿等几十人。决定每年农历六月六日为纪念秋瑾成仁纪念日。陈去病撰《鉴湖女侠秋瑾传》。

秋社成立后，陈去病作了一副嵌字联："秋菊有佳色，社会惜此人。"徐自华持《西泠悲秋图》征人题咏。

在为秋瑾治丧活动中，陈去病对徐自华的了解加深，更被徐自华的侠义精神所感动。此后，徐自华与陈去病等一起，组织了一次又一次纪念秋瑾的革命活动。志向同，共进退，此生无悔，可以说，凡是纪念秋瑾的活动，几乎都有他俩共同奔波的身影。

三

其次是诗趣相谐。如果说相同的革命志向，使徐自华与陈去病引为同道中人，那么，同样出众的诗文才华，更使他们情趣相谐，互相欣赏，渐渐成为文学上的知己诗友。

秋社成立后，徐自华与陈去病的诗词交流多起来。尤其是当陈去病读到徐自华的《忏慧词》后，写了《忏慧词》序，赞扬徐自华："生平修行于家，慕尚风谊，慈悲慷慨，与桐城吴芝瑛齐名，今世所称徐吴二夫人者是也，少承家学，笃好典籍，为诗文词特工。……"

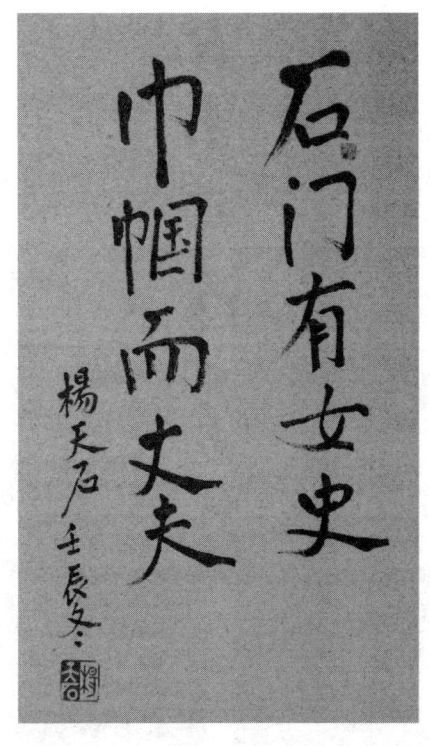

杨天石题

二

翻开那些泛黄的南社旧影，在一张张南社雅集的老照片中，时不时会看到，徐自华以一介女流，跻身于那么多热血男儿中间，气度不凡，人们心中自然会生出诸多敬意。想象一下，百年之前的旧中国，普通女子无非相夫教子，做家庭主妇，像徐自华这样走出深闺，走向社会，立足文坛，引领风骚者，实在是凤毛麟角。而在当时，作为近代中国第一个资产阶级革命文学团体南社，社员编号以入社书收到先后为序，徐自华在社员编号为第十一位,妹妹徐蕴华为第十二位,姐妹俩率先成为第一批社员,后来社友发展到一千多人,她们自然是其中的佼佼者。加入南社后,徐自华积极参与南社雅集,与社友诗词唱和,投身到反清革命大洪流之中,并因此留下了不可磨灭的印迹。

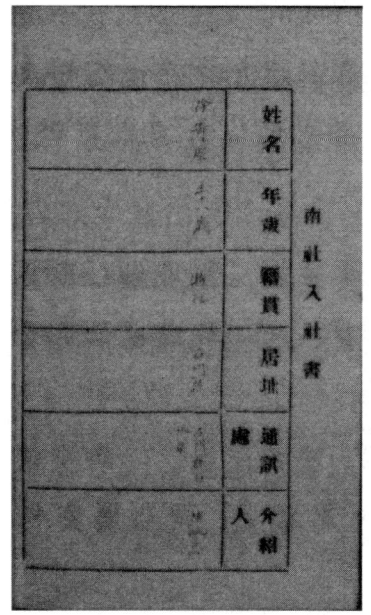
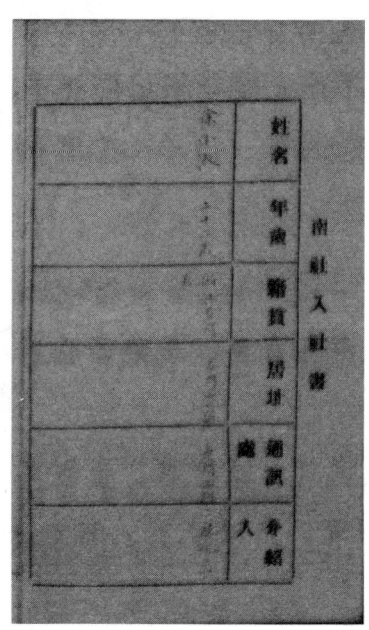

徐自华、徐蕴华入社书

南社从1909年成立到1922年,共举行了十八次雅集,加上后来新南社的聚餐会、南社纪念会等活动,徐自华参加了许多次雅集,留下许多珍贵的文字和图片资料,有明确记载的有以下六次:

1914年5月24日,南社在上海愚园云起楼举行临时雅集,欢迎柳亚子复社,到会三十多人。徐自华也参加了此次雅集。

《忏慧词》

而读到徐自华的《听竹楼诗稿》后,陈去病更是赞不绝口,对徐自华极为崇拜,写下《题寄尘女士〈听竹楼诗集〉》:

不数当年午梦堂,一门风雅竞篇章。
时艰运否更多故,瞬息前尘已渺茫。

天生风雅是吾师,拜倒榴裙敢异词。
为约同人扫南社,替君传布廿年诗。

陈去病一方面极力赞美徐自华的侠义心肠,毫不避讳他对徐自华诗才的赞美与崇拜，把她与吴江午梦堂一门女诗人相提并论，甚至甘愿拜倒在石榴裙下，视徐自华为自己的老师，发誓要全力传布徐氏之诗。

正是在陈去病的大力推荐下，南社诗人中多了徐自华这样一位得力女将，而且，南社同人也因他的推荐，普遍知道并认可徐自华的绝代诗才。当时，诗友们作诗赞美徐自华成一时佳话。特别是柳亚子、吴梅、诸宗元等人，一致认为徐自华的诗词堪比李清照、朱淑真。

在《南社丛刻》第九集中，还刊登了陈去病撰写的《徐自华传》，专门介绍徐自华，大赞徐氏风义，其中写道："徐自华者，秋瑾之盟姐也……著有《听竹楼诗稿》《忏慧词》等行于世，见者咸以为李易安、朱淑真再世焉！"

同样，徐自华对陈去病，也是非常看重。就像当初让妹妹徐蕴华拜秋瑾为师一样，后来，徐自华又将妹妹蕴华托付给陈去病，成为陈去病的学生，陈去病常与徐氏姐妹一起研讨诗文，亦师亦友。

有一次，陈去病与徐自华等人在西湖泛舟，还曾发生过一件趣事。那天夜里，一行人同游三潭印月，驾一叶小舟，饮酒赏月游湖，十分兴奋，忽然船上不见了陈去病，徐自华和同游的人到处找都没找到，怕他失足落水了，非常着急。后来才发现陈去病醉后误乘了别人的船。徐自华提议罚他作十首绝句。陈去病欣然作诗，徐自华自然也作诗唱和，其中有"醉趁他舟独自归，疑生疑死是耶非？十联诗句犹轻罚，莫想吴侬代解围"。

四

徐自华与陈去病在参与反清革命活动中，也曾一起组织许多次秘密活动乃至遇到过性命攸关的险恶遭遇，可以讲也是共患难的知交了。

1908年2月25日，徐自华与陈去病等在西湖凤林寺秘密追悼。就在这一次，他们邀请光复会、同盟会的同志密结秋社，以继瑾志。

这年夏天，在杭州，徐自华与陈去病、徐蕴华等夜游三潭印月，各有诗记之。7月下旬，革命党人陈陶遗回国，刚到上海，就因刘师培夫妇告密被端方派人逮捕，因风声紧，陈去病接受姚勇忱等友人的建议，去广东汕头暂避，以女儿馨丽寄徐自华膝下为女，嘱其教诲之。自此，徐自华视馨丽如同己出。

徐自华（右）、徐蕴华（左）姐妹与陈去病女儿陈绵祥（中）

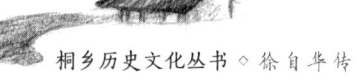

1908年9月7日，清御史常徽巡视西湖，颇不以秋墓为然。御史常徽回京后即奏请"平毁秋墓，缉拿吴、徐"。徐自华避居上海，密遣徐小淑去杭收藏墓碑，被清巡逻兵击伤。

直到这年年底，徐自华电邀陈去病回到上海。原因是当时杭州的秋瑾墓被毁后，灵柩被迁到了湖南。徐自华此次请陈去病前来商议重营秋墓的对策。徐自华在上海四马路杏花楼为陈去病接风洗尘，当时还邀请了苏曼殊、包天笑、叶楚伧等人出席。徐自华写了《金缕曲·春江即事》以记其事。

因种种阻挠，正式重新营造秋墓、归葬秋瑾则是几年以后的事了。"中华民国"成立后，徐自华致电孙中山，请求在杭州秋坟原址造风雨亭，秋社同人又在西湖凤林寺重新营造秋墓。而去湖南迎回秋瑾灵柩的重任，就交给了徐自华最信任的陈去病来担当。

经过一番交涉，灵柩终于迎回杭州。陈去病、徐自华与浙江都督朱瑞等一起向孙中山先生发函，请他来杭州参加祭悼秋瑾的活动。1912年12月8日，孙中山到杭州，9日，孙中山在秋社致祭秋瑾，题写"巾帼英雄"匾额，并应徐自华之请允任秋社名誉社长。

第二次营葬秋瑾时，因浙江都督朱瑞投靠袁世凯，擅自改变秋墓营造方案，徐自华与他势不两立。徐自华听从孙中山的建议，1913年春到上海接办竞雄女学后，逐渐将小学扩充为中学及师范学校，直到1927年，学校规模不断扩大，师资力量也更强大。许多同盟会、光复会、南社会员在该校任职，不少人还以学校教师为掩护，做了许多倒袁、倒军阀的工作。

1916年4月，浙江宣告独立。陈去病应浙江都督吕公望之邀，去杭州出任都督府秘书。闲暇时与徐自华泛舟西湖，诗词唱和。

1927年2月17日，北伐军占领杭州，北洋军阀在浙江的统治宣告结束，徐自华召集秋社同人联名呈请浙江政务委员会恢复秋祠。经杭州市政府查明发还，徐小淑前往接收秋社。由徐自华和陈去病捐助两千元，又向社员借两千元，秋祠终修葺一新。此后，徐自华由沪移居杭州西湖秋社，朝夕与秋墓为伴。

五

陈去病还为徐蕴华做媒，成就一段好姻缘。早在杭州举行秋瑾纪念会时，陈去病结识了一位年轻人林景行（福建人，别字寒碧），很喜欢这个才貌双全的小伙子，就在1909年冬，陈去病做媒，徐自华的妹妹徐蕴华与林景行结成夫妻。林景行也是南社诗人，就这样，南社诗坛又多了一对神仙眷侣。

这样徐、陈、林三家的关系自然非同一般了。就在1909年春，陈去病曾因腿疾发作住进了上海同济医院，一住半年。当时，陈去病的妻子已去世，身边无人照看。在徐自华的支持下，徐蕴华和林景行侍奉汤药，数十天如一日。徐自华也经常去看望陈去病，还资助其医药费，为陈去病精心调治。当时南社社友高旭有词赞徐自华："忏慧词人偏解事，真个凌云高谊。看患难交情有几？"

1922年秋，陈去病执教国立东南大学。那时，徐自华一远房表妹俞芬，石门人氏，父亲以水果行为业，后来因父母双亡，无依无靠，孤身一人前来投奔徐自华。徐自华见俞芬禀性温厚，勤劳而又会做家务，而陈去病夫人早已去世多年，就说与陈去病做填房。俞芬就这样嫁给了陈去病,从此,陈去病又有了家室。

徐自华移居杭州秋社后,陈去病也于1927年夏避居苏州,专心于教育、著述。之后,两人有过许多次出游的记录。如1928年秋,徐自华与陈去病等人游扬州、金山、焦山等地,而更多则是在西湖边徜徉,双方均有诗唱和。

1929年7月,江苏革命博物馆成立,陈去病任主任,聘请徐自华为江苏革命博物馆编纂《江苏革命博物馆月刊》,曾刊出《秋雨秋风集》等秋瑾诗词和徐自华撰写的《刘师培传》等。

1930年8月,陈去病与女儿绵祥一起到杭州看望徐自华。此次还与徐自华姐妹一起乘汽车上灵隐寺,又绕堤游览,泛舟西湖,尽情地玩了四天,陈去病和徐自华、徐蕴华等均有西湖纪游诗。两家人融融乐乐,西湖山水可见证。

1933年10月4日,陈去病临终写下"相识满天下,知己有几人"之句,抑郁而逝,享年五十九岁。想来,徐自华应是陈去病人生旅程中难得的一位知己好友吧。两年后,1935年7月12日,徐自华也逝世于杭州西湖秋社,享年六十三岁。斯人已逝,精神长存。

生死交情
——徐自华与柳亚子

一

南社诗人中,与徐自华交往最密切的,除了陈去病,便是柳亚子了。

柳亚子（1887—1958），著名的民主主义战士、爱国诗人，南社发起人和组织者之一，也是南社的主要代表人物。

柳亚子出生于吴江北厍镇大胜村（后迁居黎里镇）一个书香人家，少年时代就有强烈的爱国思想。1903年年初，柳亚子经陈去病等介绍加入上海的中国教育学会，后到上海爱国学社读书，受教于章太炎，与邹容等为友，更坚定了他的革命志向。1906年，柳亚子应高旭之请在上海健行公学任教，先后参加中国同盟会、光复会。编辑《复报》等刊物，此可看作是后来编辑《南社丛刻》的前驱。

1907年冬，柳亚子与陈去病、高旭等酝酿筹建南社。1909年11月13日，中国近代史上产生过重大影响的资产阶级革命文学团体南社正式宣告成立。柳亚子以苦干实干的精神做了大量工作，是南社的灵魂人物。大部分时期内，他是南社社务的主持者。第一次雅集时柳亚子担任书记员，从后来实际编辑情况看，总共二十二集《南社丛刻》，除了第一集为高旭所编、第二集为陈去病所编，后来大多为柳亚子主持选政、编辑校印，南社后来的大事记也都由柳亚子详细记录在案。

1912年元旦，孙中山在南京就任中华民国临时大总统，柳亚子应邀赴南京任总统府秘书，后因病辞职返沪。对当时南北和议及孙文让位于袁世凯等事项，柳亚子持坚决反对的态度。

作为爱国诗人，在抗日战争时，柳亚子写下了许多爱国救亡的诗篇。在社会主义时期，他为争取祖国统一和民族团结做出了贡献，最具代表的作品是《磨剑室诗词集》，通篇洋溢着爱国主义激情。

二

因为革命的志向,因为南社的因缘,因为诗人的情结,徐自华与柳亚子结为忘年交。无论是一起参与南社等活动,还是朋友相聚一起诗词唱和,在柳亚子心目中,徐自华才华超绝,既是师长,又是朋友,而在徐自华心目中,柳亚子更是值得生死相托之人。

且看柳亚子《巢南携寄尘女士〈听竹楼集〉见示题此奉寄》一诗:"天盖吟成种菜诗,百年潦草到今时。语儿溪水浑无恙,剩有精灵属女儿。"柳亚子在看了徐自华的诗词后,对她评价极高,说到崇德一地,前有诗人吕留良,之后百年几乎无诗可记,直到今天看到徐自华的诗,惊叹不已。他把徐自华的诗才放在与明末清初诗人吕留良同等地位。

1908年年底,徐自华在陈去病的帮助下整理旧作,编成《忏慧词》,次年出版,陈去病帮助校订付梓,刊入吴江《百尺楼丛书》,有柳亚子等多人题贺。陈去病写《忏慧词》序,柳亚子在《百字令·题寄尘女士〈忏慧词〉》中有"漱玉新词,断肠旧恨,谁辨今和古?……"更把徐自华比作李清照和朱淑真。

柳亚子更在《金缕曲·六月六日秋侠忌辰寄寄尘、小淑、巢南索和》一词中有"一种交情生死感,二妙玉台曾识"之句,又以"二妙玉台"称徐自华姐妹。

不但如此,爱屋及乌,柳亚子还在徐自华生母马持玉逝世时,专门撰写诗文,盛赞徐母风范的同时,更赞美徐氏姐妹。

类似这样的赞美之词,在柳亚子的诗中多次出现,绝非偶然。以至于后来南社兴起,在第一次虎丘雅集时,柳亚子还推荐徐自华担任《南社丛刻》词选编辑员，虽未成功，但后来柳亚子在编辑《南社丛刻》时，频繁地选用了徐自华的诗文。借由柳亚子的推崇，《南社丛刻》的刊发，徐自华的诗名更是广为传播。

三

物以类聚，人以群分。自1909年11月，陈去病、高旭、柳亚子等发起成立南社，自华与妹蕴华成为早期社员。之后，徐自华积极参与了许多次雅集，更因为柳亚子本来也与陈去病交好，徐自华便常常与柳亚子、陈去病一起组织活动，诗词唱和，在南社诗坛留下无数美丽诗篇。

1913年2月，柳亚子夫妇到杭州，访徐自华、陈去病，下榻于西湖秋社。他们一起遍游湖上诸山，诗词唱和。

1914年5月24日，徐自华在上海愚园参加南社临时雅集，欢迎柳亚子复社，相聚甚欢。

1923年10月14日，新南社成立，在上海福州路小花园都益处菜馆举行第一次聚餐会，公举柳亚子为社长，徐自华参加会议，成为新南社社员。

1923年12月25日，陈去病、柳亚子等在上海创岁寒社，为文酒之会，徐自华参加活动并题诗。

1932年10月，柳亚子夫妇等访徐自华于秋社，徐氏姐妹在秋社宴请柳亚子并一起叙旧。柳亚子有《浙游杂诗八十首》其中第六十、六十二、六十四首皆述及徐自华姐妹，其中《忏慧、小淑招饮秋社》："当年二妙玉台徐，一纸招邀兴未孤。秋雨秋

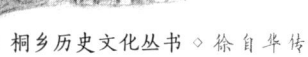

风访秋社,秋心楼上望西湖。"

1934年1月27—31日,柳亚子偕亲友再游杭州,徐自华和往常一样热情设宴招待。这一次,徐自华郑重其事地请柳亚子为自己撰写墓碑文。她亲奉三羊开泰端砚一方,送给柳亚子作为润笔,柳亚子慨然面允。途中,柳亚子欣然作《杭州杂诗五十八首》,其中第八、二十八、四十首都提及徐自华。

这次徐自华陪柳亚子游杭州,可能是他们最后一次一起欣赏西湖的湖光山色,一起拜谒秋墓,一起诗词唱和。杭州西湖见证了他们的友谊,也见证了他们彼此的承诺。

四

天下无不散的宴席,自1933年10月4日知交老友陈去病去世后,柳亚子不胜感慨,赋诗当哭。而徐自华更如痛失左膀右臂,无限的悲痛几乎把她打倒。

之后,柳亚子和徐自华等社友一起,组织悼念陈去病的相关活动。1934年3月4日徐自华带病参加在上海宁波同乡会召开的陈去病追悼会,同日晚举行南社临时雅集,到会者一百零九人,柳亚子采纳徐自华的建议,拟定南社点将录。

可惜,南社再无陈去病。之后,徐自华很久也走不出失去陈去病的悲伤情绪,而她的身体也一天不如一天。直到1935年5月中旬,刘典后裔请求国民党中央政府发还秋祠的呈文被驳回,秋祠得以保全,徐自华此时才稍感欣慰。那天,她听到这个消息,回想自己任秋社社长二十余年,辛苦经营,可谓心力交瘁。此刻,勉强在病榻上坐起展读秋宗章的信函,脸上露出难得的一丝笑容。这下好了，似乎再没有什么更重要的事要去操心了，徐自华的心愿已了。

转眼两个月过去，杭州西湖又迎来"映日荷花别样红"的夏天。可躺在病榻上的徐自华再已无力去欣赏那美丽的西子湖，也无力再看一眼西泠桥畔的秋瑾墓。

苦夏，对普通人来说本是难熬，更何况是对病人，更是一场生死考验。7月12日这天，天特别热，窗外蝉声激越昂扬。在杭州西湖秋社内，妹妹蕴华吩咐侍儿扶起姐姐自华，欹卧藤榻纳凉。可到午后，情况忽变，至酉时，徐自华便溘然而逝。

临终前，徐自华向身边的人吩咐身后之事，就像她平时处理秋社事务一般条理井然。徐蕴华知道这是姐姐的回光返照，也是姐姐最后对她交代的事务。她认真地一一记下来，并对姐姐说："放心吧，一定帮你办到。"

徐自华临终交代了身后几件事，其中有三件事要托柳亚子帮助去办，另外托妹妹蕴华合力去办。可见，徐自华对柳亚子的信任，可谓是生死相托。

令徐自华放心不下的是哪几件事？一是墓地之事，徐自华在孤山之麓先前买下的生圹，后因省政府决议此地列为禁葬之区，希望请秋社联名向上力争，可上呈文并信致叶楚伧、柳亚子两人，请他们鼎力帮忙。二是墓碑与墓志铭，墓碑上可写"忏慧词人徐自华之墓"，墓志铭请柳亚子撰笔，这是之前徐自华已当面请柳亚子并得到应允的。三是诗稿，徐自华交代自己所写的诗稿交妹妹蕴华整理，然后再寄与柳亚子

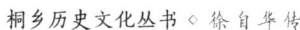

刊印。

另外，徐自华还交代，自己半生历史唯小妹蕴华"知之独详"，请其亲撰行述。

一切交代完毕，徐自华看着儿子履庆，她一直希望儿子能在身边工作可以方便侍候，但终究没实现，好在临终前终赶到，也算是最后的一丝弥补。

诸事交代已毕，徐自华安然而逝。从此，世上再无徐忏慧，她已追随好友秋瑾到另一个世界去了。

而这个时候，正被病痛纠缠的柳亚子得到徐蕴华的飞书，请柳亚子践行诺言，方知徐自华的死讯，更不胜悲伤。他勉强展纸动笔，回首凝思，往事历历，竟整夜失眠，终于撰成徐自华生前嘱托的《忏慧词人墓表》："君姓徐氏，讳自华，字寄尘，自号忏慧词人……"

终不负徐自华之重托，柳亚子此《忏慧词人墓表》，对徐自华一生高度概括，可以说是盖棺定论了。

而徐自华在民国建立后所作诗词作品，当时散见于南社各集，但许多未出版过，临终曾嘱徐蕴华整理交柳亚子审定，拟刊行，但后未果。1941年徐氏后人有油印本《秋心楼诗词》流传。

徐自华逝世后，因西湖为禁葬区，改葬杭州市第一公墓，抗战时，杭州沦陷，日寇将第一公墓列为靶场，限期迁葬。

幸有秋社社员高叟将徐自华灵柩厝于秋祠内。徐蕴华决定潜启生圹，将徐自华还葬孤山，但当时徐自华的碑已遗失，徐蕴华此时又想到了老朋友柳亚子，她便委托侄子徐益藩去函请柳亚子重撰复葬孤山第二碑铭。1947年春，柳亚子又撰成《忏慧词人复葬孤山第二碑》，并附诗二首，有"地下故人应待我，春来跃马醉孤山"句，是和徐蕴华"安葬六年犹浅土，使君重见旧湖山"而作。1960年，西湖秋社全部拆除。1964年徐自华墓由西湖孤山迁葬至龙井鸡笼山麓辛亥革命烈士墓地。1981年，浙江省政府在西泠桥南侧重建秋墓，当年由徐自华撰文、吴芝瑛书、胡匋邻刻的墓表原碑嵌在秋瑾墓座的背面。此是后话。

纵观徐自华与柳亚子的交谊，时间长达四十多年，晚年更加相聚频繁，尤其是陈去病去世后，徐自华更将许多重要事情相托柳亚子处理，特别是临终嘱托，尤其郑重其事。从这个角度看，他们两人堪称生死之交。

痴子"糖僧"
——徐自华与苏曼殊

一

苏曼殊（1884—1918），近代作家、诗人、翻译家，广东香山县（今广东省珠海市沥溪村）人。

他比陈去病小十岁，两人在日本时相识，曾一同发起拒俄义勇队。回国后，与陈去病交好，"恍然如遇故人"。他们两人在生活上有许多共同点，比如都广于交际，不拘小节，如吃食不节制，尤其是苏曼殊，常常不知节食，吃坏肚子是常事。

苏曼殊身世凄凉,曾三度剃发,平时不愿多提及家庭、婚姻。但对陈去病却愿意交心,无话不谈。苏曼殊还曾在自传体小说《断鸿零雁记》中,以陈去病为原型虚构人物,写进书中。徐苏相识,也缘于两人共同的朋友陈去病。

二

徐自华与苏曼殊初识于1908年。当时陈去病在广东汕头《中华新报》主笔政,那年冬天,徐自华电催陈去病自汕头回上海,商议秋墓之事,那天,又召集朋好二十余人,在四马路之杏花楼为陈去病接风洗尘,南社诗友邓实、包天笑、朱少屏、叶楚伧、林寒碧、徐小淑等都到了,那一次,苏曼殊也来了。徐氏姐妹与苏曼殊初次见面。此次认识之后,她们与苏曼殊一直保持联系。

苏曼殊一生漂泊,往往随身只带一只小皮箱,铺盖全无,到朋友家就随意借宿,不拘小节。那时正是冬天,天寒地冻,而陈去病也刚从广东回上海,衣被单薄,但苏曼殊竟然连被子都没有。看到陈去病的被子,二话没说就拿去用了。当时,徐自华也在场,看到他们两个这样,不觉笑了,便立即吩咐自己的婢女拿一条被子借给陈去病。大户人家出生的徐自华也是第一次见识了苏曼殊落拓不羁的一面。

三

1912年4月,苏曼殊自爪哇归国回上海,便加入南社,得知陈去病在杭州,即去西湖秋社访陈去病、徐自华,他们一起游杭州，尽览西湖之美景。

苏曼殊爱吃糖果，据说他从南洋归时，用仅有的一百元钱全部买了糖果，别人见到他这样，无不惊讶。但在回国的半个月旅途中，一路上居然吃个精光，此举吃糖"壮举"便成了传奇。

那天，徐自华、陈去病等陪苏曼殊同游西湖，泛舟湖上。徐自华拿出三十包酥糖与大家同食。苏曼殊见了，喜形于色，一边吃一边开心地笑。不知不觉，很快被他一举消灭。徐自华不禁脱口而出："不愧为'糖僧'也！"

苏曼殊此次游杭，最是尽兴，尤其是与挚友陈去病同游当年曾从事革命活动的白云庵，流连忘返。又在徐自华陪同下，和张继等凭吊了风雨亭。在他一生漂泊无定的人生旅程中，有陈去病、徐自华等友人相伴，并可以这样畅游西湖，也算是莫大的安慰了。

四

苏曼殊的故事有很多，还有一次，在上海的陈其美设宴邀请陈去病、徐自华等，当时，苏曼殊也在座，互叙旧话。这一次，苏曼殊又出洋相了。那天宴罢，夜已深，而苏曼殊力邀陈去病、徐自华去三马路花雪南家小坐，花家本在跑马厅附近，走几步就能到。可苏曼殊一出门便呼叫车夫"往前、往前"。当时，徐自华本不认路，而陈去病已醉在梦乡，根本不清楚情况，车夫一直匆匆跑到了黄浦江边，回头对苏曼殊说："三马路到头了。"苏曼殊方说："不对不对，快回转去。"车夫又匆匆载他们回跑马厅，见花雪南家灯火略明，忙推门而入，雪南已睡了，匆匆起来。

苏曼殊也不招呼徐自华他们坐,自顾从袖间摸索很久,拿出一块手帕送给雪南,说:"以此赠君,"又对徐自华他们说,"我们回去吧。"于是大家分手而别。

此时,徐自华方知上了一个大当,后私下对陈去病说:"和尚真是一个痴子,怎么这样不晓事啊!"

最后一次苏曼殊与陈去病、徐自华一起游西湖是1916年10月下旬,当时,苏曼殊自沪至杭州,先住新新旅馆,后陈去病邀其同住秋社。他们一行又一次结伴游湖、访友,十分畅意。后来,苏曼殊回沪后,因肠胃病复发住院。当时,陈去病因事务奔走繁忙,几次来往于沪杭间,竟不知情,也未去探望。杭州相聚竟成永诀。

五

1918年春,苏曼殊病情恶化,5月2日竟与世长辞。当时陈去病随孙中山参加护法,事后才知苏曼殊已去世,还是由他人捐金买棺,由居正夫妇料理丧事。至1919年秋尽,陈去病自南粤归一年后,苏曼殊还没落葬,未能入土为安。

1921年夏末,陈去病与徐自华共同为葬苏曼殊一事谋划。陈去病为筹集资金重回广东,得孙中山赠七百余元,回到杭州。与徐自华一起在西湖边找墓地。找了一个多月也没有物色到合适的地方。徐自华慨然将自己在湖滨的生圹割让一块给苏曼殊作墓地。等到填石围堤,所得的钱也用尽了。陈去病不得不向南社旧友募捐,仅得一二社友资助。这样拖了两年,徐自华沉不住气了,坚持主张择日卜葬。

曼殊大师僧装像

1924年6月初,陈去病以"南社同人"名义在《民国日报》刊登《曼殊灵榇安葬孤山通告》,告以沪杭两地友人准时迎候。6月8日上午,竞雄女学教员江润身扶灵柩从上海启程,下午抵达杭州。6月9日午时落葬。送葬者有陈去病、徐自华、徐蕴华、诸宗元、林亮奇及居正等。

曼殊死后,陈去病将其身世及葬事经过做了记录,便于大家知道情况,并说明"缘曼殊之墓,完全得忏慧夫人一人相力

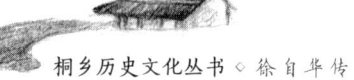

而成"。1930年5月2日,曼殊去世五周年忌辰,又作七律一首,中有"从情仗有西湖水,长与青莲绕画禅"之句。

陈去病、徐自华与苏曼殊之情谊,可见一斑,也是古今难得,值得记上一笔。

除上述写到的陈、柳、苏之外,徐自华还与南社其他社友也有诸多交往,因限于篇幅,在此不一一叙述。

第六章 交友始末

兰心蕙质
——徐自华与徐家姐妹

徐自华曾说:"女子之能诗,宜矣。"这是她发自肺腑的感叹,而在她的身边,还有两位能诗善词的女子亦不得不说。她们是兰湘姐和蕴华妹,这两位不仅是徐自华志趣相投的诗伴,更是她人生道路上重要的同行者。

徐蕴华像

少年诗友成绝唱

一

正如徐自华对侄子徐益藩所说的:"诗是吾家事。"崇德徐氏是一个名副其实的书香世家,祖上为官入仕者有之,喜爱舞文弄墨者更多。算到徐自华的曾祖这一辈,家谱上有记载的国学生已有十余人之多。正是因为有着家学渊源,徐氏一族极其注重儿孙的教育。并且，这种看重，并不仅限于对家族中的男孩。徐自华的祖父徐宝谦尤其喜爱诗书，思想又极为开通，特别要求家族中的女孙辈也要早读书、学吟咏。出身于这样的家庭，徐自华和姐妹们打小便进入家塾上学。因此，家中女子习文学诗的氛围极为浓厚，一点都不亚于有科举任务在身的兄弟们。在徐自华的少女时期，闺中曾有一位与她年龄相仿的女孩，既是她生活中亲密无间的姐妹，更是她诗词路上的第一位同伴。

古代女子的社交圈颇为局限，别说像如今天南海北的交往，夸张一点的也许连对门的人都未必相识。尤其是许多豪门大族的女子，更是养在深闺，鲜有出门的机会。有趣的是，在这一点上，徐家似乎又有些不走寻常路。想来，这大概要归功于徐自华的父亲徐多镠。徐多镠遗传了家族在诗书上的优良基因，但他的志向却从来不遵循传统那一套。他喜爱诗书却无意于仕途，喜欢丝竹管弦，偏要去学唱昆曲。除此之外，他还有一样爱好，就是外出旅游，甚至自己制了两条船，带上女儿一起游览各地名胜。徐自华姐妹都曾得益于这样寓教于乐的教育方式，增长了见闻，开阔了眼界。

徐自华十五岁那年，第一次随父亲徐多镠出远门。那时叔父徐多钤正在广东做官，便来信邀请兄长前去做客。在顺德叔父家中，徐自华见到了比她大一岁的堂姐徐蕙贞，也就是徐自华早年诗词中常出现的那位"兰湘姐"。兰湘姐聪颖好学，小时候父亲教她经史，常常能很快领悟。后来父亲当了县令以后，政务日渐繁忙，便很少再有闲暇时间给子女督课。兰湘姐却是真心喜爱诗书，非但没有因此荒废功课，反而更静下心来认真读书，还练得一手"有晋人风格"的好书法。因为没有人教她，诗书之旨就全靠自己体悟，或是和闺中姐妹们相互切磋。个性相投、兴趣相合，徐自华与兰湘姐一见如故，很快就熟络了起来。姐妹俩整日玩耍做伴，晚上还要睡一个被窝，可以说是形影不离、亲密无间。

那时，徐自华开始学诗不久，正是勤奋用功的时候。一次，兰湘姐见到她写的诗，也突然来了兴致。原来，兰湘姐老早就想学写诗，只是苦于无人指导，连基本的韵语也还不会。做姐姐的倒是丝毫不介意长幼之序的虚礼，当下便说要拜妹妹为师。这阵仗倒是把徐自华吓了一跳，忙不迭地婉言推辞了。不过，打那之后，兰湘姐终于有了学诗的机会，姐妹俩一有空就钻进诗词的世界，朝夕苦吟、互相唱酬。每每有了得意之作，就请长辈们指点。姐妹俩还一同出游，在顺德当地的名胜游览之时留下了不少唱和的诗作。重阳登凤凰山的时候，兰湘姐写下："年年客里过重阳，未有登高不忆乡。"徐自华则和道："客里何须惊岁月，登临且泛菊花杯。"两个女孩，常常是借着诗意在交流心情，颇有些互相开解之意呢。《听竹楼诗稿》和《度针楼遗稿》中有一个很有意思的细节。那一年，徐自华和兰湘姐竟然有好几首同题的诗作，想来应该是姐妹间互相切磋的习作，如《题美人弹琴图》《午日碧江竞渡》《梅花》等。同时，兰湘姐写了一首《晓妆》，徐自华的诗集里就有《晚妆》相对应。这些诗作，尽管在文笔上还带着些稚气未脱的味道，但却是二人学习诗词走过的路程，徐自华后来却将它们悉数收入诗集，足见那段与兰湘姐结伴学诗的日子在她心目中的分量。

二

欢聚的时光总是过得飞快,来年的春天,徐自华结束了顺德之旅,随父亲回到家乡。在离别的前夕,徐自华与兰湘姐深夜同坐,依依不舍。分别的那一晚,姐妹俩还像往常一样,拿出新写的诗稿,讨论着其中用得不太恰当的韵脚,不断地推敲订正。与其说两人是不愿失去一个同龄的玩伴,不如说是舍不得这样志趣相投的少年诗友。知己难求这个道理,对于心思细腻的女孩子来说,是早已懂得了的。不过,分别不算太久。1889年年初,叔父徐多镠因身体抱恙请了病假离开顺德归乡,又因为不想被家务俗事所烦扰,就索性搬去了西湖边专心养病。除了为父亲侍疾,兰湘姐闲暇常登高游湖,天天面对着湖光山色的绝美风景,倒是把才气都给激发出来了,笔耕不辍,诗学日益精进。自暂居杭州后,与石门县城的通信也变得便宜起来,徐自华与兰湘姐便时常在信里倾诉近况,切磋诗艺。当然了,姐妹俩一定不满足于纸上相见。从那一年的诗作内容来看,徐自华也曾数度去杭州看望兰湘姐,两人结伴游西湖,不时诗词唱和,共同度过了一年中最好的季节。这一次两人分别之时已是寒冬,仿佛预示着即将到来的残酷生活。

在接下来的两年里,兰湘姐家中突然连遭变故,沉痛的打击毫不留情地向她袭来。先是母亲周氏去世,兰湘姐悲痛欲绝,以至于精神都变得有些恍惚。但为了老父和幼弟,还要强撑着料理家事。从那时起,她连最爱的吟咏也放弃了,更无从排解郁闷。祸不单行,父亲徐多镠本就病体虚弱,没能撑过第二年的冬天,也跟着撒手人寰了。这成了压垮女孩的最后一根稻草,兰湘姐从此一病不起，身体每况愈下，直至药石无用。1892年年初，还没等到春天渗透整个大地，二十一岁的兰湘姐就香消玉殒了。

徐自华得到这个消息，悲伤震惊之甚，写下了四章《哭兰湘姊》。她在诗里重温了姐妹之间昔日的温情瞬间，便更无法接受这天人永隔的结局。心痛不能自抑，徐自华甚至有一瞬间责怪起自己来。就在正月里，徐自华梦见自己掉了一颗牙齿，她认为是自己的噩梦带来了坏运气。而兰湘姐特地写给自己的一副联，也曾被父亲嫌寓意不祥，没想到真一语成谶。但徐自华心里很清楚，所有的这些不过是无谓的空想罢了，已经发生的事永远无法改变。唯有将对姐姐的怀念装在心里，让这些美好的旧时光不至于很快消失罢了。

在纪念兰湘姐的诗作中，徐自华曾对姐姐诗稿散失感到可惜，更自责才疏学浅，无法效仿清代才女叶小纨那样，将姐姐的故事写成剧本流传后世。许多年过去了，徐自华从闺阁少女到为人妻、为人母，这份遗憾在她的心中从未磨灭。刚过而立之年，徐自华便整理旧稿编成了《听竹楼诗稿》。或许正是重拾诗文令她又想起了年少时的回忆，便一挥而就，终于写成了《兰湘姊传》。尽管时间已过去十年之久，徐自华仍然清楚地记得和兰湘姐相识相伴中的点点滴滴。少年诗友成绝唱，怎能不让人念念不忘？悲痛还未治愈，不过有一件事令她稍感安慰。某天，徐自华正在整理旧物，从箱底翻出了一叠诗稿，看笔迹竟是兰湘姐从前所写。她这才想起，兰湘姐过去写诗的时候可谓是一丝不苟，自我要求极为严格。但凡誊写得稍有不佳，便即刻弃之不用。徐自华觉得扔了可惜,就偷偷保存了几篇下来。这寥寥几篇诗稿,此刻却尤胜珍宝。逝者已矣,但至少兰湘姐当年的才华与风采,有了可传世的媒介,不至于随往事如烟了。

几年后,徐自华再一次整理旧作,编成《忏慧词》,于次年正式出版,刊入吴江《百尺楼丛书》。最特别的是,在这本《忏慧词》的后面,还附上了另一本集子《度针楼遗稿》,作者印着石门徐蕙贞。徐自华将兰湘姐留下的二十余首旧作编成诗集,并作序题诗,让兰湘姐的诗才得以见诸于世、留存后代。姐妹俩最初因诗结缘,如今又以她们共同的爱好为纽带重新"聚首"。徐自华这一番厚重的心意,想是能将这一场短暂却深刻的姐妹之情画上一个圆满的句点了吧。

徐自华与兰湘姐其实相聚的时间加起来不过一年时间。如果以几十年的人生长度为标准衡量,这时间渺小到近乎微不足道。然而,这一段少年时的相遇,竟是足以铭记一生的华丽乐章。有许多人,尽管在你的生命中是匆匆过客,却是无可替代的存在,从不会忘却。

玉台二妙书风流

一

人生像一列永不停歇的列车,很多人中途上车又毫无预兆地离去,只有少数人能陪着你到达终点站。对于徐自华而言,秋瑾、陈去病、兰湘姐都是前者,小妹徐蕴华则属于后者。

徐蕴华在家中排行第七,是最小的孩子,比徐自华小了整整十一岁。徐自华跟随父亲去广东游玩的时候，小妹还是个稚龄孩童。当他们结束旅行归家之时，发生了有一件很有意思的事。见着了久违的姐姐，五岁的徐蕴华牵着她的裙摆不肯放。小姑娘并没有吵着要礼物，而是像模像样地问姐姐写了多少好诗。这让徐自华忍俊不禁，还把这个细节写进了诗里。虽然只是一句童年戏言，却不难发现，徐蕴华在诗词上表现出了超越同龄人的天赋。过了两年，徐蕴华也到了上家塾的年纪。那时，父亲徐多镠经常出门在外，没有时间督促子女功课。于是，家塾里孩子们的课后辅导，便成了徐自华的工作。徐蕴华后来回忆当年，说徐自华是"学不厌、教不倦"的实行者。她清楚记得姐姐是如何"殷勤启迪，循循善诱"，她说自己早年打下的文学基础，也全靠徐自华曾经的耐心帮助。

　　徐自华也十分喜爱这个聪慧好学的小妹，在她出嫁之后，逢年过节依然心念着妹妹。嫁到南浔第三年的春节，恰逢正月初七，每逢佳节倍思亲。徐自华写下了《人日忆妹》，其中有一句"剪彩花应戴，吟诗韵已谙"，字里行间透露出对小妹的赞赏。诗的末尾"遥知依母坐，怀我话浔南"，是徐自华的想象，或许小妹也在同样想念她，还缠着母亲要讲南浔的事。虽是虚构的场景，徐自华用的却是"知"这个字，想必姐妹俩是心灵相通的吧。这种只能在诗里寄托关怀的状态，直到徐自华七年后回乡省亲才终结。那时，徐自华经历了丧夫之痛，加之持家劳累，急需要一个可以"疗伤"的港湾。小妹的陪伴，恰如及时雨一般。那时徐蕴华正痴迷吟咏不可自拔，日日埋首于诗词，这让徐自华仿佛看到了很多年前的自己。于是,她收起了烦恼与忧虑，

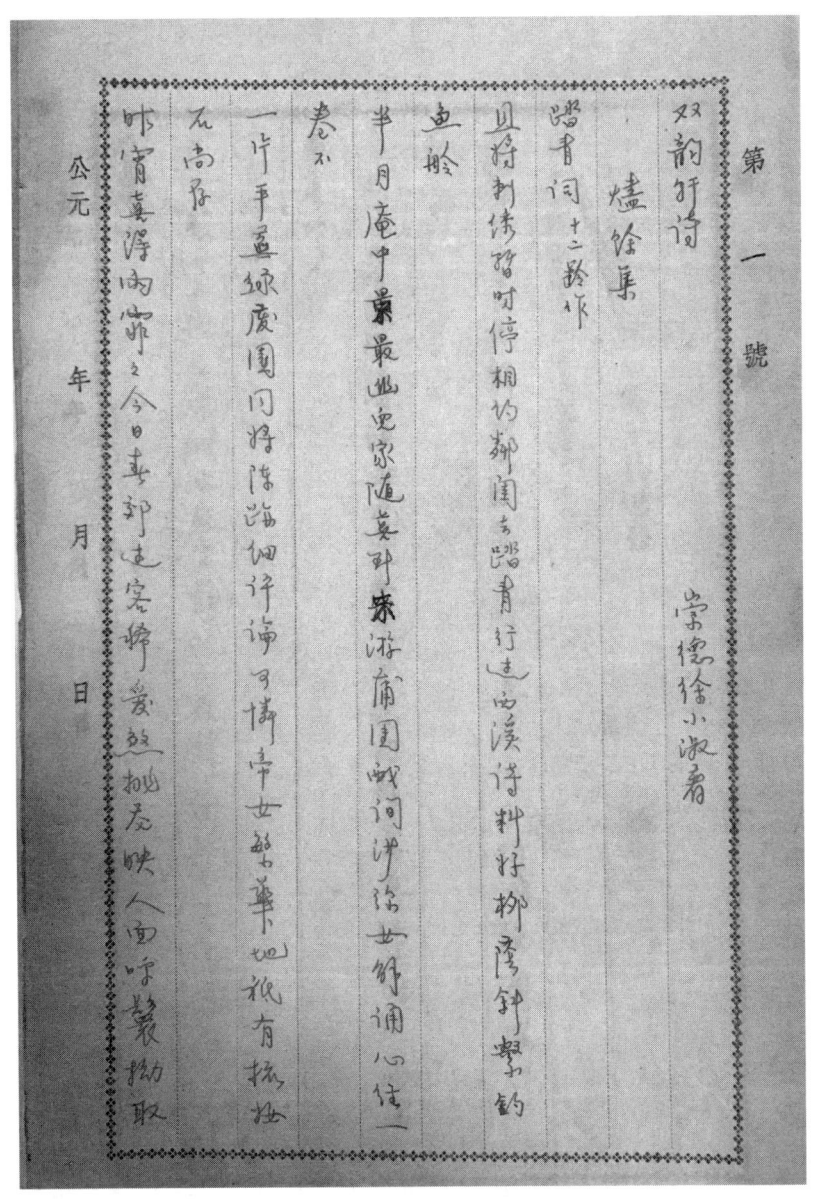

徐蕴华双韵轩诗稿（范方明提供）

专心地当起了小妹的指导老师，帮着她纠错订正，修饰用词。意外的是，这让徐自华渐渐找回了对诗词的热爱和对生活的信心，并在父亲的鼓励下，编成了自己的第一部公开亮相的诗集。从这个意义上讲，《听竹楼诗稿》也有小妹的一份功劳呢。从此，徐自华与徐蕴华不仅成了最亲密的诗友，更成为彼此人生中不可替代的角色。每一个重要的时刻，她们都陪伴在彼此的身边。

1906年，徐自华到浔溪女学任校长，这是一所进步乡绅主办的新式女校。由于南浔一地经商之人众多，消息相对较为灵通，能跟上大都市的脚步，各种新鲜事物也应运而生。徐自华便将小妹从家乡带来，帮她报名就读这所学校。多亏了姐姐这番远见，徐蕴华才有机会成为巾帼英雄秋瑾的学生。之后在秋瑾的推荐下，徐自华又帮助小妹去蔡元培创办的上海爱国女校念书，受到陈去病等名师的教导指点。徐蕴华学成后，因受到进步思潮的影响，积极参与革命运动。可以说，在徐蕴华每一次面临选择的重要关口，姐姐一直都带领着她，为她找到前进的方向。

在徐自华的前半生，一直充当着妹妹的引路人。到了她不再年轻的时候，则轮到徐蕴华来回报。徐自华晚年身体大不如前，最后更是缠绵病榻，无力参与革命事务。在徐自华生命最后的日子里，徐蕴华接手了姐姐交托的任务，更是一得空就赶去秋社和她做伴。临终之际，徐自华不仅将自己的所有诗稿传给徐蕴华，还把自己最挂心的事交给小妹去办。

徐蕴华亦不负重托，将一切事宜料理得妥妥当当。而有关姐姐的身后事，徐蕴华一直牵挂了几十年。在她七十岁之时，还嘱咐女儿多方争取，向政府请求保留姐姐的墓地。后来，也

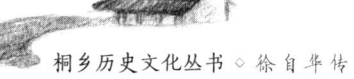

是在她的提议下，徐自华的墓前树立了墓碑，以供后人凭吊纪念。

徐蕴华七十九岁时，在医院病榻前口述了《记忏慧词人徐寄尘》，以最亲近的角度记录了姐姐的一生。"半生历史唯小妹小淑知之独详"，徐自华曾在遗言中这样说。徐蕴华，到底没有辜负姐姐的期望。而这种特别的信任，源于多年来培养和陪伴的默契。可以说，小妹对徐自华来说，早已不只是亲属关系，更是相伴一生的知音。

二

徐蕴华打小就爱黏着徐自华。最初多半是出于对姐姐才华的崇拜，而浔溪女学的一番经历，才让她坚定了要跟随姐姐的愿望。在女校读书的时候，徐蕴华由于姐姐的关系，与老师秋瑾走得很近，于是或多或少也对她们所谈论的事有所耳闻。作为大家庭里最小的孩子，徐蕴华一直被保护得很好，对外面的世界充满了探索的渴望。每每听姐姐他们透露一点点边角消息，都会令她兴奋不已，总希望能参与其中。大概是看出了徐蕴华身上的潜质，秋瑾曾向徐自华要求，想带着小妹同去南洋教书，后来因为家中长辈反对而作罢。后来秋瑾自己也没去成南洋，便又向徐自华建议，应当送小妹去大城市里更进步的学校念书。这一次，徐蕴华打定主意不会再放过机会，拉上了姐姐做说客，向母亲软磨硬泡才得到许可，去往蔡元培创办的上海爱国女校读书。

在上海爱国女校，徐蕴华接受了新文化、新思潮的教育和洗礼，更加坚定了自己的目标与志向。她跟随姐姐，一起在秋瑾的发展下，先后成为革命团体同盟会、光复会的成员。秋瑾办《中国女报》筹措经费困难之时，徐蕴华虽只是一介学生，也从积蓄中拿出了几百元，和姐姐勉力凑了千余元，才得以使女报创刊号顺利编印。在秋瑾筹划革命义举的关键时期，徐蕴华也与她保持着联络。义举前，秋瑾曾秘密去往石门，徐自华尽出积蓄资助其革命事业。回程时，秋瑾途经上海，还特地去了一趟爱国女校，和徐蕴华见了一面。像是不必言说的默契，徐蕴华也尽力拿出积蓄相赠。秋瑾殉难之后，徐自华为营葬秋瑾极力斡旋，徐蕴华也从旁协助，从学校肄业以后更是全身心地投入此项工作中。纪念秋瑾的重要活动场合，徐蕴华基本上都参与了。1908年，在西湖凤林寺举办了一次秋瑾秘密追悼大会，其间清驻防闻人贵翰香不知从哪得知的消息，竟混入了宾客之中，还登台演说发表谬论。面对不速之客，徐蕴华毫不胆怯，当即用史实诘问，令闹事者语塞而去，足见她已然做好了成为革命同志的准备。

　　那一段时间，为了葬秋事宜，徐家姐妹形影不离、共同进退。遇到姐姐不便亲自处理的事务，徐蕴华便立刻出面替她完成。在营葬秋瑾的过程中，徐自华结识了秋瑾的金兰姐妹吴芝瑛。当时吴芝瑛常居上海，徐自华最初因女儿患病分身乏术，徐蕴华便成了两人之间重要的纽带，多次受徐自华委托前去和吴芝瑛见面，传递葬秋的消息，商讨种种事宜。秋瑾第一次归葬西泠后不久，清廷御史常徽奏请平毁秋墓，竟然得到了巡抚的批准，甚至还牵连了为营葬出力最多的徐自华和吴芝瑛，要严拿两人惩办。虽然徐自华得讯较早，赶往上海避居，但却赶不及将秋瑾墓碑收藏好。这时，清廷已下了通缉令，徐自华实在无法贸然行动。徐蕴华又像往常一样，代替姐姐前往杭州，并不负所望完成任务。然而，这一次却给徐蕴华留下了终身的伤痛，那时她与其他同志漏夜起碑，正徘徊伺机将其送往藏碑之地，却不幸被西湖巡逻队发现，遭到枪柄击打而伤了尾闾骨。徐蕴华曾在文章中谈起此事，很是平静地说，迄今不怨。

这几年的经历加速了徐蕴华的成长，令她从跟随姐姐的进步女学生，逐渐成为能独当一面的革命青年。怀揣着从姐姐那里继承并发扬的革命意志，徐蕴华开始自己寻求方向，做了许多有利于革命的实事。徐自华曾两度办学，徐蕴华均亲眼见证，一次是作为学生，一次是作为教员。于是，在她三十三岁的时候，徐蕴华回到家乡，创办了崇德县第一所县立女子小学，并担任校长。过了两年，又创办崇德女子师范讲习所，附设于县立女子学校内，亲任所长。后来学校与崇德乙等商校合并为崇德第一高等小学，依旧由徐蕴华担任校长。十几年中，徐蕴华几乎全身心地投入教育事业，成立教育研究室，扩建校舍壮大规模，为家乡的教育事业奉献颇多。同时，徐蕴华也始终力所能及地为纪念秋瑾做一些事情。徐自华去世之后，徐蕴华继承了姐姐未尽的心愿，一直到她年逾古稀之时仍未停歇，仍在多方查访寻找秋瑾墓碑的下落。徐蕴华还为后人研究秋瑾留下了许多宝贵的史料，她所撰写的《秋瑾烈士史略》列入了《辛亥革命回忆录》。她还曾向秋瑾故居纪念馆捐赠了秋瑾的珍贵照片和其他文物，上海越剧院编写纪念秋瑾的越剧、浙江省塑秋瑾雕像，都曾经得到过她提供的资料支持。

柳亚子常常在诗中将徐氏姐妹并称,夸她们为"浙西二徐""玉台二妙",这也代表了时人对她们的一致认可。这当中既有对她们参与革命活动的义举表示肯定,更是对她们诗词才华的赞美。

三

徐自华素来喜爱诗词,纵观其一生,多位好友均是因诗结缘、遂成至交。其中徐蕴华是很特殊的一位,既是姐妹、又是同志,更是伴其终生的诗友。

徐自华与徐蕴华的诗词唱和大概始于徐自华编写《听竹楼诗稿》前后。那年冬天,距离徐自华出嫁南浔已经快十年了。当她回到久违的娘家,才发现从前牵着她的裙摆的小女孩,已经长成大姑娘了。更令她感到惊喜的是,小妹对诗词的热衷丝毫不亚于她当年,连那份刻苦学习的劲儿都很相像。在娘家的时候,徐蕴华一有所得就马上拿给姐姐让其指点,凭着天赋和努力,在诗词方面进步十分迅速。

结束省亲回到南浔之后,姐妹俩也一直没间断过通信,信中常常会附上自己新近的诗作,互相切磋交流。有一回,徐蕴华寄了一沓诗稿来,一共十几首诗。徐自华读了,喜爱得紧,马上回赠一首诗作为勉励。直言徐蕴华的诗清新可爱,称赞她:"闺中擅得好才华,冰雪聪明众口夸。"徐蕴华对姐姐的才华更是极为崇拜,曾夸姐姐的词作可与绝世才女李清照相提并论。可见,那时徐蕴华一直把姐姐当成偶像,用近乎仰慕的心态,希望早日向姐姐靠拢。徐自华则十分喜爱小妹的聪慧和用功,竭尽所能地鼓励和帮助她。

两人的诗词唱和,基本上分为两个阶段。对比早期徐自华与徐蕴华唱和的诗作,从中不难发现两人兴趣与志向十分相近。徐自华写过好几首有关水仙花的诗,徐蕴华也特意步姐姐的韵,分别写了相对应的和诗,寓意很是相似。徐自华当年和林长民常有诗词唱和,曾写过一首送别诗。通篇并没有浓郁的离愁别绪,开篇就是一句"剑匣诗囊仔细收,乘风万里赋东游",表达对好友前程的美好愿景。无巧不成书,徐蕴华后来写的一首和韵诗,也有着同样的意境。诗中写"扰乱干戈尚未收,壮怀好向日边游",这与徐自华那一首有异曲同工之妙,显示出其宽广的胸怀和不断进取的信念。

待到两人都踏上革命道路之后,在诗词创作上交集最多的媒介,应该就是南社了。1909年,南社成立了。创社后不久,徐自华和徐蕴华同时加入南社,以收到入社书为序,分别为第十一位和第十二位社员。在南社,姐妹两人既是诗友,又是同志,她们积极参与南社雅集活动,为《南社丛刻》撰稿,并积极参与各项革命活动,是南社早期社员和骨干力量。"浙西二徐""玉台二妙",也是南社创始人之一的柳亚子在那时对她们的评价。后来,南社仿《东林点将录》《乾嘉诗坛点将录》,拟定了一份《南社点将录》,南社精英成员悉数在榜。徐自华被封为"天暴星两头蛇徐忏慧",名列三十五位,徐蕴华被封为"天哭星双尾蝎徐小淑",名列三十六位,可见姐妹齐头并进,在南社受到了广泛的认同。

除此之外,姐妹俩还为彼此的诗词集作题,徐自华为小妹的《双韵轩诗草》作《青玉案》,姐姐的《忏慧词》则有徐蕴华作《金缕曲》为题。徐自华说："喜会得，诗中意"，徐蕴华则回："谁解得，词人郁"。知音难觅，幸而她们还有彼此。

有一句俗语叫作"女子无才便是德"。短短七个字，千百年来限制了多少女子的理想。徐自华曾直白地驳斥过，称其"太迂"。徐自华的这种笃定自信，有来自家族的潜移默化，来自长辈的言传身教，更有自己的躬行实践。徐家姐妹是幸运的，而她们也用各自的人生，述说着旧时代新女性的抗争与胜利，谱写出一首影响深远的命运交响曲。

闺中知音
——徐自华与吕韵清、郑静兰、吴芝瑛

秋瑾曾经向徐自华感叹，当时所谓的女界"名人"多是名不符实的，很难找到既有思想，又能干实事的女子。看似走在时代前列的"名人"们尚且如此，就更别提那些连接受教育的机会都没有的普罗大众。在这样的背景下，敢于跨出第一步的人就显得更加难能可贵。在徐自华身边，有这样几位奇女子，因相同的爱好和相似的志向令她们聚到一起，像火焰一样燃烧满腔的热情，如星辰一般照亮她们头顶的一片天。

徐家也有"黛玉"

一

《红楼梦》写活了一个才女的经典形象——林黛玉。后世许

多名作家的作品里，常常会有模仿、致敬这个人物的情节。例如在林语堂的《京华烟云》中塑造的红玉一角，与林黛玉的相似度就非常高。小说是虚构的，而在徐自华家中，倒真有一位样貌、才华均极为出众的女子。巧合的是，她非常爱读《红楼梦》，曾写过不少有关《红楼梦》、有关黛玉的诗。当然，最重要的原因应该是她曾长期寄住在颐志堂徐家，于是便被称为徐家的"黛玉"。

这位"黛玉"姓吕，名为韵清，后又称友芳旧主。吕韵清应是吕氏之后，然因祖上吕氏一案之故，吕家后人一直生活很低调，家世并不为人所知。只知道，吕韵清与徐自华年龄相仿，仅仅大了两岁。徐自华启蒙很早，十岁时已经能作五言八韵诗。大约在那时，吕韵清就来到了徐家，当了徐自华的伴读。徐自华曾在《寒谷生春记》中回忆当年，说自己和吕韵清是总角之交，过了几十年依然忘不了那些朝夕相伴的日子。她们之间的关系，又岂止是陪读，她们是姐妹，也是诗友，更是同志。

吕韵清在徐家待了将近十年时间。据徐自华的外甥女林北丽回忆，这位女子有国色之名，诗词歌赋能与徐家两姐妹相媲美，还精通绘画，尤擅画梅。更重要的是，她还是一个极富幽默感的人，说笑逗趣亦不在话下。与徐家众人朝夕相处的日子里，吕韵清用自己的才情和温婉的性格赢得了全家上下的喜爱。徐自华的父亲非常喜欢唱昆曲，徐自华曾在诗里写到，当时每逢月明，父亲徐多镠就会撅笛，由徐自华与吕韵清合作谱成《赏秋》等阕，成了两代人之间特别清雅的娱乐项目。玩得高兴起来，常常是丝竹达旦。徐自华早已把吕韵清当成姐妹，长辈们也视吕韵清如同己出,有全家出行的场合,总不忘带上她。

1887年春,徐自华随父前往广东顺德探望叔父。1889年夏,徐自华堂姐徐兰湘自粤返杭。在徐自华抽空来杭州和姐姐重聚之前,是吕韵清先来拜会兰湘姐,陪她游西湖。1892年春,徐自华随父亲和叔父赴安徽庐州探望祖父亚陶公,吕韵清又以伴读的身份陪同徐自华前往。在这几个出游在外的年份,徐自华均留下了数量较多的诗作。可以想见,有这样一位知心诗伴在身边,随时互相交流切磋,想必激发了她更多创作的热情。

一年后,徐自华依父母之命嫁往南浔。于理,大小姐已经出嫁;于情,好友远走他乡。既如此,吕韵清似乎已经找不到继续留下来的理由。于是,她便辞去了徐家伴读,回家侍奉母亲,以写字作画为生。

二

1903年春,吕韵清与云间词客同游西湖,在镜清楼饮酒作诗,互相唱和。吕韵清有题壁诗,后来徐自华来游西湖时有和诗写道:"侬家久已抛拈韵,为读新诗一和来。"那年秋天,徐自华还特地写了一阕《意难忘》,表达自己对吕韵清的想念。词中有"忆当年旧事,多少思量",久别重逢勾起了她的回忆。要知道,正是在那一年,徐自华整理旧作编成了《听竹楼诗稿》,而与诗友们的唱和更给了她信心,重燃对诗词的热爱。这其中,自然也少不了吕韵清的一份功劳。

1906年,徐自华受聘到浔溪女学任校长,后来吕韵清也受邀来学校任教。不过,吕韵清当教师的经历甚至比徐自华还要早。

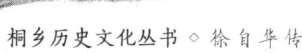

两年前,家乡石门县城的进步乡绅就办了一间文明女塾,聘请吕韵清教授各课,吸引了许多人前来求学。《女子世界》杂志还记载着,为了改变手工课单一枯燥的情况,吕韵清还动用私人关系聘请老师,教大家使用缝纫机。当然,吕韵清也不是第一次做这样的实事,数年前,她还曾拿出自己卖画的润笔费作为善款捐献,用以赈济灾民。小女子有大义,是吕韵清与徐自华极为相像之处。后来两人在浔溪女学结识秋瑾之后,不约而同地受其影响,在各自的领域里为革命事业而努力。

离开浔溪女学后,秋瑾在上海厚德里创蠡城学社,以此名义联系会党,进行革命活动。后又在此地办《中国女报》。徐自华曾为女报捐过创刊资金,吕韵清则在移居上海时特地赶来看望,还遭遇过一件令人后怕的事情。当时,秋瑾与陈平伯等人在厚德里研制炸药,因操作不慎导致爆炸,陈平伯伤了眼睛,秋瑾炸伤了手。为免身份暴露,吕韵清急中生智,用秋瑾的衣服将炸弹藏了起来,这才侥幸躲过了搜查而脱险。

吕韵清曾数次参加徐自华与秋瑾的聚会。徐自华在石门县城家中与秋瑾的最后一次会面,吕韵清也相伴在侧。正因为有着这些共同的经历,吕韵清在秋瑾遇害之后,也做了许多力所能及的事,并作纪念秋瑾的诗作。又据郭长海先生编辑的《吕韵清集》所载,在徐自华忙着为营葬秋瑾奔走之时,吕韵清曾把秋瑾生平与革命史事写成《六月霜传奇》,为恐触忌而避害,她化名为"古越嬴宗季女",将这出戏剧以改良小说会社本在上海问世,成为当时知名的追悼文艺作品之一。后来,吕韵清又常常在《申报·自由谈》《女子世界》等刊物上发表进步文章,借小说的笔调抒发自己的志向。

三

徐自华与吕韵清最后一次有记载的会面，是在1914年。那年冬至，徐自华邀约南社友人前来避寒雅集，吴梅、陈世宜、胡韫玉、叶叶、陈去病等人都在场。吕韵清是唯一一个被邀请的非社内成员。席上，徐自华建议行新酒令，拟了一个用花名、诗句、词牌名、葩经（即诗经）和昆剧名组成的令。众人起初认为新令太难，行着行着倒都来了兴致，气氛异常热烈，至酒阑收令，尽欢而散。第二天，徐自华将这次聚会全程记录下来，写成了《寒谷生春记》。在这篇文章开头，徐自华还回忆了小时候与吕韵清的旧事，可见少年时的情感最令人难忘。

杜甫有几句经典的诗句："人生不相见，动如参与商。今夕复何夕，共此灯烛光。"对于徐自华和吕韵清来说，那年的冬至相聚大概就是如此情形吧。这之后，再无她俩相见的文字记载了。1927年，秋侠殉国二十周年纪念大会召开。吕韵清为此作《丁卯六月六日为秋侠殉国之廿周年。爰赋六绝，应寄尘、小淑二妹政之》，收录在《秋侠殉国二十周年纪念特刊》中。可见在那时，吕韵清与徐自华她们仍有书信联络。然而，在兵荒马乱的年代，世事变化之快谁又能预料？后来，徐自华因病离世，吕韵清在战争中辗转流寓各地，最终亦不知去向。乱世佳人如飘萍，一声叹息。

故事里的结局，虽应了那句"明日隔山岳，世事两茫茫"，但一切已镌刻在她们留下的历史中，永不褪色，历久弥新。最

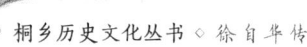

令人欣慰的是,"徐家黛玉"不必再囿于深宅庭院,能活出自己想要的人生。

因诗结缘的忘年交

一

1905年,徐自华在南浔结识了一位名为郑静兰的才女。因缘际会,尽管两人年纪相差近三十岁,却是一见如故,之后诗词唱酬、多有往来。在这里借用一句电影台词,"世间所有的相遇都是久别重逢"。世事有时候就是这么奇妙,她们两人的惺惺相惜,似乎是冥冥之中早已注定了一般,只等着命运交汇的这一刻。

严格说起来,郑静兰算得上是徐自华的老乡。据《新塍镇志》记载,郑静兰字松筠,世籍桐乡。至于郑静兰为何出生在新塍呢?这就要追溯到她曾祖父郑熙那一辈了。那时,郑家仍住在桐乡柞溪,如今算是乌镇区域内。清乾隆年间,因为祖屋面积较小、人口众多,郑熙便决定迁居到新塍问松里定居。郑熙为官清廉、崇尚诗书,为其门楣取名"清贻堂",意为以清白贻后人。这种家风也影响到了后世子孙,从此,新塍郑氏一门诗书相传、名人辈出,成为新塍一地有名的望族,人称"郑官房"。成长于这样的书香世家,郑静兰儿时的经历与徐自华极为相像。郑静兰也曾跟随父亲郑宝锴在福建做官,诗礼之训都由父亲教导。嗣兄郑文同曾给她诗集写序,文章中回忆了妹妹从小就聪慧勤奋,尤其擅长写诗。

巧的是，郑静兰的婚后生活竟与徐自华也有许多相似之处。郑静兰二十岁时，家中为她寻了一门理想的亲事，与杭州人范鸿书成婚。范鸿书是一介书生，曾任福建平和县典史，与郑静兰父亲所在的县相邻。婚后，郑静兰的生活过得平静幸福，丈夫诗才极佳，两人举案齐眉、其乐融融。然而好景不长，仅仅过了几年，范鸿书就突然离世。失去了依傍，郑静兰只得回乡投靠亲人。原以为可以抚养孤子成人，却没想到连孩子也被病魔夺走了。绝望之下，郑静兰一把火焚毁了自己所有的诗稿。

好在，郑静兰并没有因此消沉下去，不久她又找到了新的人生目标。由于她接连失去了丈夫和孩子，范鸿书兄长家的孩子范梦石便过继到她膝下。从此，郑静兰全身心地投入到家中，勤力侍奉母亲，精心抚养嗣子。直到嗣子长大成婚，又帮助他自立门户。此时，多年辛劳操持终于有了回报，范梦石知书达理、谦恭孝顺。他知道母亲很喜欢写诗，可大部分旧作均已化成灰烬。为了替母亲找寻几首诗，刚新婚不久，他就离家三个月，去福建伯母家带回。后来，范梦石还替母亲整理诗稿，编辑成《焦桐集》刊行。正因为这本诗集，郑静兰的诗才开始广为人知，也改变了她晚年的命运。

二

一部诗集令郑静兰远近闻名。1905年，南浔乡绅张弁群诚心相邀,希望聘请她来家里当闺塾师。此时的郑静兰已步入晚年，但年龄并没有阻挡她的心志,很快便去南浔走马上任。这一决定,给她的人生带来了新的体验，也让她在这最后的岁月，创造了更多价值。

郑静兰在南浔张家授馆,徐自华婆家也在南浔,这就给了两位女子相识的契机。相似的命运经历拉近了两人的距离,更重要的是,彼此都十分欣赏对方的诗才。徐自华曾在诗中赞美郑静兰:"半生劲节慕松筠,一卷珠玑字字新。"被夸的人也毫不示弱,说徐自华是"松柏情操冰雪心,玉台佳句令人钦"。

两人不仅互相唱和,还曾相互为对方的作品集题诗。徐自华为郑静兰的诗集写《题范夫人〈焦桐集〉》,郑静兰则写了一首《题徐寄尘〈听竹楼诗集〉》。有意思的是,两位才女甚至颇有些屋乌之爱,还为彼此家人亲属的诗集作题。郑静兰为已故徐兰湘的诗集作题,诗中不无动情地写"天靳金銮寿,人怜道蕴才"。徐自华则给郑静兰嗣子的《抱影庐诗草》题诗,夸他"庭闱养志慈心慰,乡党称才众口夸"。可见徐自华与郑静兰不仅讨论诗词,还谈及了许多自己和家人过去的经历,成了意趣相投的忘年之交。

不久后,张弁群开办浔溪女学,聘请徐自华任校长。机缘巧合之下,徐自华与来校任教的秋瑾相识。通过徐自华,郑静兰与秋瑾也有了一段交往。两人有过唱和,当时秋瑾原定要去爪哇教书,徐自华与郑静兰都曾为她写诗送行。郑静兰称秋瑾"女子能怀报国忧,凛然豪气孰为俦",言语中对这位大义凛然的女子极为钦佩。而秋瑾与郑静兰唱和的诗词留存极少,据郑静兰在诗中所记,秋瑾还曾给她的《焦桐集》题过诗,其中有一句"自古诗人遭鬼忌",但这首诗未有流传。目前能读到的,有一首《三叠韵赠郑夫人松筠》,收录在徐自华所编的《秋雨秋风集》中。

开篇一句"曾同霜雪斗枝芽,松柏经冬色更华",可见几位女子之间相互钦慕、极为投契。尽管相处时间很短,彼此却始终深深牵挂。后来,秋瑾就义的消息传来,郑静兰悲愤不已,写下一首长诗悼念。

三

1906年年中,由于被校内别有用心之人诬告,再加上原本打算启程去爪哇,秋瑾从浔溪女学离职。得知此事的徐自华也愤而辞职。由此,徐自华逐渐走上了革命的道路,与郑静兰也因距离的关系,无法再像从前那样交往。然而,那段短暂的交往,对郑静兰之后的生活产生了巨大的影响。

秋瑾和徐自华离职之后,浔溪女学师资变得相当匮乏。校方便想到了在张家授馆的郑静兰,就延聘她到学校任教,以作救场之法,直到第二年学校停办。在浔溪女学的经历让郑静兰第一次接触到了新式教育,也看到了兴办学校对提升国民素质、推进社会发展的重要性。

离开南浔回到新塍之后,当时已经六十多岁的郑静兰觉得自己还不能休息,要为家乡办一些实事。于是,郑静兰以振兴女学为己任,创办了一所新新女塾。据《新塍镇志》记载,新新女塾办学方式颇有些博采众长,塾中"日程力求合于城乡各女学"。除了教学课本知识以外,学校还注重引导学生的思想。"每课余,诸女生侍,必胪举时下诸女学之流弊,引以为大戒。"因此,凡是在新新女塾读书的学生,常常会小心谨慎、自我检点约束,学校风气极佳。

眼看已为学校打下了良好的办学基础,又自知年迈体弱,郑静兰便功成身退,将衣钵传给了自己的两位学生。而从新新女塾毕业的学生,有十多人后来也从事了教育工作。她们都能严格遵守师法,经她们教授的学生数以百计。当时乡人敬佩郑静兰的贡献与德行,都尊称她为"范先生"。

徐自华与郑静兰的一段交往,就像是两条相交线,交汇的一刹那,在彼此生命中都留下了不可磨灭的印记。尽管之后渐行渐远,却依然互相影响着将来的每一天。在无常的岁月里,真知己又何须长相伴。只要,你我皆比从前更好,就不辜负一场相遇了。

"徐、吴二夫人"

一

1908年3月15日,旅居杭州的徐自华收到了一封同城寄来的信件。读完信,她便匆匆出了门。徐自华赶往的目的地是刘庄,在那里她终于见到了来信的人,一位熟悉的陌生人——吴芝瑛。在这第一次正式会面之前,她们已经通信了数月。

徐自华与吴芝瑛的联系,始于秋瑾就义之后。素不相识的两

吴芝瑛像

人，因为共同的好友相识，又为着一致的目标而走近，从此并肩奋斗多年。不过，要算起来，吴芝瑛结识秋瑾，比徐自华还要更早一些。

1903年，秋瑾随丈夫迁居京城。入京后，秋瑾发现这里不仅书报更新、消息流通更快，还有许多各界名流汇集。其中，就有一位京中女界的名人，与秋瑾非常投缘、往来频繁，她就是吴芝瑛。吴芝瑛出身安徽桐城的望族，是晚清文学家、教育家吴汝纶的侄女。有着这样的家学渊源，吴芝瑛不仅诗文不在话下，更擅长书法。由于丈夫在京中任职多年，身处这样的环境之中，吴芝瑛的眼界与见识自然不一般。据说，她的思想倾向维新，这在当时京中女界也并不多见。缘分最是说不清、道不明，吴芝瑛偏偏和这个初来乍到的女子极为投缘，很快便互许为知己挚友。半年后，吴芝瑛与秋瑾订文字之交，写同心兰谱，正式结拜为姐妹。秋瑾还拿出自己陪嫁的衣物，赠与吴芝瑛作纪念。此后，吴芝瑛组织进步妇女集会，秋瑾也常去参加，结识了不少海外人士。正因视野逐渐开阔，令秋瑾萌生了海外留学的想法，以寻求妇女解放的新路径。

待到秋瑾留学归来，除了革命事业，始终无心顾及其他，就连生死都已置之度外。谁又能料到，吴芝瑛最后一次等来好姐妹的消息，竟是一则骇人听闻的噩耗。悲愤欲绝之下，吴芝瑛顾不得会牵连自身，挥笔写就一篇《记秋女侠遗事》，登在了《时报》上。在文末，她大胆地向当局喊话，要他们善待秋氏家族，不要再牵连无辜。说到动情处，甚至表示不惜赌上自己的身家性命，可见她当时的勇气。不过，那时的吴芝瑛还不知道，在离她数千里以外的江南小镇,也有人和她抱着同样的决心。

得知秋瑾就义之后,徐自华悲痛交加,生了一场大病。病愈后,徐自华去了一趟杭州,面对美妙的湖光山色,徐自华想起了此前与秋瑾在此立下的"埋骨西泠"的诺言。无论是谁先于对方离世,另一个人就要负责将她的骸骨归葬西泠。想到这里,徐自华不禁悲从中来。斯人虽已离去,誓言犹在耳边。于是,徐自华提笔写诗,其中有一句"欲觅西湖干净土,为卿三尺造孤坟",说得斩钉截铁。所谓一诺千金,她必须坚强起来,去完成自己的使命。然而,营葬一事千头万绪,实在是孤掌难鸣。不过幸运的是,不久之后,徐自华便不再是孤军奋战了。

徐自华与吴芝瑛起初是如何联系上的,如今已无从考证。翻阅徐自华的年谱,第一次出现吴芝瑛的名字是在1907年11月。徐自华先寄信给吴芝瑛,几天后便得到了回信,两人通过书信往来商讨营葬秋瑾之事。正是从那时起,徐自华与吴芝瑛之间鱼传尺素,开始了书信往来。

收到回信的十几天后,徐自华到了上海。可还没来得及和吴芝瑛见上面,就被女儿重病的家书召了回去。于是,徐自华派小妹蕴华和吴芝瑛先会面商讨,后又通信联络,一致决定先购地,再营葬。两方又一拍即合,分别负责购地和营葬两件事。

之后的数月时间里,徐自华和吴芝瑛一直通过书信往来,细致地计划一应事宜,并尽快兵分两路付诸实施。吴芝瑛那段时期身体欠佳,徐自华就主动包揽了需外出奔波的事项。她先是去绍兴和秋瑾家人商定移柩的事,又马不停蹄赶往杭州找到一处适宜营葬的地方。办妥这些事后,再通知吴芝瑛丈夫廉泉到杭州，负责雇工修造墓地等后续事项。吴芝瑛则充当幕后策划，对于营葬过程中如何防止事前泄露的问题，提出了不少有益的建议。

二

第二年的一月底，秋瑾灵柩顺利葬于西子湖畔。不过侠骨归葬那一天，徐自华和吴芝瑛都不在现场。等到吴芝瑛有机会亲自到秋墓祭拜，已经是两个月后的事了。这中间，徐自华在西湖凤林寺办了秋瑾会祭，并成立了秋社。可惜，吴芝瑛不能到场参加，这些都是听徐蕴华事后转达的。那段时间，吴芝瑛过得很是艰难。因她参与葬秋之事，亲戚朋友恐受牵连，避之不及，甚至有人腊月里就上门催债，一丝情面也不顾。万般无奈之下，吴芝瑛只得将上海的住宅抵出来救急。可即便如此，她依旧在给秋社同人的回信中表示，造墓的前账都由她负责，会托人如数照付。但这种种难处与煎熬，到她亲眼看到秋墓的那一刻，早已全部烟消云散了。

"不幸传奇演碧血，居然埋骨有青山。"正如她在秋墓前写下的这句诗，英雄的心愿既已圆满，便是最安慰的事。祭毕，吴芝瑛又回到了刘庄的暂居所。其实，这一次旅程除了来凭吊秋墓，还有另一件事挂心，就是想找机会与徐自华会面。来杭州的途中原是经过石门县城，但因为同行还有旁人，不便上门拜访。又想着徐自华或许身在杭州，等到达刘庄安顿下来，却听人说她已经回乡了。本以为见面无望，但或许秋侠冥冥中在相助，刚从秋墓回来的吴芝瑛就收获了意外的惊喜。有人从城里带来消息,几天前曾看到徐自华在大井巷出现,猜测她多半仍在杭州。尽管未知消息是否确切,吴芝瑛一刻也不敢耽搁,马上寄信给徐自华。果然,消息不假,一接到信,徐自华就赶去了刘庄。

在过去的三个多月,两人从未谋面,却全心信任。正因两人的通力合作,营葬秋瑾诸事宜才得以及早促成。此事不为名、不为利,只为信守一份约定,成全她们和挚友之间的情谊。而在这个过程中,徐自华与吴芝瑛也逐渐走近,并肩前行。徐自华写下一首《西泠吊秋和吴芝瑛女士原韵》来纪念这次会面。诗中化用了"延陵挂剑"的典故,为友情而誓守承诺,她们的确做到了。

杭州一别后,两人又为秋墓树碑一事忙碌,徐自华负责墓表撰写,吴芝瑛负责书丹,又找了金石家胡匊邻刻石。原以为此事就这样尘埃落定,然而仅仅过了几个月,又突生事端。清廷忽然下令平毁秋墓,还要缉拿徐自华、吴芝瑛惩办。得了消息,徐自华匆匆赶往上海避祸,吴芝瑛也多方运动。最终清廷迫于舆论的压力,没有牵连徐自华和吴芝瑛。然而,即便是在风波极盛之时,两人依然毫不畏惧,徐自华在避居前不忘安排小妹去收藏秋瑾墓碑。由徐自华撰文、吴芝瑛手书的《鉴湖女侠秋君墓表》悲秋阁拓本也如期印行。秋墓虽暂时遭到平毁,但她们决不会就此放弃努力。

三

1912年1月1日,中华民国临时政府成立。眼见中华有新气象，徐自华激动地写下《西泠重兴秋社并建风雨亭启》。然后，她鼓起勇气，就此事向临时大总统孙中山寻求支持。在多方的支持下，秋社设立营葬事务所，筹建新墓和风雨亭。经过半年多的努力，秋侠新祠和风雨亭终于告成。徐自华发出召开纪念大会的通告，并公开征求鉴湖女侠遗物。很快，徐自华收到了一封吴芝瑛夫妇寄来的信。

在这半年时间里，徐自华和吴芝瑛一直有书信往来。因吴芝瑛有恙在身，无法面谈。关于新的墓碑、秋心楼、风雨亭的题字，和秋瑾家人会面等事项，两人都是通过信件商讨联络。直到会期将近，吴芝瑛的病也始终不见好转，又一次错过了纪念大会。即便不能到场，吴芝瑛夫妇却仍对秋社的募捐慷慨相助。其实丈夫廉泉在民国政府成立前已辞去了清廷的官职，夫妻俩生活得十分朴素。有一位荣氏求吴芝瑛写书法多年未果，为了请对方支持募捐，病中的吴芝瑛即刻应允病愈就写成送去。刚把募捐和信函托人拿走，吴芝瑛又从报上读到了征集遗物的公告，于是当夜又亲自写了一封信，并附上了秋瑾盟书一通、遗衣两袭，一并托人带去大会。

7月19日，在杭州凤林寺举行了隆重的集会，纪念秋瑾殉国五周年，参会者有上千人。徐自华报告秋社历史和建立专祠募筑风雨亭等事项。吴芝瑛虽不能亲至，但她所珍藏的物件被陈列在会场，也算是替她圆了心愿吧。而那一通秋瑾亲笔写就的盟书，还有两袭秋侠遗衣，也成为在场众人纪念英雄的载体。在第二次营葬秋瑾的过程中，徐自华与吴芝瑛又完成了一次合作。

徐自华与吴芝瑛的这一段友谊，起初因共同的好友而靠近，更多的是因为两人都有一颗公义之心。尽管在第二次葬秋之后，她们的交集逐渐减少，但在历史的画卷上留下了属于各自的浓墨重彩。徐自华后来的事，我们都知道了。而吴芝瑛也做了不少有益社会大局之事。1912年，南京参议院制定约法，她曾参与女界代表的请愿，要求政府在约法上规定男女平等，为女性争取权益。1915年，袁世凯称帝，吴芝瑛不顾女儿与袁家有婚约，义不容情，留书责之。除此之外，吴芝瑛也和徐自华一样办过学校。为了家乡的教育事业，她顶住家族的压力，把父亲留下的百亩田地和房产悉数捐出，以作办学之用。吴芝瑛创办的这间"鞠隐学堂"，后来薪火相传一百多年，就是如今浮山风景名胜区内鞠隐初级中学的前身。

1934年，吴芝瑛与世长辞。一年以后，徐自华因病逝世。陈去病曾在《忏慧词》序中写到她俩，说"今世所称徐吴二夫人者是也"。而两人竟是相继离世，或许亦是一种缘分吧。斯人虽已逝，两位奇女子与秋瑾之间的深情厚谊，以及守诺践诺的义薄云天，早已镌刻在西子湖畔那块"三绝"墓表上，永远留存世间、启迪后人。

革命志士
——徐自华与孙中山、褚辅成的交往

因为秋瑾的关系，更因为身处那样一个风起云涌的革命时代，徐自华与孙中山先生以及黄兴、陈其美、褚辅成等革命同

志都有一些交集。这里简单介绍徐自华与孙中山、褚辅成的交往点滴,徐自华如何走向革命,参与革命,从中也可见一斑。

徐自华与孙中山

一

1873年5月20日,徐自华出生那一年,孙中山七岁。孙中山在日本创立中国同盟会的时候,徐自华还在南浔相夫教子,过着梅家少奶奶的生活。不知有汉,无论魏晋。外面风起云涌的革命运动,她虽有所耳闻,但毕竟只是外面的世界。她与孙中山先生远隔万里。后来,他们的相识,完全是因为鉴湖女侠秋瑾。

秋瑾是早期的中国同盟会会员,因为秋瑾的介绍,徐自华也加入了孙中山领导的中国同盟会。秋瑾就义后,徐自华以继承秋瑾遗志为己任,渐渐走上民主革命的道路。有此因缘,她与孙中山的相识便成为历史的必然。

民国元年,即公元1912年1月1日元旦,孙中山在南京宣誓就任中华民国临时大总统,正式宣告中华民国临时政府成立,民国诞生,一个新的时代从此开启。就在这一年,徐自华与孙中山有了第一次交集。

在民国初立的时刻,徐自华想到的第一件大事就是秋瑾的再葬。这年元旦,徐自华第一时间就发布了《西泠重兴秋社并建风雨亭启》,刊登于《民立报》《女权》《民国文粹》等报刊,启曰:"……顷者革命功成,共和愿遂,凡诸往烈,咸与表彰。

而如瑾者，俊伟激发，尤吾女界之光，可无念乎？爰特布告同志，募集资财，谨择良日，就昔墓地，重建一亭，名曰'风雨'，以期永久；并就亭旁刘氏伪祠，改号'秋社'，奉君栗主，春秋祠社。……中华民国元年正月元旦，同盟会女会员语溪徐自华寄尘氏谨启。"

1912年1月，徐自华又致电临时大总统孙中山，寻求支持。《致孙大总统电》云，"南京孙大总统鉴：革命功成，中原有主，敬贺万岁。然追维义烈，则侠女秋瑾断头流血，实与有力。前华为营墓西湖，卒遭虏廷毁灭，心实痛之。今拟就原址建风雨亭，并改亭旁刘祠为秋社。特闻。石门女党员徐自华叩"。此电文后发表于1912年1月13日的《申报》上。

此举得到了民国政府的大力支持，才有了后来千里运灵柩、复葬秋事成。1912年9月，自华委托挚友陈去病赴湖南，迎接秋瑾灵柩返浙。浙江省议会决定在秋墓原址建筑风雨亭，供人凭吊；将原清军将领刘典祠改建为秋祠，临湖小楼改为秋心楼，秋社即设于楼内。

1912年12月8日，孙中山应浙江都督朱瑞和秋社社长徐自华之请从上海来到杭州，同行者还有陈英士等。徐自华偕小妹蕴华及吴芝瑛，也同行到杭州。12月9日，孙中山先生即往秋社致祭，祭毕，合摄一影。并题写"鉴湖女侠千古 巾帼英雄"匾额，撰联一副"江户矢丹忱，感君首赞同盟会。轩亭洒碧血，愧我今招侠女魂"赠予秋祠，后由胡汉民书之，悬挂于秋祠。就是这一次，徐自华面请孙先生任秋社名誉社长，先生慨然应允。此次应该是徐自华与孙中山先生的首次见面。

孙中山为秋瑾题词：巾帼英雄

二

可惜好景不长，民国政府易主。1913年春，宋教仁被袁世凯派人暗杀于上海。孙中山从日本归国，号召武装讨袁。

就在这一年的7月9日（农历六月初六），秋瑾逝世六周年，秋瑾灵柩第二次安葬于西湖西泠桥畔。但因浙江都督朱瑞当时已投靠袁世凯，竟擅自改变秋墓营造方案，新建秋墓比原计划压低五尺，取消其中秋瑾石像。徐自华据理力争，未果。朱瑞扬言要与徐自华势不两立，孙中山先生闻讯来杭，力劝徐自华不做新军阀铁蹄下的牺牲者，劝其到上海接办纪念秋侠的竞雄女学，继续革命实际工作。

就这样，徐自华按孙中山先生的意见，到上海接办竞雄女学，这一干就是十六年。

1916年9月27日，孙中山为上海竞雄女学建校五周年题写校训"勤敏朴诚"四字，即命朱执信代为送与该校校长徐自华。后悬挂于校园内，一时校中诸生莫不交相欣慰。

徐自华执掌竞雄女学十六年，在这段时间里，同盟会、光复会会员，不少以竞雄女学为掩护，做了许多倒袁、倒军阀的工作。后来,她还亲自上阵,奔走于苏州上海间,策应讨袁斗争。"二次革命"失败后,徐自华尽力资助革命同志亡命海外,从中也可见徐自华慢慢从支持革命,到积极投身革命的转变。

三

1916年8月,陈去病陪孙中山先生再访秋社,在秋心楼上小酌。陈去病有诗记之:"秋心楼上晚生凉,小饮从容语独长,……昧旦北高峰上去,记之银涛旭日任评量。"

1917年7月,孙中山通电反对张勋复辟,率领海军南下护法,到达广州。1918年夏秋之交,南社骨干陈去病、高旭等云集广州,一同参加孙中山发起的护法活动。这一年,徐自华也曾到过广州,有词《台城路》,题下小引云:"别广州三十年矣,重来不胜桑海之感。会蔡君哲夫以所获城砖见示,见南汉以来古物。……"此词后见《南社丛刻》第二十二集、《江苏革命博物馆月刊》第一卷第五期。

1921年夏,闻孙中山于5月5日在广州就任非常国会选举的大总统,徐自华与陈去病同赴广州。陈去病就筹划为苏曼殊大师营葬孤山事专谒孙中山,呈诗六绝以请。孙中山大为感动,慨然以资相助。后奉孙中山先生之命,徐、陈回浙,设法将苏曼殊葬于孤山。其中又经历种种曲折,于1924年6月终于将苏曼殊大师葬于西湖孤山,墓地由徐自华捐赠。

1925年3月12日,中国民主革命的先行者孙中山先生在北京病逝,举国哀悼。4月12日,追悼孙中山先生大会在上海举行,徐自华前去参加,这是徐自华与孙中山的最后告别。

1912年12月9日，孙中山先生在祭秋后与诸同志合影，坐者前排右三为孙中山先生，右四为陈其美，右起三位女士为徐小淑、吴芝瑛、徐自华。

徐自华与褚辅成

一

如果细心考察，徐自华的交友，差不多总与秋瑾相关。当年，徐自华嫁至南浔，对她来说，天壤王郎，七年婚姻并不似想象中的那样幸福，但命运之神却让她在南浔遇到了像秋瑾这样的挚友，成为改变人生路径的一大转折。同时，也因为秋瑾，原本互不相干的两个人——褚辅成与徐自华，竟有缘在南浔相遇，后来成为革命同志，并保持长达三十年的友谊。

巧的是，褚辅成与徐自华两人，都出生于1873年。褚辅成是嘉兴府城人，离徐自华家石门县城，相距不过百里，也算是同乡，且两人都是同盟会、光复会会员。同志加同乡，风雨同舟三十年，他们两人之间的友谊自然非同一般。

1906年的早春二月，南浔乡绅张弁群等创办浔溪女学，聘徐自华主校务。当时，秋瑾刚从日本归国，途经上海，经褚辅成介绍，到浔溪女学执教。这一天，褚辅成陪秋瑾来见徐自华，徐、秋两人相见，如旧相识，遂成莫逆。也是在这一次，徐自华首次见到了褚辅成，开启与褚辅成的友好交往。

二

褚辅成早年留学日本，结识孙中山、秋瑾等，并加入同盟会，开始从事革命宣传和组织反清革命活动。秋瑾牺牲后，褚辅成为同盟会浙江分会的实际主持人，曾多次谋划起义，1911年协助陈其美等，承担起杭州与上海的联络工作，并积极参与杭州光复的策划和组织工作，为辛亥革命在浙江的成功做出了重要贡献。

辛亥革命后，浙江成立军政府，褚辅成担任政事部长，总揽民政、财政、交通、教育、实业和外交等事务。民国元年政府改定管制，褚辅成改任浙江民政司长，其间他推行新政，颇多建树。

褚辅成在浙江军政府任上时，还曾为徐自华的家乡石门县的光复出过大力。1911年10月10日，武昌起义爆发，浙江相继光复。而徐自华家乡石门县城尚为清吏所据。当时徐自华居苏州，急电浙江军政府政事部长褚辅成，请求派兵收复石门县。褚辅成即派革命军某部二百人,攻石门。11月12日,革命军由石门人马昭懿带路,从杭州沿大运河北上,兵临石门县城。石门知县胡玉泽迫于形势,率领僚属,手执白旗,至南门外迎接由杭州乘炮船而来的革命军,正式宣布投降。就这样,兵不血刃,石门县城宣告光复。为此,徐自华和褚辅成应记上一功。

三

褚辅成与徐自华的交往,更多是为葬秋、建秋社、祭秋等事宜,他多次出面交涉协调,力成其事。秋瑾就义后,徐自华约秋瑾的另一位盟友吴芝瑛一起,合力营葬秋瑾于杭州西湖。在后来许多次追悼秋侠的活动中,褚辅成都积极参与,起着非常重要的作用。

1908年2月25日,徐自华发起在西湖凤林寺集会,追悼秋瑾并谒墓致祭。会后成立秋社,徐自华被推为社长,成员有褚辅成和陈去病、姚勇忱等数十人,褚辅成是骨干成员。以秋社为纽带,褚辅成与徐自华的联系更加密切。

民国元年,徐自华在第一时间发布《西泠重兴秋社并建风雨亭启》,又致电临时大总统孙中山,请求再立秋社筑风雨亭。再葬秋瑾一事,得到了民国政府及浙江省政府的大力支持。

当时徐自华率秋社同人提议从湖南恭迎秋瑾遗骸还葬西湖,但此事谈何容易。幸有褚辅成以浙江民政司长官身份向湖南都督谭延闿发出联系电文后,徐自华即派陈去病及秋瑾之妹秋珵赴湘,经过一番曲折交涉,终于奉迎秋瑾灵柩千里还浙,使秋侠"埋骨西泠"的遗愿得以实现,而褚辅成在其中发挥了不可或缺的重要作用。

四

1912年8月,褚辅成因急于办省参议会,在中央政府尚无统一规定前,即自定省议会法和选举法。再加上他厉行禁止鸦片贸易,触犯大英帝国利益,引起外交交涉。褚辅成被撤民政司长职,一时官场哗然。

褚辅成解职归里,徐自华绘《西湖送别图》并填词《贺新凉》一阕相赠,词曰:"潋滟明湖水。怎无端、晴漪映碧,骤含别意。报道先生归去也,一片帆飞天际。看岸柳、萧疏愁翠。记否年时秋惨淡,正奋身,革命风潮里。歼胡虏,拼一死。　神州光复差堪喜,一年来、民合政洽,心劳力瘁。砥柱中流肩负重,转瞬西风又起。忽摇动、莼鲈乡思。棋局纷争殊未稳,莫东山、高卧灰英志。应更为,苍生计。"

徐自华对褚辅成的革命功绩心生敬意,但身处动乱纷争之时,她衷心希望褚先生要继续以国事苍生为计,不要灰心丧志,且待东山再起时。

1913年,褚辅成当选为国会众议院议员,出席第一届国会。不久,袁世凯窃取胜利果实,阴谋复辟帝制。褚辅成顺应民意,为国谋忠,不畏权贵。他在众议院反对袁世凯善后大借款案,又带头弹劾袁世凯,被袁世凯视为眼中钉。袁世凯解散国民党后不久,褚辅成在安徽蚌埠遭袁世凯心腹拘押,被关在安庆,直到袁世凯死后才获释。

1916年,他参加第一次恢复的国会,与王正廷组织政余俱乐部。国会解散后响应孙中山号召,南下护法,参加广州国会非常会议。1918年9月,开正式会议时当选为众议院副议长。褚辅成怀抱国家实现民主宪政的期望,呕心沥血,奔走国事。北伐军攻克浙江,他一度出任浙江省临时政务委员会代理主席。1927年,任浙江省政府委员兼民政厅长。虹口公园爆炸案之后,他帮助韩国独立临时政府领导人金九在嘉兴避难。抗日战争时期任国民参政会参政员,主张抗日。后因亲共嫌疑被软禁并押往南京。

不论宦海沉浮,荣辱进退,三十多年来,褚辅成始终与徐自华保持着联络,互相鼓励和支持,是真正的革命同志。

五

1935年夏,身任秋社社长二十余年的徐自华,因感自己年老力衰,提议秋社由社长制改组为委员制,推选常务委员五人,褚辅成是其中之一。徐自华临终前几日,得知秋社有创办女子图书馆计划,还致书褚辅成等秋社常委,表示首先助款,以促其成。就在这一年7月12日,徐自华逝世于杭州西湖秋社,走完人生的最后旅程。褚辅成和其他秋社同人,接过徐自华创立的秋社,继续革命,此志不移。

1946年5月,九三学社正式成立时,褚辅成任中央理事,为主要创始人之一。褚辅成曾任上海法学院院长,致力于教育事业和主持全浙公会。1948年3月29日,褚辅成在上海四川路寓寝逝世。

往事如烟，回顾历史，在嘉禾大地，语溪之畔，清末民初，曾经有过褚辅成与徐自华这两位革命先驱，在中国近现代史上留下了光辉的一页。

第七章　诗人风采

诗路历程

一

"诗是吾家事。"这是徐自华晚年在教堂侄徐益藩作诗之法时的谆谆教导。这一句，可谓掷地有声，道出了崇德徐氏一门风雅的诗词传统，更可见她一生对诗词创作的重视和珍视。

纵观徐自华的一生，作为近代杰出女诗人的她，最值得大书特书。她从五岁开始启蒙，跟着舅父读书，聪慧而勤奋的她，十岁便会作五言八韵诗，构思精巧，清丽可诵。其《听竹楼诗稿》所收录的诗作中，最早是她十四岁写的《新晴晚眺》《西溪夜泛》等，就已经是相当清新可人的佳作了，可谓诗才初露。后又得到祖父、父亲的指导与肯定，更"愈长愈好，愈好愈专"。徐自华的诗词创作一直与她的生活历程紧密相随，从十岁能诗直到1935年逝世，在长达五十多年的创作生涯中，除了婚后几年较少写诗外，诗词创作几乎贯穿她一生。虽然她自编《听竹楼诗稿》时，许多诗作已散失，但还是给后人留下了数量可观的诗词佳作。

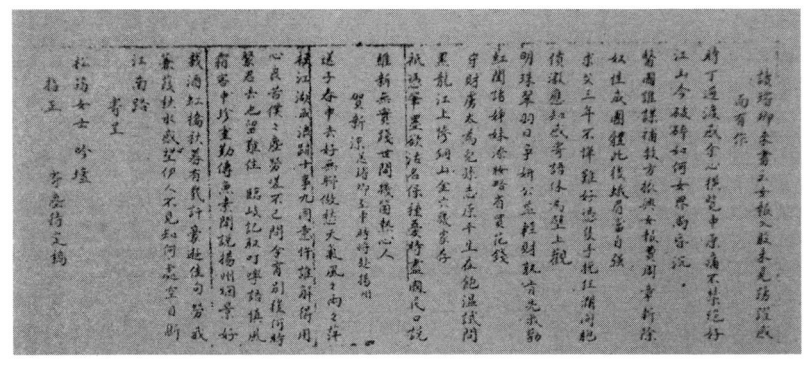

徐自华手迹

徐自华的诗路历程，也是她人生道路的真实写照，其轨迹很明显可依1906年结识女侠秋瑾为界，分前后两个阶段，风格、题材也迥然不同。前阶段，作为官宦世家的千金小姐，其诗作多以闺阁诗风格呈现，写出书香门第的闺秀生活，题材有咏物抒怀、咏史言志、送别怀远、诗友唱和等诸方面。

而后阶段，结识秋瑾之后，深受秋瑾的熏陶和影响，逐渐转变为革命志士的知交挚友，她终于走出深闺，加入同盟会、光复会和革命文学团体南社，走上了民族民主革命的道路。她两次主持营葬秋瑾，执掌上海竞雄女学十六年，领导秋社二十余年，深受世人尊敬，而她的诗词创作风格也随之大变。后期的诗词创作更增添了许多现实的内容，在帝国主义列强竞相瓜分中国、国家危亡日深的形势下，她在诗作中除了写出对国事的忧愤，更多呈现反清的民主革命思想。尤其是秋瑾就义后，她更是毅然决然，继承英雄志，踏着秋瑾的道路奋勇向前，无怨无悔，从而赢得了全社会的普遍敬重，更在中国近代诗坛留下悲壮绚烂的清声丽韵。

二

徐氏一门风雅，是孕育徐自华诗才的良好土壤。

徐自华生长在一个衣食无忧的大家庭中，在良好的环境中长大，加上她天性聪慧，勤奋努力，极早显露出诗词天分。父亲又让她从小学唐人近体诗，打下良好的诗歌创作底子。

她的诗才特别令祖父钟爱，赞其"此女倘投身作男儿，必木天中人也"。这对少年徐自华诗词创作是最大的鼓励。徐自华二十一岁那年，祖父赠翠章并有诗《示女孙自华》，诗曰："果然一介比书生，修到梅花骨格清。我已三更幽梦醒，楼头犹听读书声。"祖父有一翠章，篆一介书生，常常赞叹孙女自华"雅好读书，性厌脂粉，堪比书生"，因此特意送给徐自华。徐自华敬步原韵，诗曰："自嗤性僻本天生，不御铅华意始清。窗下十年空力学，蛾眉那得振家声。"祖孙俩以诗唱和，甚是融洽，诗中透出徐自华巾帼不让须眉之本色。

《听竹楼诗稿》中收入了许多自华与长辈们的唱和。如《大父寄赐梅月小幅赋此志谢》，写道："画中乞得一枝春，胜似巡檐索笑频。月自清幽梅自洁，与侬相对恰三人。"《诗以代禀呈大父》《大父赐一介书生翠章诗敬步原韵》，都是与祖父的唱和。又如与父亲的唱和之作《家大人命绣佩帕口占二绝》更有意思，其中有"儿家敢说多风雅，不绣平原却绣诗"，连绣花也要绣诗。还有《和家大人新迁卧室原韵》，有"谁言近市令人俗，自有诗成白雪音"，境界脱俗。《咏雪步家大人韵》："天公抛玉戏，飞白拟新词。粉本芭蕉画,香奁柳絮诗。寒凝高卧稳,光映读书宜。为问《阳春》曲,吟成和者谁。"而她父亲的原作是:"七字吟飞絮,争传道韫词。风流千古话,姊妹一家诗。险韵尖叉斗,清才粉黛宜。雅人有深致,白战果输谁。"诗中可见父亲爱女儿诗才,女儿与父亲比试,一唱一和,其乐融融。《步家大人过润州诗原韵》中有"汉江一碧与天长,客路刚逢秋气凉。两点山随波上下,满船人在画中央……",非常有气势。

除了祖父、父亲,还有叔祖父们都曾与她有诗词唱和,如《瘦珊叔祖招看盆景梅兰赋呈二绝》有"一帘香影对诗人",实在巧思。还有《和瘦珊叔祖春雪诗五叠前韵》二章、《呈瘦珊叔祖》等,《菊农叔父珠江旋里出杏文女士所画夹竹桃纨扇命题六绝句》《题花农叔父莲芝第二图即和自题原韵》二章等,长辈们都乐于与徐自华诗词唱和,也可见他们对自华诗才的肯定与鼓励。

闺中唱和情浓,是展示徐自华诗词才华的绝好平台。

良好的诗词氛围,也是诗人养成的一个重要条件。徐自华的少年女伴中有兰湘姐、吕韵清、徐蕴华以及其他如徐漪芳、月娟姐、杨韫青等有诗才的堂表姐妹们,还有与徐家兄弟之间的诗词唱和,他们都是徐自华少年时很重要的诗伴,在与兄弟姐妹们之间的唱和中,留下大量纪游诗、咏物诗、送行诗、怀远诗等,充分显示出她少年出众的诗才。

值得一提的是,少年徐自华还利用随家人出游的机会,写下许多脍炙人口的纪游诗。

如1887年随父亲去广东顺德看望任上的叔父徐多镠时写的纪游诗,代表作有《携兰湘姊登凤凰台晚眺》《午日碧江竞渡》等,还有《观春色》四章，写广东顺德立春风俗见闻。第二年春回到家乡时又写《岭南归家喜成二律》，从"珠江风景触离愁"到"朝来才悟到家迟"的心情。

又如与兰湘姊、吕韵清数度游杭州西湖的纪游诗，代表作有《和兰湘姊偕韵清女史游西湖诗原韵》二章、《兰湘姊叠游西湖诗韵见寄再次韵答之》二章等系列组诗，"浓淡相宜西子湖，双娇同看藕花无。果然有句皆清韵，谱否亲声一斛珠"。读来非常清丽可人，西湖、女伴、联诗，相得益彰。可惜的是好景不长，少年诗伴兰湘姊早早离世，她悲痛之余写下《哭兰湘姊》四章。

1892年，二十岁的她，随父亲赴安徽庐州看望任上的祖父徐宝谦，途中经过金焦、泊燕子矶，经裕溪至庐州，有感而发写下一组纪游诗，代表作有《金焦怀古》《江中即目》《晚泊燕子矶》《裕溪道中》等，咏怀古迹，很有风骨，可见其由闺中情转向关注历史和社会现实。

徐自华少年时代诗词创作的高峰，随着她出嫁南浔而结束。1893年的春天，二十一岁的徐自华嫁与湖州南浔富绅梅谦吉的儿子、秀才梅福均（韵笙）为妻。婚后，徐自华不得不将诗词束之高阁，差不多要荒废了。但在内心，诗情尚在。南浔是江南首屈一指的富庶之地，当她看到南浔女界崇尚奢华，曾作《浔溪风俗闺人竞好珠翠互斗奢华口占自嘲》，曰："竟将粉黛斗妆新，失却天然面目真。翠羽明珠非我好，孟光岂是绮罗人"，以诗表达其内心不凡的志向与价值取向。出嫁离家后，她特别怀念做姑娘时与姐妹的诗词唱和，无奈只能以诗怀远，她的《人日忆妹》就是写给小妹蕴华的，诗云："遥知依母坐，怀我话浔南。"那一年,得知堂弟受清(景卿)赴江西都昌县读书,自华赋诗勉励:"努力惜分阴,修身勤书史。丈夫贵自立,如芥拾青紫。"很有男儿气魄。

家事国事同悲,闺中女子徐自华的诗风明显发生转变。

1897年夏,徐自华祖父徐宝谦病逝,徐自华十分悲痛,写了《哭祖父大人》七律四章,其中有"臣心可谓清如水,只饮庐江一勺泉","深受慈爱比诸姑,擎掌同夸一颗珠。每把课文评月旦,时将翰墨作清娱。常说居官仗心迹,切休名利要兼图"。"评诗谓我胜诸孙,格律津梁细与论。每惜非男空好学,自怜作妇负慈恩。""且喜儿曹承祖志,更期孙辈振家声。……留得口碑长载道,官声诗笔两俱清。"一方面感谢祖父对自己的疼爱和教导,另一方面赞祖父无论为官还是作诗,都为子孙后代留下直节清声。

第二年,即1898年,戊戌变法失败,六君子就义。国事悲哀,闺中女子徐自华也深深感受到了。那年中秋,她作诗曰:"我望燕云挥热泪,无心赏菊再衔杯。"赏菊、喝酒都无心思了,"已知黄种争存晚,赏到黄花感触侬",从中可看出她不同一般的见识和忧国忧民的思想感情。

1900年正月,丈夫梅福均病逝,那年徐自华才二十八岁。七年婚姻虽算不上是美满,但青年丧夫,对一代才女徐自华来说,平添无限悲哀。她写下《悼亡》诗七章,有"七载相依共唱随,可怜聚首两年期"。丈夫病故后,徐自华抚育一双儿女,心中非常苦闷,赋诗自遣。她写道:"泣唤娇儿且读书","世界三千都变玉,霜闺一色空凝月。唤娇儿,且读旧楹传,柔肠裂……",

无限的悲伤,在她的诗行中流泻。

徐自华还有不少诗篇咏物言志,反映她的情趣和品格,其间她又写了《种梅》《问梅》《吟梅》等许多咏物言志诗,她自称为"梅的清友"。还有一些歌颂爱国志士和英雄豪杰的咏史诗篇,如《采石矶》《朱仙镇》《谒岳王坟》等,歌颂英雄豪杰,字里行间透露出诗人的爱国主义情怀。

那一年,徐自华与曾三任石门知县的福建人林孝恂之子林长民相识,并有许多诗词唱和,其中有《和苣苓子东京万翠楼避暑原韵》《剑山人苣苓子为题拙稿感而有作》《秋暮感怀再和留别韵寄苣苓子》《水调歌头·和苣苓子观菊》《浪淘沙·和苣苓子忆旧感事词》等。其中《剑山人苣苓子为题拙稿感而有作》中写道:"风雅群推集竹林,劳挥椽笔到闺吟。忏除慧业拼焚稿,尚有知音敢碎琴。读史空馀千古恨,怜才难灭一时心。平生未得惊人句,愤世徒然泪满襟",愿引林长民为知音,更表达自身未能一展雄心的无奈,诗风豪迈,颇具男儿气。

三

1906年,对徐自华一生来说,是个非同寻常的年份,那一年她结识了秋瑾,成为她人生的分水岭。那一年,她加入了同盟会、光复会,成为一个真正的革命者。随着人生境遇的改变和思想上的进步,反映在她诗词创作上,逐渐体现出"石门有女士,巾帼而丈夫"的豪迈气概,这集中反映在这时期她与秋瑾的一系列诗词唱和佳作中。

1906年年初,南浔张弁群创办浔溪女学,聘徐自华主持校务，三月，秋瑾经褚辅成介绍也来任教。秋瑾与徐自华两人相见如故，既为同事，又为姐妹，纵论国事，诗词唱和，彼此欣赏，结为金兰。虽只同事两月，但深深影响徐自华一生。这期间，徐自华写给秋瑾的诗最多，代表作有《赠秋璇卿女士》二章云："每疑仙子隔云端，何幸相逢握手欢。其志须眉咸莫及，此才巾帼见尤难。扶持祖国征同爱，遍历东瀛壮大观，多少蛾眉雌伏久，仗君收复自由权。""萍踪吹聚忽逢君，所见居然胜所闻，崇嘏奇才原易服，木兰壮志可从军。光明女界开生面，组织平权好合群。笑我强颜思附骥，国民义务与平分。"从中可见徐自华对秋瑾的敬佩与赞美，并在内心起了明显的波澜。这二章后来发表于《女子杂志》1915年第一卷一号。而秋瑾也马上写出了《赠语溪女士徐寄尘和原韵》二章予以回应，其中有"仙辞飞下五云端，如此清才得接欢……廿纪风云争竞烈，唤回闺梦说平权""客中何幸得逢君，互向窗前诉见闻"等诗句，可见两人互相欣赏，有相见恨晚之感。另外徐自华还写了《迟春与璇卿联句》《晚窗同璇卿妹小酌叠前韵》《再叠前韵答璇卿戏赠之作》等，同样秋瑾也有唱和之作，在诗词唱和中，感时世，说平权。

在南浔相处仅两月，秋瑾便要告别他去。徐自华赋诗唱别，有《送别璇卿妹》十章，中有"何妨儿女作英雄，破浪看乘万里风。惊醒同胞二万万，仗君去作自由钟"。"不是知音调略同，剧怜聚散太匆匆。此行倘遇回峰雁，可有音书寄一封？"是惜别，更是期盼，是为壮士送行，更向自己的过去告别。在诗中，徐自华不自觉地流露出愿随秋侠去，乘风万里，叱咤风云之感。无奈太多的牵挂，让她无法如此洒脱，说走就走。

这年7月，徐自华送秋瑾至上海，同住半月，一起游张园。后自华得家书知父亲病重，急返石门，有诗《沪上返里留别璿卿》。就在这个时候，长兄徐受沅突然病逝于广东，自华作《哭桐臣大兄》五言长诗。9月，徐自华的父亲徐多镠因失子悲伤过度，也病逝于崇德家中。

先后痛失两位至亲之人，徐自华的悲伤可想而知。10月下旬，秋瑾来石门吊徐父之丧，居住半月后离去。这年初冬，秋瑾为唤醒广大妇女的意志，在上海创办《中国女报》，可事与愿违，经费筹集困难，徐自华姐妹慨然赞助一千多元，使《中国女报》顺利出版发行。徐自华更有感于当时女界现状，作诗《读璿卿来书云女报入股未见踊跃感而有作》，她为"绝好江山今破碎，如何女界尚昏沉"而痛心，呼吁女界"此后蛾眉当自强"，"我劝红闺诸姐妹，添妆略省买珠钱"，以实际行动来支持秋瑾发起的妇女解放运动。

就在这一年，在秋瑾的启发下，徐自华与妹妹蕴华秘密加入同盟会和光复会，这是徐自华从协助革命活动到主动参与的一个转折点。徐自华的诗歌创作也进入了一个新阶段，其中诗《和鉴湖女侠感怀原韵》二首、词《满江红·感怀用岳武穆韵》等都是这一时期的代表作。前者写道："感怀岂独为悲秋，别有伤时一种愁……好散千金交侠客，相从燕市买吴钩"，与明末清初思想家吕留良"散万金之家以结客"，投笔从戎参加抗清斗争，有得一比。后者写到"亡国恨，终当泄。奴隶性，行看灭。叹江山已是，金瓯碎缺。蒿目苍生挥热泪，感怀时事喷心血，愿吾侪、炼石效娲皇，补天阙"，真正有男儿气概，同李清照的"生当作人杰,死亦为鬼雄"有异曲同工之妙。这两首诗词,明显看出徐自华毅然走向革命道路的决心。

1907年春,秋瑾到绍兴主持大通学堂,徐自华与秋瑾相会于杭州,她们同登凤凰山吊南宋故宫,泛舟西湖,两人在岳王坟前订下"埋骨西泠"之约。这一次,两人也有诗词唱和。徐自华有《携璿卿妹游西湖感作》:"客星同聚暂游春,触目河山几怆神。死后名希无上品,生前知己不多人。欲浇垒魂还凭酒,甘作牺牲岂惜身。忍向凤凰山上望,宋家陵寝没胡尘。"一种感叹,万般担心,都在诗中了。徐自华曾劝秋瑾耐心等待更好的时机,不要贸然送死。而秋瑾却说"东南天险好山川",但"相看何处有林泉","白杨荒冢同凭吊,儿女英雄尽可怜",真正是毅然赴死的侠客心肠。

那年4月,秋瑾组织"光复军",商讨部署配合徐锡麟起义。起义前,秋瑾又自杭州来崇德,与徐自华谈及起义经费困难,徐自华将自己的积蓄及首饰约值黄金三十两倾箧相助,秋瑾赠翡翠玉钏给徐自华作留念。秋瑾在徐家流连三日,以"埋骨西泠"旧约相嘱而别。而这一别竟成永诀。

7月,徐锡麟安庆起义失败,以身殉国。秋瑾也被捕并就义于绍兴轩亭口,徐自华惊闻噩耗,悲痛欲绝,写下《哭鉴湖女侠》十二章等,直斥当局,痛悼挚友,赞美秋瑾的崇高品格和光辉的一生。同时,她决定担负起冒死营葬秋瑾的重任,"欲觅西湖干净土,为卿三尺造孤坟"。当时连秋家人都难以为一个因起义而遭杀头的革命者营葬,她一个弱女子却去做了,需要有何等义气和勇气!之后,徐自华联合秋瑾盟友吴芝瑛,历尽艰辛,继承秋瑾遗志,两度葬秋,执掌竞雄女学,建立秋社,捍卫秋祠,直至耗尽毕生精力,可谓义薄云天,此心日月可鉴,感天动地。她的这种思想与豪情,也体现在以后的一系列诗文中,如《秋女士历史》、《挽秋女士》四章、《十一月二十七日为璿卿葬事风雪渡江感而作》四章等,都是她的代表作。

1908年3月,吴芝瑛至秋墓凭吊,徐自华与吴芝瑛相会于杭州,这是她们两人首次见面。吴芝瑛作诗悼念秋瑾,中有"不幸传奇演碧血,居然埋骨有青山"句。徐自华作《西泠吊秋和吴芝瑛女士原韵》四章,其中有"预知此后西泠水,流到桥头激不平。惨惨斯人流血死,故乡幸有好湖山。孤坟他日邻君右,明月松楸共往还"。一想到秋瑾就义,徐自华的心在泣血,当年一诺千金,总算兑现,暂可欣慰,但愿死后两人为邻,再续前缘。

四

1909年11月,陈去病、高旭、柳亚子发起成立南社,徐自华与妹妹徐蕴华是早期南社成员,姐妹俩积极参加南社组织的进步活动,并为南社会刊撰写诗文,成为南社的骨干力量。1910年1月《南社丛刻》第一集出版,有徐自华的诗《秋感和亚庐韵寄巢南》,诗中有"恩仇未了平生志""不堪横览痛中原""愤极不禁揎翠袖,欲磨宝剑作长行"等句。以后的诸集中又刊发了大量徐自华的诗文。

在南社这个革命文学团体中,徐自华与陈去病、柳亚子、苏曼殊等许多南社诗人一起参与雅集活动,开展诗词唱和,与南社相伴的二十多年里,徐自华创作了大量诗作,成为杰出的南社女诗人,这也成为她诗词创作的又一个高峰。

1913年春,四十一岁的徐自华,按照孙中山的建议到上海接办竞雄女学,之后执掌该校十六年之久。1927年7月,徐自华将竞雄女学交给秋瑾之女王灿芝接管,把当年秋瑾所赠玉钏还赠王灿芝,并作《返钏记》以记其事。自此之后,她由沪移居杭州西湖秋社,朝夕与秋墓为伴。

在杭州生活的这一时期,是她作为诗人的最后时光。这一时期,她与陈去病、妹蕴华等有一些出游活动,写过一些纪游诗,如游扬州、焦山、镇江等地,作有《瘦西湖》《和佩忍〈隋堤吊古〉韵》《晚坐松寥阁》《和小淑秦淮酒楼韵》等。而更多的是在秋社的抒怀诗,以及接待来杭州的诗友们,如柳亚子、陈去病等,然后一起游西湖,又创作了许多西湖纪游诗,如1930年8月,与陈去病等乘汽车游杭,徐自华有《西湖纪事》六首记之,后刊于《江苏革命博物馆月刊》上。1932年10月,柳亚子等访徐自华于秋社,互有题诗。值得一提的还有1934年1月柳亚子偕亲友再度游杭,徐自华设宴招待。就在这一次,她请柳亚子为其撰墓碑文。

1929年7月,江苏革命博物馆正式成立,陈去病任主任,徐自华受陈去病之聘参与《江苏革命博物馆月刊》的编纂工作,她整理的秋瑾诗词集《秋雨秋风集》在《江苏革命博物馆月刊》上刊登。

如今,距徐自华逝世已八十多年过去,一代才女早已湮没于历史的尘埃中,但那一缕诗魂,却在美丽的西子湖畔,在故乡语溪之畔,成为永久的纪念。

诗友评说

一

徐自华的诗名,最先为外界所知,是她的《听竹楼诗稿》,经陈去病、柳亚子等传布,时人公认徐自华是李易安、朱淑真再世。这可以说是时人对诗人徐自华的定论。

1908年春,陈去病、柳亚子曾先后为徐自华的集子《听竹楼诗稿》题诗。

陈去病《题寄尘女士〈听竹楼诗集〉》六首,后来编入《南社诗集·陈去病诗》,诗曰:

不数当年午梦堂,一门风雅竞篇章。
时艰运否更多故,瞬息前尘已渺茫。

忍读陶婴《寡鹄词》,天乎伉俪忽分离。
丸熊画荻非难事,谤母苏妻要可师。

我也陈家寡妇儿,还思圣善总成痴。
廿年未读《泷冈表》,痛杀原头没字碑。

如今要乞更生笔,大放琼琚玉佩词。
比个秋家亭子好,高文长照叶家湄。

漫嫌失却掌中珠,块肉犹存赵氏孤。

  不似中郎生命薄，书成惟可托娇雏。

  天生风雅是吾师，拜倒榴裙敢异词。
  为约同人扫南社，替君传布廿年诗。

陈去病赞徐氏一门风雅，堪比当年吴江叶氏。他既为徐自华的身世感叹，感同身受，更为其诗才而折服，甘愿拜徐自华为师，为传布徐氏诗词，不遗余力。

柳亚子题有《巢南携寄尘女士〈听竹楼集〉见示题此奉寄》四章，后来编入《南社诗集·柳弃疾诗》，诗曰：

  天盖吟成种菜诗，百年潦草到今时。
  语儿溪水浑无恙，剩有精灵属女儿。

  学敝风颓恨未休，国亡文字至今留。
  补天填海伊人事，笑杀须眉貉一邱。

  一生一死交情在，季布红妆想见之。
  风雨年年秋侠墓，有人和泪读遗碑。

  元龙谓我君词笔，漱玉断肠此继声。
  便欲流传到南海，罗浮翠羽不胜情。

柳亚子在诗中，一开头便赞叹徐自华的诗才，将她与明末清初诗人、思想家吕留良相提并论，说是吕留良之后，百年来崇德一地几乎没有值得一提的诗人了，直到徐自华的出现，"剩有精灵属女儿"，终于使人眼前一亮。然后，柳亚子盛赞徐自华冒死葬秋侠之义举，如"补天填海"，胜却世间男儿，这生死交情，令人感动，从此西湖边年年风雨秋侠墓前，多少人徘徊留恋，"和泪读遗碑"。最后一首有"漱玉断肠此继声"，则将诗人徐自华与宋代两位著名女诗人李清照、朱淑真并提，前仆后继，江山代有才女出。

1914年5月《南社丛刻》第九集出版，刊有陈去病所作《徐自华传》，更对徐自华诗词创作有总体评价："徐自华者，秋瑾之盟姊也，字寄尘，为浙江石门人，少承家学，工诗文词，自号忏慧词人。著有《听竹楼诗稿》《忏慧词》等行于世，见者咸以为李易安、朱淑真再世焉。"

1923年9月，徐自华生母马持玉逝世，柳亚子、于右任等撰写诗文，盛赞徐母风范，同时也赞自华姐妹诗才。柳亚子有《书〈徐母马太君行述〉后为忏慧、小淑两女士赋》七律一首。于右任有《读徐太夫人行述》："姐妹为文字字真，一行徐母已传神。西风吹泪西湖上，慷慨当年葬党人。"

1935年徐自华去世，柳亚子两度为其撰墓碑文，可谓"盖棺定论"，诗人徐自华实至名归。一是《忏慧词人墓表》，称徐自华"生而明慧，长娴文翰。归吴兴梅福均，七年而寡，益以吟咏自遣，蒿目时艰，逸情云上……"。二是《忏慧词人复葬孤山第二碑》，介绍自华"词人生长吕晚村故里，私抱种族隐痛，与鉴湖女侠为刎颈交……余少交词人姊妹，恒以文酒之宴"。他们相交四十多年,柳亚子感慨万端,再为徐自华撰写墓碑文,并附有铭文曰:"娲皇炼石补天漏,灵符霹雳玄姬袖。中原光复卅六年,齐帝申生等遗臭。魂归来兮孤山巅,女侠词人并先后。吾文朴质语不华,传之千秋万岁当与天地同不朽!"

果如柳亚子所言,时过百年,女侠词人,至今依然为人传颂。

二

1908年年底,徐自华在陈去病帮助下,整理旧作,编成《忏慧词》,陈去病帮助校订付梓,1909年出版,刊入吴江《百尺楼丛书》,有柳亚子等多人题贺。

陈去病作《忏慧词》序云:"石门有媛曰徐氏自华,予女弟子蕴华之姐也。生平行修于家,慕尚风谊,慈悲慷慨,与桐城吴芝瑛齐名,今世所称徐吴二夫人者是也。少承家学,竺好典籍,为诗文词特工。……顾独好文学,往往抽笺染翰,斐然有作,缠绵凄楚,如闻羌笛而听哀筑;呜呜然,其离鸾别鹄之音也……"陈去病对徐自华的词大加赞赏,并热心为其作校订,编入《百尺楼丛书》,为其传布。

柳亚子有《百字令·题寄尘女士〈忏慧词〉用定庵赠归佩珊夫人韵》,列卷首,词云:"寄才如许,有青绫障外,谢家琼树,生小女儿溪畔路,弄月评花闲住。漱玉新词,断肠旧恨,谁辨今和古?蛾眉绝世,人间脂粉如土。伤心风雨联吟,江湖结客,往事休重数。抔土西泠留未得,剩尔骚坛一旅。翠羽萧条,梅花零落,进入哀弦去。因缘文字,一编珍重曾睹。"柳亚子一句"漱玉新词,断肠旧恨",又一次将徐自华比作当代李清照和朱淑真两位女诗人,这是对徐自华诗才的充分肯定与最高赞美。

南社诗人诸宗元题有《五言二截句奉题寄尘女士词卷》,列卷首,诗曰:"石门有女士,巾帼而丈夫。悲秋无限恨,屑涕说西湖。我读闺秀词,昔嗜庄莲佩。我读近人词,今慕徐忏慧。"诸宗元的"石门有女士,巾帼而丈夫"可谓一锤定音,可视为巾帼丈夫徐自华义薄云天的真实写照。

南社同仁吴梅有《绕佛阁·题徐寄尘〈忏慧词〉》云:"鬓华翠敛,琴思泠涩,珠露抛碎。楼闭湘绮,夜深半穗寒灯伴秋睡。梦魂蘸水,题遍恨稿,空剩霜蕊。人殢残醉,苦吟诉雨嘶风溅鹃泪。镜澈旧时月,未了灵修芳草外。还记俊游,伤高重掩袂。纵笛咽梅边,谁制荷佩?紫天花坠。叹絮影萍踪,尘世如寄,展蕉心,忏除愁垒。"

还有,当时与陈去病一起护送秋瑾灵柩到杭州的湖南人李德群(南社社友)读到徐自华的诗词集,欣然作对联一副,盛赞秋瑾和徐自华。上联是:侠心通剑气;下联是:丽句有金声。联语的底部有如下跋语:"忏慧夫人以葬鉴湖女侠遗骸,声动海内外。元年十月,余因送侠骨来杭,承夫人款之秋社,得读其词集,清丽绵邈,入宋元之室矣。因撰二语奉正,以志佩仰。湘阴李德群书于秋心楼,正湖上飞雪时也。"李德群发自肺腑地赞叹徐自华的词如丽句金声,清丽绵邈,完全可入宋元诗词的大雅之堂。

纵观当时南社同人对徐自华的诗词创作成就评价极高,今天我们展读徐自华的诗文,也分明读到了这位旷世才女"丽句有金声"的"清丽绵邈"之音,"蛾眉绝世,人间脂粉如土",不觉一声赞叹。

三

除了南社同人的赞美之外,还有好多与徐自华密切相关的女诗人的评价,可谓"同性相惜"。首先要讲到女侠秋瑾。一般我们只知道秋瑾是革命者、一代女侠、巾帼英雄,其实,秋瑾原本就是一位杰出的女诗人,诗词成就极高。她自幼聪慧,过目成诵,十多岁即能吟咏,偶成小诗,清丽可诵,"流播人间,一时有女才子之目"。在她短暂而光辉的一生中,曾创作了许多诗文作品,其中诗的成就最高。这点,与徐自华很相像。

1906年徐自华与秋瑾相识于南浔浔溪女学,成为莫逆之交。秋瑾在写给徐自华、徐蕴华的诗中时时赞美姐妹俩的才华。如秋瑾的《赠语溪女士徐寄尘和原韵》二章,其中有"仙辞飞下五云端,如此清才得接欢……廿纪风云争竞烈,唤回闺梦说平权""客中何幸得逢君,互向窗前诉见闻"等,可见秋瑾一见徐自华,非常欣赏,誉其为"清才""仙人",相见欢,此生有幸相逢,惺惺相惜。

秋瑾与徐氏姐妹相处两月余,徐自华还让妹妹蕴华拜秋瑾为师。而秋瑾呢,在读了她们的诗后,更对徐氏姐妹赞美有加,有《读徐寄尘小淑诗稿》中写道:"新诗读竟齿犹芬,大小徐名久已闻。今日骚坛逢劲敌,甘愿百拜作降军。"善于作诗的秋瑾,此次遇到劲敌了,却甘拜下风作降军。一半是自谦,一半是尊重。

还有秋瑾《临行留别寄尘小淑》五章,其中第四章曰:"惺惺相惜两心知,得一知音死不辞。欲为同胞添臂助,只言良友莫言师。"无论是为人作诗,还是投身革命,秋瑾与自华姐妹,是真正的知音,亦师亦友。

无独有偶,在认识秋瑾之前,1905年,徐自华还在南浔认识了乌镇才媛郑松筠(静兰),当时,郑静兰正在南浔张弁群家授馆,与徐自华相识并互相欣赏,结为忘年交,她们时有诗词唱和。郑静兰有诗赠徐自华云:"松柏清操冰雪心,玉台佳句令人钦。女中师范堪为表,愧煞焦桐浅陋吟。""细格簪花妙笔书,临风三复快何如。柏舟黄鹄悲同调,安得联吟共起居。"

郑静兰对徐自华的高洁品格、诗词才华非常钦佩与赞美,并能与之一起联句、引为同调,深感欣慰。而徐自华也对郑静兰敬重有加,有《再寄范夫人松筠女士》二章:"盥诵新诗爨后桐,心香争欲奉南丰。深闺孤陋稀闻见,未识夫人林下风。""半生劲节慕松筠,一卷珠玑字字新。愧我抚孤未成立,那禁愁煞苦吟身。"

当然,最有发言权的还是妹妹徐蕴华,她有《金缕曲·题〈忏慧词〉》,后编入《南社词集·徐蕴华集》,词云:"漱玉清音歇,叹萧条、女儿溪畔,犹留词笔。慧业忏除焚稿矣,黄鹄歌成凄绝。更又是、掌珠坠失,身世茫茫多感慨,抱愁怀、天地为之窄。谁解得,词人郁。　　残山剩水悲家国。最伤心、秋风秋雨,西泠埋骨。风雪山阴频放棹,今日只留残碣。叹一载、空喷热血。造物忌才艰际遇,剩裁云、缝月金荃集。恐谱人,哀弦裂。"徐蕴华一直追随着姐姐,从小跟姐姐学诗,长大后,两人常常一起诗词唱和,徐蕴华对姐姐的了解当然比别人更多、更深。此一曲题贺,既有对姐姐诗才的赞美,堪比李清照,而更多道出姐姐谱写如此缠绵动人的《忏慧词》时所隐含的身世家国同悲的万斛愁绪,"恐谱人,哀弦裂",到底是手足情深,感同身受。爱之深,痛之切。

另外如早逝的才女兰湘姐、有徐家黛玉之称的吕韵清,都对徐自华的诗才非常敬佩,引为知己。她们一起见证了徐自华的成长,并互相唱和,亦师亦友。

诗集词集

一 《小韵轩诗稿》

《小韵轩诗稿》是徐自华最早编成的一卷诗稿,那时她才二十岁。张爱玲说,出名要趁早。诗人徐自华,也算是少年成名。

1892年,徐自华二十岁。那年农历二月,徐自华失去了一位闺中诗友兰湘姐,这对她的打击不小,遂写成《哭兰湘姊》诗四章,哀悼这位少年诗友。

就在这年春季,父亲、叔父带着徐自华赴安徽探望时任庐州知府的祖父徐宝谦,顺便散散心,同行的还有称为"徐家黛玉"的吕韵清,她是徐自华的义姐、伴读。徐自华慢慢从悲伤中走出来。他们一行途经金山、焦山,泊燕子矶,经裕溪,最后到达庐州官署。途中所到之处,徐自华写下了许多纪游诗,如《金焦怀古》《江山即目》《晚泊燕子矶》《裕溪道中》等,一一记下游踪,咏怀古迹。这年秋冬间才返回故乡。

在庐州官署,徐自华居郡斋凝香室,常登斋后茅亭,写有《登郡斋后茅亭》《步月登茅亭有怀故园诸姊妹》等诗,祖父亚陶公看了自华写的诗,对她的早慧、才学大为赏识,公余时与她诗词唱和,并亲加指点。在祖父的鼓励下,徐自华集成一卷名曰《小韵轩诗稿》。这是徐自华从十岁开始作诗,十年来第一次结集成册,虽是稚嫩之作,但也敝帚自珍。

徐自华曾记述自己"刺绣之余,手自抄录","无非偶尔展观,觉生平际遇,游览踪迹,宛然目前"。这些用于自遣的诗作,大多真情流露,纯真自然,虽没有大丈夫的远大胸怀,却自有其清丽可爱之处。

二 《听竹楼诗稿》(含《续编》)

时隔一年,即1893年春,徐自华嫁与湖州南浔富商梅家。不过七年,1900年正月,丈夫梅福均病逝,这段短暂的婚姻便告结束。留下孤儿寡母,还有堂上公婆,都需她来照料。徐自华作《悼亡》诗七章,哀悼自己的婚姻和身世。以后的几年内,徐自华便在抚育儿女、赡养公婆中度日,曾经心爱的诗也早已束之高阁。

1903年,徐自华回到石门娘家居住。看到小妹蕴华的诗越写越好了,徐自华很欣慰,在姐姐面前,蕴华又将近作出示求正,自华也帮助略作修饰。父亲见了,便对自华说:"当年你祖父教你学诗,颇费心血,也对你有很多期望。近来看你抛弃笔墨,诗稿也多散佚,实在可惜,何必要这样自暴自弃呢。纵然不期望传世,但也不妨整理保存,也不辜负你祖父的一片苦心呀。"

听了父亲的劝导,徐自华不禁怆然感怀。于是遵照父命,回到南浔,检寻旧作,可惜大多已散失,只剩下十分之二三了。

于是,雪窗枯坐,手自抄录,编成一部诗稿,取名《听竹楼诗稿》,并作序自述学诗之经过。

《听竹楼诗稿》取意于清代江苏长洲女诗人钱冰如的"夜来风雪里,听得竹声寒"之句。当时,钱冰如父钱湘舲为撰绘《听竹图》并撰《甘节记》云:"竹节苦而甘。若苦后能甘,余心慰矣。"徐自华用其意,也表达自己内心希望苦尽甘来的愿望。

《听竹楼诗稿》一出,在当时诗坛很快引起广泛关注。1908年春,陈去病、柳亚子曾先后为徐自华的集子《听竹楼诗稿》题诗。

陈去病《题寄尘女士〈听竹楼诗集〉》六首,后来编入《南社诗集·陈去病诗》。其中第六首诗曰:"天生风雅是吾师,拜倒榴裙敢异词。为约同人扫南社,替君传布廿年诗。"陈去病甘愿拜徐自华为师,为传布徐氏诗词,不遗余力。

柳亚子题有《巢南携寄尘女士〈听竹楼集〉见示题此奉寄》四章,后来编入《南社诗集·柳弃疾诗》,诗中曰:"天盖吟成种菜诗,百年潦草到今时。语儿溪水浑无恙,剩有精灵属女儿。……元龙谓我君词笔,漱玉断肠此继声。便欲流传到南海,罗浮翠羽不胜情。"柳亚子在诗中,将诗人徐自华与明末清初诗人、思想家吕留良,以及宋代两位著名女诗人李清照、朱淑真并提。

可以说,《听竹楼诗稿》是徐自华第一次公开亮相而在诗友中广为传布的诗集,也因此奠定了她在当时诗坛的地位,为世人公认"李清照、朱淑真再世"。

《听竹楼诗稿》应该还包含《续编》,《听竹楼诗稿》收录徐自华始作诗起至1903年间的诗作,而《续编》则收录了1903年至1909年间的诗作。这两稿都曾经陈去病和柳亚子寓目,但均未单独刊行。

据《徐自华集》"前言"载,徐自华病危时,曾将自己保存的《听竹楼诗稿》交给妹妹蕴华整理。后蕴华将此稿转交侄子徐益藩保存。徐益藩在1939年—1940年间携此稿到上海,请居沪的南浔学者王瑜孙阅看,并请删存。王瑜孙先生删存后选存三卷,即《听竹楼诗钞》,次第基本按原稿。此稿后来列入南浔学者周子美先生主编的《南林美文丛刊》第三种,后因抗战,未及刊出。所收存的书稿,新中国成立后,周子美先生原准备捐献于上海图书馆,后山东大学教授郭延礼来访,因此得读《听竹楼诗钞》,之后据以此编入《徐自华诗文集》。至于《听竹楼诗稿》原稿由徐益藩保存,据说后来毁于战火之中。

《徐自华诗文集》

又据王瑜孙《忏慧词人徐自华和她的著作》一文记录：《听竹楼诗稿》原稿向由徐一帆（益藩）保存。20世纪50年代，徐一帆客死北京，郑振铎为之料理后事，此稿后由周子美代为捐献给上海图书馆。

三 《忏慧词》

1906年年初，南浔镇开明绅士张弁群创办浔溪女学，请徐自华主持校务。夏历二月，经褚辅成介绍，秋瑾就聘浔溪女学任教，秋、徐两人一见如故，相见恨晚，遂成莫逆。时蕴华也在女学读书，师事秋瑾。后自华少年女友吕韵清也来浔溪任教。一时才女云集浔溪女学，诗词唱和，好不快乐。秋瑾也在教学之余，对学生在新思想之熏陶、精神之感化尤多。徐自华姐妹也深受影响，虽只与秋瑾相处两月，最终影响了其一生。不久，她们都秘密加入了同盟会、光复会。秋瑾就义后，徐自华便以继承女侠遗志为己任，逐渐走上民主革命的道路。陈去病后来与高旭、柳亚子创办革命文学团体——南社，徐自华姐妹又双双加入南社，成为南社的早期社员、杰出的女诗人。

1908年年底，徐自华在陈去病的协助下，整理旧作，编成《忏慧词》，陈去病帮助校订付梓，列入吴江《百尺楼丛书》，于1909年出版。这一次，陈去病亲自作《忏慧词》序，认为徐自华"少承家学，笃好典籍，为诗文词特工。……顾独好文学，往往抽笺染翰，斐然有作，缠绵凄楚，如闻羌笛如听哀筝；呜呜然，其离鸾别鹄之音也……"。陈去病对徐自华的词大加赞赏，并热心为其作校订，编入《百尺楼丛书》，为其传布。

《忏慧词》还有柳亚子、诸宗元、吴梅、徐蕴华等多人题贺。柳亚子有《百字令·题寄尘女士〈忏慧词〉用定庵赠归佩珊夫人韵》，诸宗元有《五言二截句奉题寄尘女士词卷》，吴梅有《绕佛阁·题徐寄尘〈忏慧词〉》，徐蕴华有《金缕曲·题〈忏慧词〉》等。

《忏慧词》中还收录兰湘姐的遗作《度针楼遗稿》，这是徐自华订编而成，附录于《忏慧词》后行世。

1914年5月《南社丛刻》第九集出版，刊有陈去病所作《徐自华传》，更对徐自华诗词创作作总体评价："徐自华者，秋瑾盟姊也，字寄尘，为浙江石门人。少承家学，工诗文词，自号忏慧词人。著有《听竹楼诗稿》《忏慧词》等行于世，见者咸以为李易安、朱淑真再世焉！"

《忏慧词》问世，"忏慧词人"徐自华，更加名声在外，赢得广泛的赞美。

《忏慧词》书稿的流传情况，据《徐自华集》"前言"载，1908年年末，陈去病携女馨丽由石门返回吴江，临行时，除携有《听竹楼诗稿》外，还有《忏慧词》。到上海后，陈去病即命女儿手抄《忏慧词》一册，并找到一家印刷厂出版。由于馨丽当时年仅九岁，写字未免有误，而且时间仓促。出版时，陈氏父女已回苏州，未及仔细校勘，所以错字较多，次年年初，徐自华看到后很是不满，即命妹妹蕴华手校一本，改正了错字，变动了几首词的排列顺序，并删去了三首词，成一新本，仍以"百尺楼丛书"之《忏慧词》名义刊行，书后有校记一篇，说明上述情况。馨丽手抄本刊于戊申年末，书后有徐蕴华的校刊表共五项，这是第一版，可称戊申本。己酉年年初，《忏慧词》重印后，徐蕴华重新校一次，这是第二版，可称己酉本。这两个版本并行。1990年郭延礼先生辑成《徐自华诗文集》，所用便是戊申本。

四 《秋心楼诗词》

1935年7月12日，徐自华逝世于西湖秋社。临终一一交代身后事，其中之一便是她平生所作的诗词作品，除了之前编辑过的之外，还有许多散见于南社各集及其他报刊中，还有许多未出版过，临终嘱托妹妹徐蕴华整理并交柳亚子审定刊行，但后来因各种原因未果。

据《徐自华集》"前言"载，1940年，徐益藩到上海，从事徐自华集外诗文的收集工作。徐益藩保存的《听竹楼诗稿》只收到1909年止。而《忏慧词》也只收到1909年止，徐益藩着手收集这两书稿中未收的诗词作品，辑成《秋心楼诗词》，后附文五篇，于1941年以油印本印出，分赠师友。

曾刊入《南社丛刻》中的诗，已有成册在手，所以徐益藩未曾辑入，而所见《江苏革命博物馆月刊》，又不完整，故所收亦不全，仅十七题八十二首。此外还有许多散在各种报刊上的文章也待收集整理。

虽然不完整，但此《秋心楼诗词》（油印本）在当时也算是对徐自华诗词作品一个重要的补充，并得以流传。这其中，徐益藩功不可没。

五 后人编纂

1.《徐自华诗文集》，郭延礼辑校，1990年5月由中华书局出版。计收文十七篇、诗两百五十题四百九十八首,词六十八题七十五阕,凡五百八十九篇。虽非完璧,但是大体上已包罗了诗人一生的创作精华。郭延礼的《徐自华年谱简编》、陈去病的《徐自华传》、秋宗章的《记徐寄尘女士》等文附录于后。

郭延礼先生自20世纪60年代初就开始搜集秋瑾资料,因为秋、徐两位女杰的关系,他在搜集的过程中,兼及寻访徐自华的作品,后得到周子美提供的《听竹楼诗稿》抄本,又多方寻求,最终编成了此书,在纪念徐自华逝世五十周年时出版。

2.《秋瑾集·徐自华集》,郭延礼辑校,2015年11月由中华书局出版。此书由郭延礼辑校,是据《听竹楼诗稿》及其《续

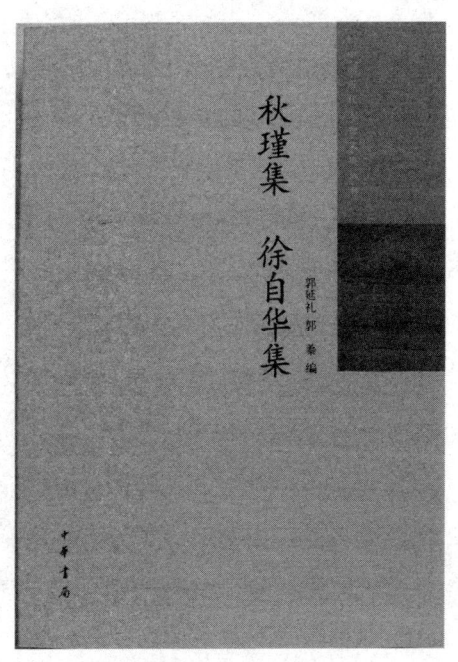

《秋瑾集·徐自华集》

编》(抄本)、《忏慧词》(《百尺楼丛书》本)、悲秋阁拓本,及散见于《中国女报》《南社丛刻》《神州女报》等报刊和私家藏油印本整理而成,为1990年5月由中华书局出版的《徐自华诗文集》的增订本,篇目也比之前有所增加。共分为正编和附录两部分:正编为徐氏作品,分编七卷,卷一为文,卷二为书信,卷三、卷四、卷五为诗,卷六、卷七为词。附录有徐自华年谱简编、传记材料、墓表碑文和诸家序跋。

3.《徐自华集》,郭长海、郭君兮辑校,浙江出版联合集团、浙江古籍出版社2014年8月出版。

《徐自华集》

郭长海先生也是从20世纪60年代开始研究秋瑾时,即注意对秋瑾两位挚友吴芝瑛和徐自华诗文的收集整理工作。先后编成了《吴芝瑛集》和《徐自华集》。之后五十多年来,陆续补充完善。他不仅看到了《忏慧词》的两个版本,而且还看到了《秋心楼诗词》,于是编成了相对比较完整的《徐自华集》出版。

郭长海在编辑过程中对徐自华诗文词进行了全面整理,《徐自华集》共分七卷:

以《听竹楼诗钞》为第一卷,收始作诗起至1903年止。

以《听竹楼诗钞续编》为第二卷,起于1903年,止于1909年。

以徐益藩辑《秋心楼诗》以及《南社丛刻》《江苏革命博物馆月刊》中的诗,辑为第三卷。

以《听竹楼诗钞》和《听竹楼诗续钞》中被遗漏或被刊落的诗和未被辑入的诗,辑成《秋心楼诗补编》为第四卷。

以《忏慧词》己酉本为底本,以戊申本参校,收徐自华自始作词起至1908年止,为第五卷。

以徐益藩辑《秋心楼词》为参考,收《南社丛刻》和《江苏革命博物馆月刊》中的词,辑为第六卷。

全面收集刊于各种报刊上的徐自华文章、书信、广告等,辑成《忏慧文》一卷,为第七卷。

后附《徐自华年谱》以及有关传记、评论、题词等。就目前来看,已知的徐自华的全部著作都已辑录于此。从某种意义上,相对堪称足本了。

第八章　寻踪访旧

横街留痕
——徐自华与崇福

不知为何,记忆中每次来到崇福横街,天总是灰蒙蒙的。明明是初夏时分,却没有感到半分暑气。在这里,时间似乎走得要慢一些,自然而然地烘托出一种适合怀旧的氛围。

这一条横跨小镇中心的老街,到处都是历史的足迹。狭窄巷弄里的高屋灰墙多少带着些"风烛残年"的意味,但即便是破败的窗棂、斑驳的墙根,依然掩盖不住它们旧日的辉煌。随意一处不起眼的闲置老屋,也许就曾是哪一位名士乡绅的居所。只是,时移世易,一切早已换了模样。若非有熟知情况的当地人带路,或许很难准确地寻到那些过去的痕迹。

一

我们一行人跟随崇福文化站的徐建人老师,往横街西头巷子进去,很快便看到了位于庙弄里的徐自华故居。印象中,这并不是我第一次来这里。十多年前的学生时代,母亲为了帮我丰富写周记的素材,带我来崇福走访老街。只是那天的行程很是匆忙,而故居当时还未启动修缮保护,里头仍住着好几户居民,便也没有多作停留。依稀记得院子里晾着衣物,不时传来家禽吵嚷声,此种情境之下实在令人无从怀念过往。只有那顶上残留着旧时风采的木阁楼,尽管是匆匆一瞥,如今依然能回忆起来。

时隔多年,再次站在庙弄十九号的门牌前,眼前所见着实令人心头一喜。大门的一侧,新竖立了一块醒目的木质门牌,刻着徐自华故居——颐志堂,自华的简要生平亦附刻其上。"你们要是再过段时间来,可能就要开始整修了。"徐建人老师告诉我们,崇福镇里正在对横街名人故居开展整体修缮,像这样的门牌都是统一定制的。听了这消息,心中安慰之余,又不免庆幸,能再一睹这历经岁月雕刻的真容。

徐自华故居颐志堂老屋

跨入大门，四周突然暗了下来，像是电影里的黑场，下一秒就会变换了时空。通往小院的是一条狭窄甬道，两边墙板破损剥落，露出了里面的竹篾，原本结实的木梁也变得千疮百孔，无声地叙述着它们曾经历过的岁月风云。甬道连接着一个面积不大的天井，站在中央便可看清楚老屋的布局。徐自华的祖居保存下来大约有三进，后来被辟为普通民居。由于修缮工程的缘故，这里原来的居民也已搬离。当所有嘈杂褪去，往昔的轮廓便渐渐清晰了起来。

徐自华的祖上从衢州迁来崇德之时，最初其实并非居住在县城，而是在城外的九里塘。直到徐自华的曾祖徐克祥当了家，由于经商有道、家境渐好，才得以在县城置地买屋，在城西吕氏余址安了家，并建起了"颐志堂"。关于"颐志堂"，还有一段"失而复得"的小插曲。咸丰十年，徐克祥为避战乱，不得不离开崇德（时称石门），带着家人逃难至上海。然而万幸的是，"颐志堂"虽遭遇兵燹，仍余下破屋几间。直到晚年归乡后，徐克祥亲手操办重修，"颐志堂"才得以恢复面貌，代代相传。

1873年，此时徐克祥已经七十八岁了，家中是四世同堂、共聚天伦。那年的五月二十日，也是和今天一样的初夏时节，第三代子孙徐多镠的夫人马氏临盆，生下了一名女孩，这就是徐自华。或许是受父辈的耳濡目染，徐自华从小就聪慧过人，且勤奋好学，十多岁就写得一手好诗。据说早在五岁那年，徐自华便跟随年长的兄姐一起在家塾念书。小小年纪的她坚持勤学早起，生怕自己落于人后。徐自华在《听竹楼诗稿》自序中写道："……常恐诸兄姐先背诵，勤读不辍。晨兴间或少晏，色便不豫。"此刻我站在天井中,望向二楼屋檐下的木格子窗,想象着当年的小自华也许曾对着这窗口诵读,琅琅书声不时飘落下来,唤醒了小院一个又一个清晨。

徐自华在"颐志堂"度过了她的童年与少年,那个会因为起床迟了耽误晨读而不高兴的稚龄孩童,逐渐蜕变成为不喜红妆爱诗书的大家闺秀。祖父徐宝谦素来欣赏徐自华的诗才,并在孙女二十一岁时,送给她一方"一介书生"的印章,赞她"雅好读书、堪比书生"。《四时闺景》就是徐自华那一年的诗作,志趣与诗才显露无遗。其中有一章写道:"杯倾竹叶围炉饮,屋绕梅花带雪看。消受四时无限景,诗情画意付毫端。"徐自华尤其喜爱梅花,也常以梅言志。或许当年在她的窗下就有一株梅花树,才能让她发出"咫尺罗浮入梦频"的感叹。只可惜,如今站在杂草丛生的院中,只能去想象诗中的盛景。这时,友人突然捧着几颗熟透的枇杷递过来,我这才发现墙角竟长着一株枇杷树。最高的枝丫伸出了院墙,朝着更远的地方生长。放眼望去,那黄澄澄的果子点缀其间,恍惚间还真有些像一朵朵未开的腊梅,也便聊作慰藉罢了。树会长高,院墙关不住自由的枝丫。人亦要成长,被命运推着走出熟悉的院门。就在收到祖父赠章后不久,徐自华和"颐志堂"作别,依父母之命嫁到了门当户对的南浔梅家。在南浔的日子里,徐自华忙于相夫教子,虽少了吟诗作对,倒也过得充实。当"颐志堂"再次被提及,是十年后的事了。

那年冬天,已过而立之年的徐自华回娘家省亲。说实话,过去的几年间,她生活得并不那么顺遂。婚后第七年,丈夫梅福均突然因病离世，公婆年迈、子女尚幼，家庭的重担都要她独自挑起。与娘家人的相聚，尤其是和小妹蕴华重温诗词唱和，大概已经是久违了的快乐。见此情景，父亲徐多镠心中感慨，为女儿的诗才被生活消磨所惋惜，便恳切地劝说徐自华重拾诗文，不要辜负祖辈曾经的期望，别放弃自己所热爱的东西。这一趟归宁，使得徐自华犹如醍醐灌顶一般。一回到南浔，她立刻着手整理诗稿、誊录留存，编成了自己的第一部公开亮相的诗集《听竹楼诗稿》。

和"颐志堂"久别重逢后的第一次见面，让徐自华找回了人生的目标与乐趣。而在数年后，这个位于石门县城的家，又一次在徐自华的生命中扮演了重要的角色。1906年，距离编诗稿已过去了三年多，彼时徐自华又迈出了新生活的第一步。她大胆地走出了深闺，到浔溪女学任教。也正是在那一年，徐自华结识了她后半生的至交好友秋瑾，也迎来了扭转命运的关键时刻。徐自华与秋瑾的交往，实际上只有短短一年多时间。再加上当时革命形势复杂多变，两人更是聚少离多。除了初相识时在浔溪女学朝夕相处的数月，徐自华与秋瑾见面最多的地方，应该就是"颐志堂"了。

"颐志堂"曾留下她们诗以言志、共话理想的身影。就是在这里，秋瑾发展徐自华成为革命团体光复会的成员。而徐自华亦是由此开始以实际行动参与革命，拿出积蓄资助《中国女报》创刊，更是倾尽所有支持秋瑾的革命义举。在"颐志堂"，她们也曾陪伴彼此度过难熬的时刻。1906年7月底，徐自华的长兄徐受沅在广东病逝。过了不到两个月，父亲徐多镠又因为承受不住丧子之痛，加上疾病缠身，也跟着离世了。这时，秋瑾来到了徐自华的身边，同住了半个月，为她带来诸多安慰。

徐自华与秋瑾最后一次相聚，同样是在"颐志堂"。1907年6月21日深夜，徐自华在石门县城的家中见到了分别数月的秋瑾。人如果有先知的话，短短三天时间，根本不够用来做一生的话别。她们像从前一样抵足而卧，说了好多的话，而谈得最频繁的话题依然是革命。徐自华深知秋瑾对起义抱着怎样的决心，也明白前方可能会出现怎样的凶险，然而她更懂得挚友的革命理想。于是，她没有再多说什么，只是捧出自己的首饰盒，交到为筹措军饷而苦恼的秋瑾手中。仲夏夜，没有梦，唯有一片真心。

二

据说，徐自华与秋瑾当年同住过的屋子，正是进门二楼的一间。当然，现在这层楼年久失修，没法登楼一观，只能远远地望一望那嵌着雕花木板的窗户。不过，幸运的是，在很多年以前，母亲曾有缘见到了徐自华的侄孙，当年已经七十四岁的徐积瑞老师。并在他的引导下亲眼看过那故事里的房间。母亲指着甬道一侧的门洞告诉我，当时里面有一旧木楼梯，一直通向二楼的房间。我往里一瞧，一片黑洞洞的，什么也看不清。仿佛是瞧出了我的疑问，旁边徐建人老师解释道："楼梯年久失修，怕是会有危险，早已不能使用了。"

据说，当时母亲她们随着徐积瑞老师上楼的时候，那楼梯也已塌损得厉害，扶手也是颤巍巍的。尽管楼梯并不太高，走起来却是心惊胆战,这脆弱的木板似乎已无法承受更多,生怕多一点响动就会摧毁了它。母亲记得很清楚,上了二楼打开一道旧木门,便是徐自华住过的卧房。屋内超乎想象的破旧,加之空置已久,更显得莫名凄凉。好在,那屋子里仍然保留着一些可供凭吊的痕迹。徐自华一直用着的旧式梳妆镜还在,只是镜子玻璃早已没有了,木框子也积满了灰尘。在朝南的阳台上,还有一块挑出去的木门板,徐自华最爱竹和梅,这挑出的木板就是为了种花草的。木板经过了百年风雨的剥蚀,早已是破旧不堪的了。时间弄丢了太多宝物,这毫不起眼的物件,竟也变得如此可贵。

屋内朝北的墙上原先一直挂着秋瑾穿男装佩倭刀和徐自华的合影,后来不知流落何方了。屋子里还有一张圆木床,据说当年秋侠来石门县城时就和自华同榻而卧、促膝长谈。徐积瑞老师说对于姑婆娘娘徐自华的往事,他多半也是听母亲陈寿荫讲起的。秋瑾最后一次来石门县城时风声已紧,她是女扮男装漏夜而至,即使到了"颐志堂"也没有轻易露出真容。以至于陈寿荫第二天去徐自华房里,被男装打扮的"陌生人"吓了一跳。秋瑾在徐家只待了三天,便匆匆启程离开。当时,就是由陈寿荫送秋瑾出城去的。陈寿荫陪着秋瑾从徐家门前的小河坐小船划往南面水城门悄悄出去的。

早年,"颐志堂"第三进的门外就是河道。徐自华与秋瑾最后一次告别,大概就是这样,从天井走出家门,一路相送到河边。那日是拂晓时分,今日却几近黄昏,天色倒也有些相像。我试着从天井往后走,脚下杂草长得很高,又要避让散落的破砖,只得亦步亦趋,最后停在一堵围墙前面。如今,眼前既没有了大门,外面也没有了河流。我常常在想,如果当年徐自华成功劝阻了秋瑾,是不是结局就会不一样?然而,像秋瑾、徐自华这样的巾帼英雄,又怎会因个人安危而弃民族大义于不顾呢?不管有多少次重来的机会,她们依旧会做出同样的选择。前方没有路又如何?虽千万人吾往矣。

抬头看,小院围起来的四方天空并不广阔,而女子的心却是志在天涯。秋瑾英勇就义之后,徐自华用自己的后半生来成全两人的革命情谊。为着两人的"西泠之约",徐自华冒着生命危险营葬秋瑾,又起秋社、建秋祠,继承秋瑾遗志,为此奉献良多。心怀革命大志,徐自华不得不离开家乡,辗转杭州、上海、苏州等地,四处奔走忙碌。起初在上海,她需要一力操办纪念秋瑾的竞雄女学。到了晚年,为了便于经营秋社,保护秋墓、秋祠不被破坏,她还特地搬到了杭州常住,一直到生命的终结。可以说,在她人生旅途的后半程,几乎没有太多机会再与"颐志堂"长相伴。然而,即便是在革命形势最复杂的时候,徐自华还记挂着自己的家乡。1911年武昌起义爆发后,石门县城并未光复,仍由清军把守。人在苏州的徐自华得知此事后,赶忙致电求助在新成立的军政府担任政事部长的褚辅成。终于,在革命军的援助下,保护石门县城免于战火、顺利光复,而徐自华亦好好地保护了小院里她最宝贵的初心。

往回走的时候,瞧见第二进屋子的外墙上挂着一只旧时钟,或许是居民搬走的时候忘了带走。房屋闲置已久,那时钟大抵早耗尽了电池,指针停在某个时刻再也不会向前。正如这间老屋,不管时代变迁、人来人往，亦不管它变得多么破旧，有一些东西是从来没有改变过的。在那个风起云涌的年代，这里是徐自华人生的起点，赋予她踏上征途的信心，更会在受挫时给她重新出发的勇气。这里也是徐自华心中的一方净土，收藏了太多美好的回忆，被祖辈教导学习、和姐妹诗词唱和，还有与挚友的交往，她一生的重要节点几乎都有老屋的参与。而现在，这里又成了可供我们凭吊这位奇女子的珍贵所在，若没有了这间老屋，我们又该将怀念安放何处呢？时隔这许多许多年，虽无法让前人听到我们的心意，但至少可以在这里将思想放飞，借由那饱经沧桑的墙缝、那依旧精致的雕花木板，或是头顶这方相似的天空，期待会有精神上的交汇。

走出庙弄十九号，经过一栋正在改造的房子，恰好与徐自华故居相邻。徐建人老师告诉我们，这里将规划修复吕留良故居，新的崇福伯鸿城市书房也将建在其中，届时这里会成为双馆合一的特色场馆。听到这里，我不禁感叹缘分的奇妙。当年，徐自华的曾祖父将新家建在了吕留良家族的吕氏余址。现在，徐自华故居又将和新落成的吕留良故居做邻居。忽然想起，南社诗人柳亚子曾给徐自华的《听竹楼诗稿》题诗，其中就有"天盖吟成种菜诗，百年潦草到今时。语儿溪水浑无恙，剩有精灵属女儿"。如今看来像是预言成真了一般，而我更想把它看作是一种惺惺相惜。我们的世界每时每刻都在创造新的历史，但那些传奇人物的光辉往日永远不会因为时光流转而褪色消失。因为它并不是借由一片瓦、一块碑抑或是一间屋，才被保存下来，而是流传在一代又一代人口中珍藏的故事，是根植在一代又一代人心中，名为"信仰"的传承。若你不曾忘却，它便一直都在。

2019 年 6 月

浔溪寻踪
——徐自华与南浔

十一长假，被阳光唤醒的清晨，不出去走走似乎对不起这大好秋色。

不到一小时车程，我们已在三十多公里以外，踏上了南浔古镇的青石板路。一百多年以前，徐自华曾在这个小镇上生活过很长一段时间。当年从石门县城嫁到此地的她，一定无法想象，如今去一趟邻县竟如此便利。

我们此行的目的是寻访徐自华与南浔的渊源。一个世纪的沧海桑田，足以使任何事物改头换面。古镇早已被喧嚣都市所包围，旧时的地名也不知更替过多少回。"百晓"的导航设备也有无能为力的时候。

书中提到徐自华的婆家梅氏不过寥寥数语，只说他们曾居住在南栅夏家桥河东首。在地图上找了很久，只有一个夏家桥社区某某学校似乎可以去碰碰运气。

车子沿着窄窄的小路缓慢前行，因为不得不小心避让旁边的载客三轮车。在如今快节奏交通当道的时代，这种人力交通工具颇有些复古的味道。地图所指的目的地已到，却仍不见学校的踪影。下车问路，河边垂钓的几个大叔，大概并非小镇人，都答非所问。

　　既是寻访旧迹,自然预料到不会如此顺利,索性把车停当,往居民区一路走一路问。正在搬货的小店老板娘倒是热心,停下手头的活听我们说话。老板娘说住在这儿的老镇民如今不多了,她也是从别处搬到镇上的,只知道附近是有个夏家桥,具体就不太清楚。

作者采访南浔镇上的老居民

　　聊天的当口,从小店里走出一个四五十岁模样的中年男子,像是店里的熟客。老板娘立刻搬救兵似的叫住了他,把我们的来意说给他听。没想到,这回还真找对了人。这位费大叔是土生土长的小镇居民,这里的一切他再熟悉不过了。原来我们要找的地方就在几百米以外,过了一座桥、穿过一个小弄堂就到夏家桥，如今是南浔古镇景区内的一大标志性景点。

沿着费大叔指点的路线，很快便走到夏家弄，一弄之隔就是景区，远远已经能望见弄堂尽头的夏家桥，游人如织鱼贯过桥。一路向北，脚下铺的皆是青石板，多少显出它的与众不同。路旁的居民楼一看就有些年头了，木头做的窗框掉了漆，楼上种的植物跃出窗口垂下来，空中拉着盘根错节的电线。

尤其是紧靠景区入口的一处低矮的平房，屋顶瓦片排列得松松垮垮，墙面已剥落成斑斑驳驳，砖块随意地暴露在空气里。屋前植物胡乱生长着，遮住了墙角的破砖。整栋屋子笼罩着岁月的沧桑，虽然它建造的年代已无可考证，但从书中所记载的位置来推测，当年梅家的产业极有可能就在这附近。在屋前驻足，身旁不远处就是喧嚣，觉得此处颇有些闹中取静的况味。或许当年徐自华也曾在这里，听着屋外的市井之声，写下"翠羽明珠非我好，孟光岂是绮罗人"的诗句。

这时候，分明觉得脚下的青石板路就像是时光机一般，将思绪带往百年前的意境里。只是，我们却不能跟从前那样，就这么一直走到夏家桥去。本是临时起意游览并未准备门票，保安大叔便尽责地告诉我们此路不通。于是只好绕行数百米排队买票，这才终于被摩肩接踵的人群推着进入了古镇景区。

大概恰好是游览的高峰时段，夏家桥上总是挤满了游客，一波又一波的人群往来不断。好不容易逮着个空档，赶紧上前近观。从桥堍旁的石碑可以看出，这座平板石桥其实名为"通利桥"，"夏家桥"只是当地人习惯的别称。通利桥桥洞高而宽敞，桥下就是当年的市河，沿河各色商铺林立，观光游船在此间轻松穿行,倒也不算辜负曾经的繁华。据说,徐自华婆家梅氏的产业也就是在这桥边,靠出租临河的铺面房产过日子。现在已无从知晓究竟是哪一间店铺,或许是那家在水边摆出一溜雅座的南浔风味餐馆,亦或是那间挂满丝绸服饰供游人留影的照相馆。虽已无迹可寻,但桥仍是这桥,河亦是那河,即便只有老式的木窗格和年久破损的石墙砖,依旧可以当作一种回忆的媒介。

石桥向南拾级而下,正对着我们刚刚走过的那条青石板弄堂,透过窄窄的门框,只能看见弄堂两边灰白的屋墙,还有顶上一小片蓝天。我总是在想,从前,徐自华是不是也曾看过同样的风景呢?眼前这一方小小的天地,又能承载多少希望与愿景?好在,后来她终于找到了更广阔的天空。而在这之前,小镇亦给了她跨出第一步的机会。我们寻访的下一个目的地,就是徐自华曾执教过的浔溪女学旧址,由此她开始走出闺门宅院,逐渐成长为独立自主的新女性。

浔溪女学的创办者是张弁群,据说学校当时就办在自家住宅的东首。张宅位于东栅,就是如今古镇景区里的重要景点"张静江故居",张弁群就是张静江的长兄。张宅与我们所处的地方距离较远,需要步行二十多分钟。不过,在这如画般的风景里穿行,便也不觉得是件苦差事了。

沿河小街店铺繁多,除了当地风味餐馆,最常见的就是售卖丝绸制品的商铺,往往在门口挂着大大的招牌,标明"精品湖丝",这倒是一项传承。南浔一地从前就以丝织业闻名,特产"辑里湖丝"更驰名国内外,始建于清末民初的丝业会馆便是旧时南浔丝业繁荣的见证者。路遇这座有历史气息的建筑，忍不住进去一观。而张弁群的张家，以及梅氏的其中一支，都曾是南浔有名的丝商。或许能由此寻到些什么呢？

丝业会馆在那时主要是用以商讨议事、业务往来的场所。会馆内有一间名为"端义堂"的会馆大厅，据说过去每年四月丝商们就在此举办蚕王会，镇上丝业从业者数百人悉数到场，场面之盛可想而知。馆内有凉亭回廊，处处有景，不过都不及出口处布置雅致的小书屋使我收获颇丰。

书屋内摆放着木质桌椅，可一卷在手随意畅读。当然了，这里大部分都是有关南浔的历史文化书籍。说来也巧，此时桌上恰好放着一本关于南浔丝商的书籍。书里讲到了许多有关"四象八牛"的旧事。所谓"四象八牛"，指的是清代时因经营湖丝而发家的南浔富商，前文提到的张家便是"四象"之一。徐自华公公的兄长梅鸿吉和他的后代也因为经营有道，将梅氏家族发展为"八牛"之一。尽管徐自华公婆这一支并没有从事丝业，书中亦专门写到徐自华嫁到南浔之事，文中竟恰好提及了浔溪女学曾经的校址，是在庞家祠堂的西面，这实在是个意外的小惊喜。听说张宅的闭馆时间将近，读到此处便急于要离开了，索性挑了几本将它们购回再深读吧。

跟着木制的路标指示，穿巷过桥，经曲折的水上回廊，走过两旁时有旧时建筑的石板街道。夕阳西下之时，终于来到这个位于古镇最东边的景点。

这栋具有清代传统建筑风格的宅邸是在张静江祖父手里初建起来的。张家子孙人才辈出，有人继承了家族极好的经商能力，

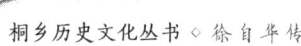

亦有如张静江参与革命走上政坛的,可谓是真正意义上的名门望族,故居里就有专门的展区介绍张静江和他的兄弟们。

张弁群在家中排行老大,为了治疗眼疾远渡重洋。在出国求医的过程中,受到了欧美新思潮的影响,令他对如何发展教育事业得到了极大的启示。于是,回到南浔后,便办了一所正蒙学社,这间新式学校办了五年,后因不符合当时的学制被停办了。这之后,张弁群并未放弃他的教育理想,又在正蒙学社的原址上,办起了浔溪女学,开当地女子教育之先河。张弁群聘请徐自华到这所学校担任校长,就是在这里,徐自华结识了前来当教员的秋瑾,由此改变了自己的人生轨迹。

虽然知道学校就办在张家住宅的东首,可历经百年,如今的张宅早已不复当年的模样。据说现在留存的张静江故居只是当时张家老宅的一小部分,浔溪女学的确切位置自然是无从知晓了。至于庞家祠堂西面这个方位,据张静江故居内工作人员说,庞家原先确实与张家相邻,但庞家花园正在进行修复工程,目前只是一片空地。听到这里,不免有些失望,看来最后一个线索也难寻其踪。

不过,既然来到此地,总还是应去亲眼瞧上一瞧,才算对得起此番寻访。往东走了不多久,便见到了工作人员所说的地方,果真只见尘土飞扬,一派繁忙施工的景象。四处堆放着建筑材料,大型的工程车往来频繁,远处隐约可以看到正在建造的仿古凉亭。据说当年的庞家花园是南浔三大园林之一,可惜一朝毁于战火,既如此,便也无法凭此确定浔溪女学的所在了。

庞家花园施工工地的旁边,还有一些居民小屋,便尝试着询问是否有老镇居民，期望能得到一些线索。于是，在一位大伯指点下，我们找到了住在庞家花园东面街上的夏婆婆。今年八十五岁的夏婆婆就出生在小镇上，现在还住在这附近的老镇居民，大概只有她最清楚过去的事了。夏婆婆精神矍铄，一路往工地边走边给我们介绍。工地的东面以前就是庞家祠堂，再往西走到现在工地的入口处，从前在这里办过一个小学，本地的居民好几代人都曾在这学校读书，不过现在早已被拆除了。夏婆婆如数家珍般告诉我们，哪里是学校的大门，哪里是礼堂、操场，从前都有几间教室，等等，不过现在可能只有那株银杏还是旧物了。听她回忆着过去种种，言语中隐约带着些不舍。

只是，夏婆婆说她并不知道这所小学与我们想找的浔溪女学是否有关联，后来我也遍寻资料发现无可考证。可是我想，有一点是肯定的，这两所学校都曾是许多小镇人启蒙的初始，尽管都已不复存在，却始终留在人们的记忆里，如同教育的深远影响，代代相传，永不褪色。想到这里，便也不觉得那么遗憾了。或许有一天，它们也会像正在修复的庞家花园一样，重现旧日的光彩，也不是没有可能呢？

告别了夏婆婆，已是暮色四起。走着走着，周围的景物开始模糊起来，青石板弄显得更深了。偶有几盏小小的街灯发出昏黄的一点光，仿佛置身于很久很久以前的故事里。那些在历史中留下足迹的人物，也曾是小镇上一个个普通的行路者，像这样在暮色里寻找前方的路。

一路来到市河边，抬头一看，不知何时四周一下子亮起了灯，映照着我们返程的路。人生中的缘分说来确实奇妙，往往不经

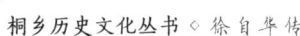

意间遇到的人和事,就是此刻最需要的。徐自华的一生就有许多次这样的相遇,而如今我站在她遇见过的风景里,唯有深深地感慨。

2018年10月

西泠旧事
我们——徐自华与杭州

"上有天堂、下有苏杭",因这句话,杭州被多少人向往着。不过,凭借着地理优势,游杭州对于我们来说,实在是稀松平常的。特别是高铁通车之后,二十几分钟后便可在西湖边悠闲地散步了。夏秋之交,暑热丝毫没有退却,算不上是旅行的好时节。即便如此,依然没有令我打消出游的计划。而此番杭州之旅,和以往任何一次都不同。不为西湖美景,也不为繁华都市,只为了沿着一百多年前那位奇女子徐自华的足迹,寻访历史留下的旧痕。

一

1907年春天,徐自华一抵达杭州,顾不上旅途劳顿,便步履匆匆地赶往大井巷。堂弟景卿在那里开了一间"悦记衣庄",早已说好可让她在此借住。除了探亲以外,徐自华此行更重要的事,是要和一位挚友相见。

大井巷位于吴山东北麓,不过二三百米的小巷,注定充满传奇色彩。小巷因井得名,相传当年这里有一口神奇的古井。南宋年间遭遇大旱,城中唯独此井不涸,帮助人们度过灾祸。或许正是有了这"钱塘第一井",小巷变得愈发兴旺热闹。到了民国时期,这里成了城中有名的商业街,店铺林立、商贾繁忙。朱养心膏药店、胡庆余堂、保大参号、张小泉剪刀店都在这里开铺。

与这些声名在外的店铺相比,新开的悦记衣庄并不起眼,这倒也并不是件坏事。因为与徐自华相约的人,正是鉴湖女侠秋瑾。对于像她这样的革命党人,隐于闹市中的小店,反而不失为比较安全的场所。不多时,秋瑾果然依约而至。后来这间悦记衣庄也成了秋瑾与革命党人的一个秘密联络点。

一百多年后的今天,大井巷虽仍沿用旧名,然而几经变迁,早已是换了模样。大井巷北端与河坊街相邻,与后者游人如织、商贸繁荣的景象对比,这条遍是历史建筑的小巷更显得有些寂寞。"钱塘第一井",如今已被围了起来,作为历史的见证。巷口那间胡庆余堂仍坚守在原地,依稀能看到这里旧日的辉煌。踏着石板路一直往南,每走一段,就能看到许多百年老字号的旧址,大多只留下了空屋数间、门牌一块,可供怀念。再加上后来经过统一改造整修,现在的大井巷是古建筑与新时尚的自然融合。书店、民宿、咖啡屋,到处都是现代生活的印记。悦记衣庄当年据说是开在巷口的,如今自然是时过境迁、旧迹难觅。然而站在斑驳的老墙根和破旧的乌木大门前,仍然可以想象当年徐自华与秋瑾的重逢。屋外热闹的街市与她们无关,兀自促膝长谈、诗酒流连。

二

西湖的春日,是让白居易写下"几处早莺争暖树,谁家新燕啄春泥"的美好时节。秋瑾与徐自华暂且放下了紧绷的神经,进行一次难得的相携出游。一起欣赏西湖美景,上凤凰山,登高怀古。这座海拔不到二百米的山峰,因为历史遗存而有着特殊的意义。南宋时,皇城就建在凤凰山,宫殿巍峨,风光无限。然而,朝代更迭的风雨里,大火与战争将一切旖旎尽毁,后来这里成了一处人迹罕至的荒芜废墟。面对凤凰山宫苑的残址,想到南宋那段屈辱的历史,徐自华与秋瑾都有种感同身受的悲痛与无奈。站在峰顶,整个杭州城尽收眼底,如此美好河山,亟待有人来守护。秋瑾又振奋起来,借着地势之便,与徐自华一起秘密侦查城厢内外的出入径道,绘成军事地图以备不时之需。

搭上 102 路公共汽车往万松岭去。在热闹的杭州城里,这条线路有些冷清,乘客稀少,报站声听起来特别清晰。我们在万松岭站下了车,两边都是山壁,导航遇到山路也不起作用。最后,在热心路人的指点下,在大型停车场的后面,找到了凤凰山的其中一个入口。根据指示牌,绕过节义亭,开始攀登凤凰山。

一段陡峭直上的石阶,颇有些"下马威"的意味,须得一鼓作气才行。山路蜿蜒向上,两边树木参天,像是一道天然的屏障,隔离出一方幽静的小天地。越是深入其中,越觉得进入了另一个世界。山阶虽然经过修整,仍十分狭窄。或许是鲜有人光顾的缘故,靠近悬崖的一边没有设置护栏,更显得山道寂寞。

二十多分钟，我们马不停蹄，终于抵达半山腰。这期间竟未遇到一个路人，难怪都说此山冷僻。我母亲曾是杭州大学的学生，在杭城生活四年多，几乎玩遍了西湖美景，竟也未曾登过凤凰山。整个景区范围内除了凤凰山以外，还有南宋皇城遗址、圣果寺遗址、梵天寺经幢等景点，孤独地散落在密林山间，见证着历史变迁。大约三十年前，南宋皇城遗址被列为省级重点文物保护单位，之后一直在考古发掘的基础上，规划建设南宋皇城遗址公园。不过由于工程仍在逐步进行中，这里还未受到太多关注，像是隐藏在都市里的世外桃源。也亏得这山中清净，才能轻易地嗅到历史的味道。

我们要去的是凤凰山顶的凤凰亭，根据指示牌大约还有一半多的路程。这一段路，比想象中长许多，越是接近目的地，越是考验体力和意志。挥汗如雨，将近半个小时之后，我们终于远远地望见了石阶尽头的凤凰亭。

这是一座有飞檐翘角的八角凉亭，楼上挂着凤凰亭的匾额，正门处有一联曰："山瞰江湖天地小，气连吴越古今雄。"随着亭中的旋转楼梯登上观景层，才知那对联所写竟无半分夸大。绕亭一周，凭栏远眺。虽然有高大茂盛的树林和山中大片的雾气遮挡，依旧可以分辨出一边是西湖，另一边是钱塘江，忽然感受到人在江湖的深意。想必，徐自华与秋瑾当年曾看过这同样的风景。此刻，四周很安静，除了偶尔吹来的山风和林间遥远的虫鸣，几乎没有什么响动。思绪不由自主地飞远了，忽然就觉得这一百多年时空的差距，在这一瞬间已消失不见了。那些原本存在于诗句中的心境，此刻仿佛亲身经历一般。只是如今我们不必再怀古而伤今。湖山旁边有高楼耸立的繁华城市,有车流穿梭不息的跨江大桥,述说着令人振奋的新历史。今时情景,想必也是她们所希望见到的吧。

杭州凤凰山上之凤凰亭

三

那一次,徐自华与秋瑾还瞻仰了栖霞岭下的岳坟,也是在那时两人定下了"埋骨西泠"之约,言明若谁先离世,另一人将其葬于西泠。原以为离别的日子还很远,却没想到一语成谶。仅仅过了三个多月,秋瑾便以身殉国,就义于绍兴轩亭口。徐自华悲痛之余,决心定要设法实现女侠夙愿。从此以后,徐自华以半生酬知己,两度葬秋、经营秋社、守护秋祠,与杭州西湖结下不解之缘。在孤山脚下,西泠桥畔,秋心楼上,风雨亭中,履痕处处,直至生命尽头。在这片醉人的湖光水色之中,留下了太多深刻的印记。

走过白堤,风景依旧,西湖,以她千古不变的美丽,深深地吸引着游人的目光。而现在,我无心他顾,沿着相对冷清的孤山后路一路寻访。一湖荷花,伴我同行。远望那端坐青草地上的鲁迅铜像,总是有无限的敬意。还有林社小楼,梅妻鹤子,均与西湖为伴,依偎孤山,何等幸运。还有中山纪念亭,在绿树掩映之下,显得更加沉稳古朴。沿着蜿蜒的小路,看到迎着阳光、立于一片青草地的陈英士像,又经过幽径深处的苏曼殊墓遗址,走过西泠印社的旧门牌。转角,终于到了西泠桥南堍的秋瑾墓。

远远望见,汉白玉雕的秋瑾像,面向西湖,静静伫立,衣裙飘逸,长剑有风,女侠的风采,一目了然。身后一片葱翠,山树绵绵,更显肃穆。路人经过此处,无不驻足瞻仰。走近,秋瑾墓碑正面刻着孙中山先生所写的"鉴湖女侠千古 巾帼英雄",后面镶嵌着那块著名的三绝碑。从1981年至今,秋瑾侠骨长眠于此地,与湖光山色相伴。而当年"埋骨西泠"的誓约,竟是历经几番波折,才得以尘埃落定。

秋瑾殉国以后,时人多恐受牵连,不敢收埋女侠遗骨。徐自华全然不顾自身安危,连同秋瑾的金兰姐妹吴芝瑛,一力承担起营葬秋瑾的事宜。购地、造墓、移柩,终于在第二年年初将秋瑾葬于西泠桥畔。然而,不到一年,清廷下令平毁秋墓,甚至要捉拿徐自华与吴芝瑛问罪,两人不得不蛰居避祸。1912年,中华民国临时政府成立，令徐自华重燃了希望。她致电临时大总统孙中山寻求支持，迎还秋侠遗骸归葬西湖一事终于得到了新政府的重视。第二年的六月初六，在秋瑾逝世六周年的这天，侠骨得以重新安葬在西泠桥畔。为了守护秋墓，徐自华晚年还搬到西湖边常住，直到1935年离世。之后的几十年间，秋墓又经历了四次搬迁。幸运的是，最终又回到西泠桥畔。尽管并非最初的原址，但那块由徐自华撰文、吴芝瑛手书的鉴湖女侠秋瑾墓表原石如故，亦是一种安慰了罢。

当我们回到西泠桥上，偶遇一位老人，操着不太标准的普通话，询问秋墓是否在此处。他说自己凭着年轻时的记忆来找，才发现墓址已不在原处。得到肯定的回答后，他便拄着拐杖颤颤巍巍地往桥堍寻去了。望着老人的背影，忽然就生出一种感动来。当年的秋雨秋风早已消散在浩瀚的历史长河中，然而那一座座丰碑始终矗立在那儿。即便过去一个世纪，甚至今后更长的时间，英雄的心，只要被人记得，便始终鲜活。

"青山有幸埋忠骨。"这是岳王庙中的一联，也因有那么多英雄儿女为伴，西湖的青山绿水间，充满了浩然正气，激励着后人。于是，孤山不孤，西泠有情。

四

与秋墓一湖之隔，遥遥相望的，是苏堤跨虹桥东侧的风雨亭。此处原是秋祠，即"鉴湖女侠祠"的所在地。当年这里也有一个风雨亭，是1912年重修秋墓时所建。1959年秋祠被整体拆除，后来就在原址上重新修建了风雨亭，以作纪念。

杭州风雨亭

　　新建的风雨亭临水而筑，开阔大气。正门上方有一白底黑字的匾额，上书"风雨亭"三个字，为文学家叶圣陶所书。亭内还有两副对联，皆为纪念秋瑾而作。站在亭中凭栏而望，山光水色一览无遗。城市在飞速发展，西湖的周边也并非一成不变，不知这样的景致，与一百多年前有几分相像呢？

　　1927年夏天，徐自华将主持了十六年的竞雄女学交给秋瑾之女王灿芝接管。之后，她便离开上海，回到了她朝思暮想的西子湖畔。往后的岁月，徐自华都是在西湖秋社度过的，经营秋社、守护秋祠成了她余生最重要的事。徐自华担任秋社社长二十余年，那时秋社就附设在秋祠旁的秋心楼中，经常开展纪念秋瑾的活动，遂渐渐成为革命党人的重要联络点。临时大总统孙中山也曾来秋社祭奠秋瑾,还担任过秋社的名誉社长。秋祠则更令徐自华为之操劳了几十年,数次为其归属据理力争。最危急的时刻,她甚至不顾六十多岁的高龄,表示愿与秋祠共存亡。终于,在徐自华去世前一个月,得到了秋祠被保全的好消息,半生付出得到了回报。

若不是读过这些历史,又怎能想象,住在美景里的那个女子,曾过着怎样危机四伏的生活。如今,西湖边那些轰轰烈烈的旧事,早已无迹可寻了,不免令人有些怆然。此时,我想起徐自华在秋心楼上所写的一首诗,其中有一句:"云罗卷碧千峰秀,湖影涵青一水长。"这不正是目下所及之景吗?也罢,至少还有这一池碧水如故,可供寄情,亦已足矣。

风雨亭北侧,工人们正在搭建节庆布景。绿植修剪成的一轮圆月,上面镶嵌着"花好月圆"四个字。想必,这是为了中秋佳节而设,心下忽觉莫名的应景。徐自华晚年选择迁居杭州西湖之畔,另一个重要的原因,便是要与知己常相伴。她和秋瑾从相识到永别,不过短短一年多的时间,命运却用惨烈的方式将这段友谊升华。第一次葬秋后不久,徐自华来到秋墓凭吊,曾写下"孤坟他日邻君右,明月松楸共往还",表明了自己的志愿。1935年7月12日,徐自华在西湖秋社病逝,在她的遗嘱中,仍挂心自己身后事,希望亲友能将她葬于孤山之麓。遗憾的是,因为种种原因,徐自华的墓最终未能留在孤山,与苏曼殊、林寒碧等名人墓集体迁葬于吉庆山马坡岭山脚下。2005年,那里建成了"西湖文化名人墓地纪念碑",记有六位名人的生平事迹,以供后人凭吊。

只可惜，从孤山迁往马坡岭后，徐自华墓原有的墓碑已散失。不过，另有一块珍贵的墓碑原石被保存了下来。这是徐自华初葬于杭州市第一公墓时的墓碑，碑阳由何香凝书"忏慧词人徐自华之墓"，碑阴是柳亚子撰文、吴梅书丹的墓表。1939年，日寇将杭州市第一公墓列为靶场，徐自华墓差一点遭焚。幸亏秋社同人高旼秘密将其迁回，存放秋社才免于灾祸，而那块墓碑一度失落未见。幸运的是，多年后竟又重现世间，后来一直存放在杭州碑林。

杭州碑林位于府学巷的孔庙内，里面存有自五代起，五百多件碑、帖和墓志，名家手迹荟萃，为省内最大的石刻博物馆。一件件传世珍宝，陈列在玻璃橱窗内，仿佛伸手就可以触摸到历史。一路走、一路寻，终于在回廊的尽头，找到了那块徐自华墓碑。阳光照射在橱窗上，显得一切都有些朦胧，要很用力才能分辨那些字。不过，这都不要紧，那上面所记之事，其实早已了然于胸。在同一个橱窗展示的，还有一些同一时期名人的墓碑。与徐自华墓碑相邻的是民国才女庄韵香的墓碑，秋瑾的战友、烈士徐锡麟的墓碑也在此处。庆幸，历史留下了宝物，人们也不曾遗忘。令这些应该被铭记的姓名和故事，伴随氤氲的文气，镌刻进城市的记忆中，流传千古。后世的缅怀，亦有了寄托之所。

从孔庙出来，我们才发现，这里离大井巷不过几百米的路程，实在是一个奇妙的巧合。好像也预示着我们寻访旧迹的旅程，即将画上一个圆满的句号。

走完崇福横街，探过南浔小镇，杭州是计划中的最后一站。

一百多年前的痕迹，有的已消失殆尽，有的已不复当初。幸好，还有许多东西，被妥善收藏着，或是正在被重现昨日，成为我们感知历史的载体。同时，我亦更深刻地体会到了文字的力量。正因为当年那些记录，让我们的寻访有了落脚点，也拉近了时间的距离。这一刻，忽然感觉心头热热的，我似乎为写作这本书找到了新的意义。

2019 年 8 月下旬

徐氏后人
——访徐自华侄孙徐积学

夏末的一场大雨，将暑热一扫而空，恍惚间倒有些像几个月前来崇福寻访横街时的天气了。转眼，《徐自华传》的写作，已经差不多接近尾声。过去一年多的时间，有关徐自华的故事，常常萦绕在脑海中。由此，也对当年的崇德望族徐氏产生了好奇心，想听听这个书香门第里的人后来的故事，更想了解后人眼中的徐自华。总觉得，如果本书缺少了这一段，似乎显得有些不完整。于是，通过编《徐自华年谱》的沈惠金老师介绍，我们联系到了仍住在崇福的徐氏后人徐积学先生，约定了这一次的会面。

小镇的模样日日在变，镇政府对面不知何时又起了新楼。按照徐积学先生在电话里指的路，我们的车从两栋高楼中间的通道驶入，看到他已经在屋前等着我们了。若非他带路，的确很难找到，与新楼相隔十多米的地方，还藏着一排低矮的老屋。

徐积学先生引着我们往他家走，此时忽然下起了蒙蒙细雨。他顾不上自己没打伞，还不时叮嘱我们要小心脚下。从不平整的几级石阶向下，侧身通过狭窄的过道，走进一间木结构的老房子。

这里原先是徐积学先生岳父家的旧屋，老人们去世以后，只有他一家三口住着。如今，女儿在上海工作，妻子同去照料。一年里绝大多数日子，便只剩他一人坚守在这里。我们说明来意以后，他立刻从书架上拿出厚厚一沓材料，说是特地准备好的。在这摆着旧式家具、光线昏暗的老屋里，听他讲述过去的故事，倒也颇为应景。

作者走访崇福镇上的徐氏后人、徐自华侄孙徐积学先生

明代时，徐氏先祖徐思椿从衢州迁来崇德城外九里塘。传

到六世孙徐克祥时，由于经商有道，便在吕氏余址购地置屋，举家搬进县城居住。徐克祥有三个儿子：徐宝谦、徐福谦和徐著谦。徐宝谦就是徐自华的祖父。徐积学则是徐福谦这一支的后代，他的祖父徐受颐与徐自华是堂兄妹，父亲徐益枬称呼徐自华为姑妈。这样算起来，徐积学应该叫徐自华姑婆婆。不过，他是积字辈最小的孩子，出生于1951年，有关家族和姑婆婆的事情，几乎都是小时候听家里长辈说的。

徐积学出生在崇福，在他的印象里，徐家在崇福镇上的房产有三处。我们所熟知的徐氏"颐志堂"其实还分老宅和新宅两处。老宅是徐克祥所购置的，前门是现在的宫前街一百号，后门在庙弄十九号，也就是如今规划修复徐自华故居的地方。到了徐克祥的下一代，三个儿子都很有出息，家中人丁兴旺起来，就又购地置屋，在故居以西长弄建了颐志堂新宅，三兄弟和家眷分住，徐积学就出生在长弄里的新宅。那天，老徐特地带着我们去了他记忆中小时候的家，也就是庙弄十九号西侧的地方。当年徐氏宅邸大祠堂的地方，如今建成了停车场，后面仅剩的几间屋子已经成了普通的民居，而徐家也只有比老徐小十二岁的堂妹徐积萱仍住在此处。不巧的是，那天徐积萱外出不在家，院门也紧锁着。老徐向邻居借了钥匙，才带我们进得门去。院子十分狭小拥挤，只有墙根边一方雕花石座，还带着些旧日辉煌的残迹。他说，从前常常在宅子各处玩耍，房子当年的构造仍然记忆犹新。他还凭记忆画过一张平面图，宅子里有几间楼厅、几处天井，连哪里放着大水缸，哪里种着几棵树都一清二楚。可惜，长弄里的房子因为火灾被毁掉了大半，后来又几经变迁，大概也只有少数人还记得这里了。第三处房子则是徐多绅在现横街一百四十号另外建造的承志堂。当年他见二哥家中人口较多，便主动搬出了颐志堂。可见，徐家兄友弟恭，相当和睦，这样的家风也始终深深地影响着子孙后代。

徐自华故居（吴富江摄）

说起他们家族中这位巾帼丈夫徐自华，老徐言语间有着掩饰不住的自豪："为了一句话，用自己一辈子去为秋瑾奔波，能有几人做得到！"只是，他说可惜自己年纪小，小时候并不知晓这些，都是后来长辈兄姐说家族故事的时候听来的。不过，父亲徐益梢小时候曾与姑妈徐自华生活在同一个大宅子里。据他所知，在这个崇尚风雅的徐氏大家族中，他父亲居然选择了从武，这在他们家实属罕见。而这当中，或多或少是受了姑妈徐自华的影响。当年，徐自华与秋瑾结交，曾尽出积蓄资助革命，还不顾自身安危，帮秋瑾收藏军用物资。徐益枬就参与过这样的行动，曾在徐自华的吩咐下，帮助把伪装成糕饼的物资，从码头秘密运送回家藏起来。或许正是这段经历，令徐益枬后来立志参军，考上了定额招收知识青年的浙江陆军第一小学堂，之后一直在部队当兵，直至年迈回乡。

往事如烟，然而家风却始终影响、激励着后世子孙。徐氏后人以此为信念，行走四方，闯荡天涯。只是，他们如今分散在全国乃至世界各地，有许多人互相之间极少联系。老徐说，有次去外地拜访一位家族中的兄长，竟然发现对方对徐自华的事情知之甚少，这让他萌生了想要为自己的家族做些什么的想法。

2011年退休以后，徐积学先生有了更多空闲时间，他首先从家谱着手，开始全面了解徐家的历史。他坦诚自己家当年条件艰苦，小时候只念了小学，文化水平有限。但即便如此，他仍然不愿放弃，花了很长时间，把繁体竖排的家谱研究了个遍。之后，他又多方去打听在各地的徐家后代，写成了一份《徐氏大家族的由来及居住情况》。他不会电脑打字，就找人帮忙打印，再自己逐字逐句修正。薄薄的几页纸，来回校对修改了好几次。这里面不仅有文字的叙述，还附有一张简要的家谱图。其中有好几位后人的情况，是原来家谱里面都没列入，由他亲自去寻找资料，再重新补充进去。

这些年，他整理了许多与徐自华及徐氏家族相关的资料，写了《崇德徐氏大家族的由来及居住情况》《徐自华与侄儿们》

《诗词鸳鸯——徐益藩与夫人梁璆》等有关徐氏后人的材料。从他那里，我们知道了徐氏家族后人的现状，例如现在南京的西泠印社理事、著名书法家徐畅先生，曾任上海师范大学美术学院院长、著名油画家徐芒耀先生，还有住在北京的徐积猷先生，等等。他们都闯出了各自的事业，但独在异乡为异客，对故土始终有一份牵挂。特别是徐畅先生，这些年一直在想方设法，希望尽快促成徐自华故居的修复。

专访结束，雨仍未止，正如故事未完待续。徐积学先生冒着细雨，固执地目送我们上车才离去。这一刻，我看到了家风对一个家族的深远影响，它永远不会随着时间流逝而消失，而是以另一种生生不息的方式传承下去，续写出动人的新篇章。家风如此，世风亦如是。我想，这也是追寻先贤足迹的意义所在。

2019 年 8 月

参考文献

崇德徐氏家谱［M］，民国三十一年九月

陈去病编.忏慧词［M］，戊申本

郭延礼辑校.徐自华诗文集［M］.中华书局，1990年5月

郭延礼，郭蓁编.秋瑾集·徐自华集［M］.中华书局，2015年11月

徐自华著、郭长海、郭君兮辑校.徐自华集［M］.浙江古籍出版社，2014年8月

郭长海、郭君兮编校.吕韵清集［M］.浙江古籍出版社，2018年10月

周永珍编.徐蕴华林寒碧诗文合集［M］.社会科学文献出版社，1999年9月

俞前著.巢南浩歌（上下）［M］.上海文艺出版社，2011年3月

郑逸梅编著.南社丛谈［M］.中华书局，2006年7月

柳亚子著、张夷主编.南社纪略［M］.上海大学出版社，2017年6月

张夷主编.南社杂佩［M］.中国美术出版社，2007年4月

张夷主编.南社钩沉［M］.山东画报出版社，2009年

10月

郭延礼著.秋瑾年谱［M］.齐鲁书社，1983年9月

秋瑾选集［M］.人民文学出版社，2004年1月

陆坚，孙秀华，何明春著.秋瑾全传［M］.长春出版社，1997年4月

俞前著.巢南浩歌：陈去病诗传 陈去病诗选注［M］.上海文艺出版社，2011年3月

傅伯星著.杭州街巷旧闻录［M］.杭州出版社，2007年5月

桑广书编著.老杭州记忆［M］.当代世界出版社，2017年3月

南浔镇志［M］.浙江摄影出版社，2017年12月

崇福镇志［M］.中华书局，2013年11月

陆士虎著.江南豪门［M］.文汇出版社，2008年1月

沈惠金编，《忏慧词人徐自华年谱》，桐乡文联丛书2005年5月

金希聪编，《秋瑾纪念集》，钱塘诗社印行2001年10月

徐自华年谱简编

徐自华（1873—1935），原名受华，后改授汝，书名自华，字寄尘，号忏慧。浙江省石门县（今桐乡市崇福镇）人。中国同盟会会员，南社著名女诗人，鉴湖女侠秋瑾挚友。

徐氏先祖，世居河南，随宋高宗扈跸南渡，遂家于浙江衢州。十世祖徐家麟，由衢州迁至宁波之诗巷。十二世祖徐思椿从宁波迁来崇德郊外九里塘隐居，传至裔孙徐克祥，迁居石门县城，购买旧宅，颜曰颐志堂，徐克祥为崇德徐氏西支始迁祖。

祖父徐宝谦，原名荐谦，字子尊，一字嚣斋，号亚陶，又号迂裯。光绪庚辰（1880）进士，刑部郎中，安徽庐州知府，诰授中议大夫，工诗词。父亲徐多镠，号杏伯，国学生，诰封奉政大夫，晋封通奉大夫。工诗善乐。原配沈氏，继配马持玉，为徐自华生母。

徐家世代为官，一门风雅。徐自华幼承家学，五岁从学舅父马彝卿先生，十岁能作五言八韵诗。现存诗最早从十四岁时始。二十岁那年，随父亲赴安徽，探望时任庐州知府的祖父徐宝谦。祖父亚陶公赞赏自华才学，尝叹曰："是女倘投身作男儿，必木天中人也。"还赐翠章并诗，鼓励自华。二十一岁，嫁与湖州南浔镇梅福均（韵笙）为妻。七年后，丈夫亡故，遗一子一女。

1903年在父亲的劝说下，重拾诗文，编成《听竹楼诗稿》。

1906年年初，南浔张弁群等创办浔溪女学，聘徐自华主持校务。同年，秋瑾经嘉兴褚辅成介绍来浔溪女学任教。同事两月，自华与秋瑾成为莫逆之交。经秋瑾介绍，徐自华和妹妹蕴华加入同盟会和光复会。后秋瑾在沪筹办《中国女报》，经费筹集困难。徐自华姐妹赞助一千多元，使《中国女报》一、二期顺利出版发行。

翌年春，自华与秋瑾相会杭州，同登凤凰山，泛舟西湖，岳王坟前订下"埋骨西泠"之约。后来秋瑾组织起义，经费困难，自华将积蓄及首饰约值黄金三十两倾箧相助，秋瑾赠翡翠玉钏给自华作留念。7月6日，徐锡麟安庆起义失败，以身殉国，秋瑾也被捕。7月15日（六月初六），秋瑾从容就义于绍兴轩亭口。徐自华闻噩耗，悲痛欲绝。

在以后的人生里，徐自华几为秋瑾而活，她信守诺言，不顾个人安危，两次营葬秋瑾，结秋社护秋祠，执掌竞雄女学十余年，领导秋社二十余年，直至耗尽后半生的全部心血和精力，受到世人由衷的敬意。

1909年11月13日，陈去病、高旭、柳亚子等在苏州虎丘张国维祠发起成立南社。徐自华和妹妹蕴华是早期加入的南社成员。辛亥革命后，徐自华积极投身于反清、倒袁等革命活动中，从官宦世家的千金小姐，最终成长为民主革命战士。

1935年7月12日逝世于杭州西湖秋社，终年六十三岁。徐自华一生创作了大量诗词文，有《听竹楼诗稿》《忏慧词》《秋心楼诗词》等传世，被公认为李易安、朱淑真再世，受到同时代人和后人的高度评价。

1873年（同治十二年 癸酉） 一岁

5月20日（农历四月廿四日）徐自华出生于浙江石门县城（今桐乡市崇福镇）。

1877年（光绪 三年 丁丑） 五岁

从学舅父马彝卿先生，先生督课甚严。

1882年（光绪八年 壬午） 十岁

是年，已能作五言八韵诗。

1886年（光绪十二年 丙戌） 十四岁

自华现存诗自本年始，有《新晴晚眺》《西溪夜泛》等。

1887年（光绪十三年 丁亥） 十五岁

叔父徐多钤函招自华父亲去粤，是年春，自华随父赴广东顺德，与堂姐徐蕙贞（字兰湘）切磋诗艺，互相酬唱。

1889年（光绪十五年 己丑） 十七岁

叔父徐多钤因病乞休，居杭州养病。自华与少年诗友、伴读吕韵清和兰湘姐诗筒邮寄，络绎不绝，并数度来杭游玩。

1892年（光绪十八年 壬辰） 二十岁

农历二月，兰湘姐病故，年仅二十一岁。自华作《哭兰湘姊》哀悼。

暮春，徐自华随父亲和叔父徐多钤赴安徽，探望时任庐州知府的祖父徐宝谦。途中过金焦，泊燕子矶，经裕溪至庐州官署。作《金焦怀古》等诗纪其游踪。

在庐州郡廨期间，自华每代阅童生试卷，品评等第，罔不惬当。祖父亚陶公尝叹曰："是女倘投身作男儿，必木天中人也。"

祖父对自华的才学大为赏识，亲加指授，集成一卷，名曰《小韵轩诗稿》。年末岁梢，祖父赐翠章并诗，自华敬步原韵。

1893年（光绪十九年　癸巳）　二十一岁

是年春，嫁与湖州南浔镇梅福均（韵笙）为妻。

7月16日（农历六月十七日），祖父徐宝谦病逝于石门家中，享年八十一岁。自华十分悲痛，作《哭祖父大人》七律四章。

1900年（光绪二十六年　庚子）　二十八岁

2月9日（农历正月初十），丈夫梅福均病逝，留下一儿一女。自华作《悼亡》诗七章。

1903年（光绪二十九年　癸卯）　三十一岁

春，编《听竹楼诗稿》。

1906年（光绪三十二年　丙午）　三十四岁

年初，南浔张弁群等创办浔溪女学，聘徐自华主持校务。少年诗友吕韵清也来校任教。

始与在南浔张氏家授馆的乌镇才媛郑静兰（松筠）相识，互有诗词唱和。

农历二月初，秋瑾经嘉兴褚辅成介绍来浔溪女学任教。同事两月，自华与秋瑾遂成莫逆之交，常有诗词唱和。妹蕴华正在女校借读，师事秋瑾。

7月（五月），秋瑾来浔溪再次与师生作别，并劝徐蕴华转学上海爱国女校。自华送秋瑾至上海，同住半月，曾游张园。后自华得家书知父亲病重，急返石门。

9月29日（八月十二），父亲徐杏伯病逝于家中，终年68岁。

10月下旬（九月），秋瑾来石门吊徐父之丧，居住半月后离去,欲赴扬州访友。

初冬,秋瑾在沪筹办《中国女报》,经费筹集困难。徐自华姐妹赞助一千多元,使《中国女报》一、二期顺利出版发行。

是年,自华与妹徐蕴华经秋瑾介绍加入同盟会和光复会。

1907年(光绪三十三年 丁未) 三十五岁

春,自华堂弟徐受清(景卿)在杭州大井巷开设悦记衣庄,自华来杭在此下榻。

3月17日(二月初四),与秋瑾相会杭州,同登凤凰山,泛舟西湖,岳王坟前订"埋骨西泠"之约。

6月21日(五月十一日),秋瑾自杭州来石门,与自华谈及起义经费困难,自华将积蓄及首饰约值黄金三十两倾箧相助,秋瑾赠翡翠玉钏给自华作留念。秋瑾在徐家留连三日,以"埋骨西泠"旧约相嘱而别。

7月6日,徐锡麟安庆起义失败,以身殉国,秋瑾被捕。7月15日(六月初六),秋瑾从容就义于绍兴轩亭口。徐自华闻此噩耗,悲痛欲绝,写下《哭鉴湖女侠》十二首,直斥当局,痛悼挚友。

9月29日(八月廿二),重游西湖,感悼璿卿,怆然赋诗,"欲觅西湖干净土,为卿三尺造孤坟"。

12月29日(十一月廿五日),自华为践"埋骨西泠"旧约,带义女濮亚华渡钱塘江至绍兴,并与秋誉章商定秘密运送灵柩至杭州的计划。

1908年(光绪三十四年 戊申) 三十六岁

1月25日(十二月廿二日),秋誉章密运秋瑾灵柩来杭,由吴芝瑛丈夫廉泉等接应，秋瑾遂葬于杭州西湖西泠桥畔。

2月25日（正月廿四日），徐自华约同人，在西湖凤林寺集会，追悼秋瑾并谒墓致祭，商学各界到者二百余人。公祭秋瑾集会后，秋社宣告成立，自华被推为社长，成员有陈去病、褚辅成、姚勇忱、杨侠卿、秋誉章、秋壬林等数十人。

夏，徐自华居杭州西湖，与革命党人保持密切联系。

9月7日，清御史常徽巡视西湖，颇不以秋墓为然，回京后即奏请"平毁秋墓，缉拿吴、徐"。清廷下达上谕，命浙江巡抚"查照办理"。徐自华避居上海，密遣徐蕴华去杭收藏墓碑，被清巡逻兵击伤。迫于舆论压力，当局最终未敢株连吴芝瑛和徐自华。

12月11日（十一月十八日），秋誉章被迫将秋瑾灵柩迁回绍兴，秋墓被平毁。

12月14日，陈去病由粤返沪。12月17日，徐自华在四马路杏花楼设宴为陈去病洗尘。出席者有苏曼殊、包天笑、邓实、朱少屏、沈砺、杨天骥、叶楚伧、林寒碧、徐蕴华等。陈去病深为徐自华的侠义精神所感动，为《听竹楼诗稿》题诗。

12月22日（十一月廿九日冬至），徐自华偕陈去病、陈绵祥父女抵石门徐宅。

12月23日（十二月初一），陈去病《忏慧词》序定稿于徐宅石麒麟馆。陈乃据徐蕴华所收藏的词稿，编为《忏慧词》。

12月下旬，陈去病离石门，携徐自华《听竹楼诗稿》《忏慧词》赴沪。据馨丽手抄之《忏慧词》付印（是为戊申本）。陈去病转赴黎里，访柳亚子，请为徐自华诗词集题诗。

1909年（宣统元年 己酉） 三十七岁

年初，徐自华拿到《忏慧词》刊印本，见其篇第凌乱，字句讹夺，颇为不满。因重加删次，命妹蕴华校理一遍，重新刊印，是为己酉本。

己酉本《忏慧词》出版，刊入吴江《百尺楼丛书》，集中有柳亚子、诸宗元题贺。

11月13日（十月初一），陈去病、高旭、柳亚子等人在苏州虎丘张国维祠发起成立南社。徐自华和徐蕴华是早期加入的南社成员。之后二十多年，自华姐妹多次参加南社雅集，大量诗文刊于《南社丛刻》中。

1911年（宣统三年 辛亥） 三十九岁

10月，武昌起义爆发，湖北军政府成立。11月4日，上海光复。两日后，苏州独立。

11月7日，浙江军政府成立。自华时居苏州，急电浙军政府政事部长褚辅成乞援，褚派革命军二百人收复石门。邑人马昭懿为县民政长，一邑以安。

1912年（民国元年 壬子） 四十岁

1月1日，孙中山在南京宣誓就中华民国临时大总统职，中华民国临时政府成立。

同日，自华发布《西泠重兴秋社并建风雨亭启》。

1月初，自华为重兴秋社事致电临时大总统孙中山寻求支持。

1月26日（十二月初八），秋社越社联合在绍兴大善寺召开秋瑾烈士追悼大会，自华以临时主席身份发表演说，赋《满江红》词一阕。

2月9日，徐自华离开绍兴，返回杭州。经绍兴军政分府都督王金发同意，搜集秋案及大通学堂档案四宗携回秋社保存。自华深谋远虑，为防日久散失，后来将档案资料寄藏浙江兴业银行杭州分行保管库。

辛亥革命以后，徐自华与同志重兴秋社，并募集资财，准备在秋墓原址建风雨亭，并将亭边刘公祠改建为秋祠，奉君栗主，春秋祠社。元月下旬，秋瑾之妹珮卿自湘来杭拜访徐自华，使徐自华得知秋瑾灵柩运至湘潭之后，实未安葬。徐自华遂与同人商议，决定赴湘迎迓鉴湖女侠灵柩，归葬西泠。徐自华上书浙江省议会，提议迎还秋瑾遗骸归葬西湖，得到省议会同意，并委任秋社办理。于是，秋社奉命设营葬事务所，自华任主任，开始筹建新墓和风雨亭，并将刘公祠改建为鉴湖女侠祠。

7月19日，秋瑾殉国五周年纪念日，杭州隆重集会于凤林寺祭悼，兼送栗主入祠。都督、军长、各司长暨团体男女宾均莅会，到会一千人。徐自华任临时主席发表演讲，报告秋社历史及建立专祠募筑风雨亭等事。

7月底，由于湖南方面坚持欲葬秋瑾于岳麓，自华派与湖南文化界人士比较熟悉的陈去病赴湘，会同秋珵与有关方面交涉。辛亥元老黄兴亦致电湘督，支持主葬西湖。经陈去病、秋珵及湖南友人劝说，直至9月，王氏家族终于同意秋瑾遗骸归葬西湖。

8月，王金发、姚勇忱在上海西门内西仓桥浜祥云里创办竞雄女学，以纪念秋瑾。

10月18日（农历九月九日），湖南方面特派李德群陪同陈去病、秋珵护送秋瑾灵柩从湖南起程，自湘江北上，至汉口换乘招商局某轮船，沿长江顺流东下。10月23日秋瑾灵柩运达上海,10月27日至杭州,出钱塘门,抵秋社,灵柩暂时存放于西湖秋社,途径之处社会各界恭迎设祭。

11月8日,徐自华致书浙江都督朱瑞:秋柩既归,营葬事万不能缓。望从速拨付营葬费,俾秋墓即日开工,从此永安窀穸。秋墓规划图案,本由秋社负责经办,经朱瑞批准执行。后来,朱瑞变节附袁,听从袁政府代表指示,下令将秋墓拆低五尺,并废除中立秋瑾石像。徐自华据理力争,未果。

12月8日,孙中山应浙江都督朱瑞和杭州秋社社长徐自华之请,从上海来到杭州。徐自华偕其妹蕴华及吴芝瑛,也同行到杭。

12月9日,孙中山来秋社祭奠秋瑾,祭毕,合摄一影;题写"鉴湖女侠千古巾帼英雄"匾额;应徐自华之请,允任秋社名誉社长。中山先生劝徐自华不要作军阀的无谓牺牲品,还是到上海接办纪念秋瑾的竞雄女学,继续干革命实际工作。

1913年(民国二年 癸丑) 四十一岁

是年春,自华按孙中山先生意见,到上海接办竞雄女学。

7月9日(六月初六),秋瑾逝世六周年,新墓落成,灵柩登穴入土,秋瑾第二次安葬在西湖西泠桥畔。

1914年(民国三年 甲寅) 四十二岁

5月24日,徐自华在上海愚园云起楼参加南社临时雅集,欢迎柳亚子复社。

8月,徐自华病,归苏州调养。

10月8日,徐自华参加沪上愚园南社第九次雅集。

12月23日,冬至,吴梅、吕韵清、陈去病、陈世宜、叶楚伧、胡朴安、周景瞻等友来访，公推自华主觞政并制酒令，众人兴致甚高，尽欢而散。次日，自华撰《寒谷生春记》记其事。

1915年（民国四年　乙卯）　四十三岁

5月9日，在上海愚园参加南社第十二次雅集，到会者四十二人。

本年，在杭州孤山北麓营造生圹。陈去病作《忏慧词人生圹记》。

1916年（民国五年　丙辰）　四十四岁

1月，袁世凯实行帝制，举国声讨。自华奔走于苏州、上海间，策应讨袁斗争。是时，留沪革命党人群聚竞雄女学集议，企图占领苏州，以胁金陵，徐自华与陈去病实为谋主。两人乔装母子进香，与阙玉琪、郑亚青等辟室苏台旅馆，指挥一切。苏州督察厅长某，事前已有默契，既又悔之，知会军警围苏台旅馆，将加逮捕。去病籍吴江，能作吴语，乔装遁去。徐自华几不免，赖有急智，藏图记、旗帜于亵服，自侧门出，亦获免脱。以受惊过度，后此遂成怔忡之疾，终身不愈。

8月16日，孙中山至秋墓凭吊，陈去病陪同。翌日，孙中山再至秋心楼，凭吊秋瑾。

9月27日，时居上海的孙中山先生在竞雄女学建校五周年之际，为竞雄女学题写校训"勤敏朴诚"。

1919年（民国八年　己未）　四十七岁

5月，北京爆发"五四运动"，波及全国各地。竞雄女学的教育方针仍注重于养成学生之自治能力及完全人格。

1920年（民国九年　庚申）　四十八岁

春，徐小淑安葬丈夫林寒碧于杭州西湖孤山之阴、姐自华生圹旁，并致函柳亚子请为撰写墓表，获允。

1921年（民国十年　辛酉）　四十九岁

7月下旬，为筹划苏曼殊大师营葬事，徐自华与陈去病同赴粤，专谒非常大总统孙中山，得赞同，并以资相助。旋奉中山先生之命回浙，为曼殊大师营葬。

1922年（民国十一年　壬戌）　五十岁

5月20日（农历四月二十四日），自华五十寿辰，竞雄女学教职员余十眉等人为其祝寿，余十眉撰《语溪徐夫人五秩寿言》。

6月11日，上海半淞园举行南社第十八次雅集，到会者有高旭、胡朴安、余十眉等二十三人。徐自华姐妹皆与会。

1923年（民国十二年　癸亥）　五十一岁

9月29日（八月十九日），生母马持玉逝世，终年七十四岁。自华作《先妣行述》。柳亚子、于右任等撰写诗文，盛赞徐母风范。

10月14日，新南社宣告成立，于上海福州路小花园都益处菜馆举行第一次聚餐会，公举柳亚子为社长，邵力子、陈望道、胡朴安任编辑主任。徐自华参加会议，成为新南社社员。

12月25日（十一月十八日），陈去病与柳亚子等在上海创岁寒社，以砥砺气节，徐自华参加创立集会。

12月31日（十一月二十四日），岁寒社三集于上海香山公旅邸，赴夜宴者有廖仲恺、张继、何香凝等人。

1924年（民国十三年　甲子）　五十二岁

6月，南社诗人苏曼殊大师葬于西湖孤山，墓地由自华捐赠。

9月，江浙战争爆发，北京政府任命直系军阀孙传芳为闽浙巡阅使兼浙江军务督理,率军攻浙。次月,卢永祥宣布下野。不久,刘氏后人勾通当局,西湖秋祠被刘氏后人所占。

1925年(民国十四年　乙丑)　五十三岁

3月12日,孙中山先生在北京逝世,举国哀悼。

4月12日,上海十万市民在西门外公共体育场举行追悼孙中山大会,徐自华率竞雄女学师生与会。

1926年(民国十五年　丙寅)　五十四岁

本年,整理并编订秋瑾佚诗为《秋雨秋风集》。

1927年(民国十六年　丁卯)　五十五岁

6月15日(五月十六日),据杭州市府令,徐蕴华偕蒋剑农、王超凡、孙雪庐、马文夫诸秋社同人会同杭州公安局人员前往接收西湖秋祠。秋祠已坍损不堪,徐自华与陈去病各捐助两千元,又向社员借款两千元,将秋祠修葺一新。

7月,徐自华将竞雄女学校务移交给秋瑾之女王灿芝赓续。把当年秋瑾所赠玉钏还赠王灿芝,并作《返钏记》记其事。此后,徐自华由沪移居杭州西湖秋社,朝夕与秋墓为伴。

1928年(民国十七年　戊辰)　五十六岁

秋,徐自华与陈去病、柳翼谋等人游扬州、镇江,晚坐焦山松寥阁。归后,徐自华复返杭州,有诗记之。

1929年(民国十八年　己巳)　五十七岁

7月,江苏革命博物馆正式成立,陈去病任主任,后陈去病函聘徐自华为江苏革命博物馆月刊编纂。

1930年(民国十九年　庚午)　五十八岁

本年初,徐自华以秋社名义递交"秋社呈内政部请备案文",

历述秋社成立及秋祠建立以来情况，请政府准予备案，以免将来秋祠再次被人霸占。

8月12日（闰六月十八日），病中，陈去病偕女亨利来，同游杭州西湖四日，有《西湖纪游》六首纪之。

1931年（民国二十年　辛未）　五十九岁

6月24日（五月初九日），陈去病追庆先父百龄之辰，举行先陇表坊落成典礼。徐自华赴吴江同里与会。

1932年（民国二十一年　壬申）　六十岁

5月29日（四月二十四日），六十华诞，陈去病有贺诗《忏慧词人六十》。

10月，柳亚子等应何香凝函招游白马湖，回程取道杭州，访徐自华于秋社，自华、蕴华招饮之。

1933年（民国二十二年　癸酉）　六十一岁

竞雄女学因王灿芝留学美国，徐自华物色当年浔溪女学学生纪国振（号侠中，也是秋瑾学生）接办此校，易名为私立竞雄女子小学，得上海市教育局批准。校址迁至派克路牯岭路协和里三号。

5月，陈去病来杭，游灵隐、天竺、五云、郎当岭、云栖诸山，端午后又溯桐江，上钓鱼台而还。

10月4日（八月十五），陈去病逝世。

1934年（民国二十三年　甲戌）　六十二岁

1月27日，柳亚子偕亲友再游杭州，徐自华设宴招待，并请柳亚子为其撰墓碑文，亲奉三羊开泰端砚一方，贻为润笔。柳亚子慨然面允。

3月4日,徐自华与徐蕴华参加在上海西藏路宁波同乡会召开的陈去病追悼会。

同日晚,参加在上海北四川路新亚酒店举行的南社临时雅集,到会者109人。柳亚子仿《东林点将录》《乾嘉诗坛点将录》前例,开《水浒传》一百零八人名单,拟《南社点将录》,徐自华为三十五号"天暴星两头蛇徐忏慧",其妹徐蕴华为三十六号"天哭星双尾蝎徐小淑"。

约在是年,在杭州读书的堂侄徐益藩请教作诗法,徐自华喜而教,且训之曰:"汝今好诗,须知诗是吾家事,望助予力收拾之。"

湘人鲁涤平自1931年11月至1934年11月任浙江省政府主席期间,偏袒刘氏后裔,下令秋社迁址,祠产拨归刘氏。徐自华与秋社同人联名呈请省政府纠正,又派代表到南京行政院请愿,徐自华满腔忧愤,以花甲高龄发誓"拼以颈血溅阶石,誓与秋祠共存亡"。

1935年(民国二十四年 乙亥) 六十三岁

5月中旬,刘典后裔请求国民政府发还秋祠的呈文被驳回,秋祠得以保全。秋宗章得讯较早,亟飞函相告。时徐自华已病榻支离,犹强起展读,稍感欣慰。

夏,徐自华身任秋社社长二十余年,辛苦经营,心力交瘁,自念年力就衰,不欲独任其难,提议改组为委员制。

7月6日(六月六日),秋侠忌辰,秋社全体会祭。祭毕,议定秋社由社长制改组为委员制,推选执行委员、监察委员各若干人,又互推常务委员五人。重病在身的徐自华仍被选为常务委员，两次执、监联合会议，虽不能扶病出席，仍亲笔签到。会后询问决议各案，极为关怀。

7月12日（六月十二日），酉刻，逝世于杭州西湖秋社，终年六十三岁。临终时神志清醒，嘱咐身后公私未了之事，条理井然。病重期间，儿子梅履庆（馨）从无锡赶来侍候，亲与送终治丧。妹蕴华为之料理后事，并遵遗嘱，为撰行述，整理诗稿，函请柳亚子撰写墓表。

7月13日，中央社发布《徐自华在杭逝世》电讯稿。

1937年6月5日，始葬于杭州第一公墓。墓碑双面刻，碑阳刻字三行，何香凝书。中间一行为"忏慧词人徐自华之墓"，右边上款为"中华民国二十六年六月"，左边落款为"何香凝敬题"。碑阴为墓表，由柳亚子撰文，吴梅书丹。此前，徐自华灵柩一直存放于西湖秋社。

1939年，日寇将杭州市第一公墓列为靶场，限期迁葬，违即焚如。以至徐自华的棺椁倾露，差一点有焚尸之痛，而徐自华的家人亲戚因不在杭州，还全然不知。幸亏居住在秋社附近的秋社同人高叟慷慨慕义，于1939年冬，募工起出徐自华的灵柩，再次存放到秋社内。徐自华墓碑一度失落未见，若干年后被发现，现存杭州碑林。

1943年4月16日，徐自华迁葬于孤山北麓她早年预做的生圹中。1947年柳亚子先生撰《忏慧词人复葬孤山第二碑》。

1960年，杭州西湖秋社全部拆除。

1964年年末，徐自华墓由西湖孤山迁葬至龙井鸡笼山麓辛亥革命烈士墓地。

1981年，浙江省政府在西泠桥南侧重建秋墓，当年由徐自华撰文、吴芝瑛书丹、胡匋邻刻石的墓碑嵌在秋瑾墓座的背面。

2005年12月5日，"西湖文化名人墓地纪念碑"在杭州西湖吉庆山马坡岭建成开放。纪念碑上记录徐自华、林启、苏曼殊、惠兴、林寒碧和徐蕴华等六位文化名人的生平事迹和照片。

（以上内容据沈惠金先生编写《徐自华年谱》整理。）

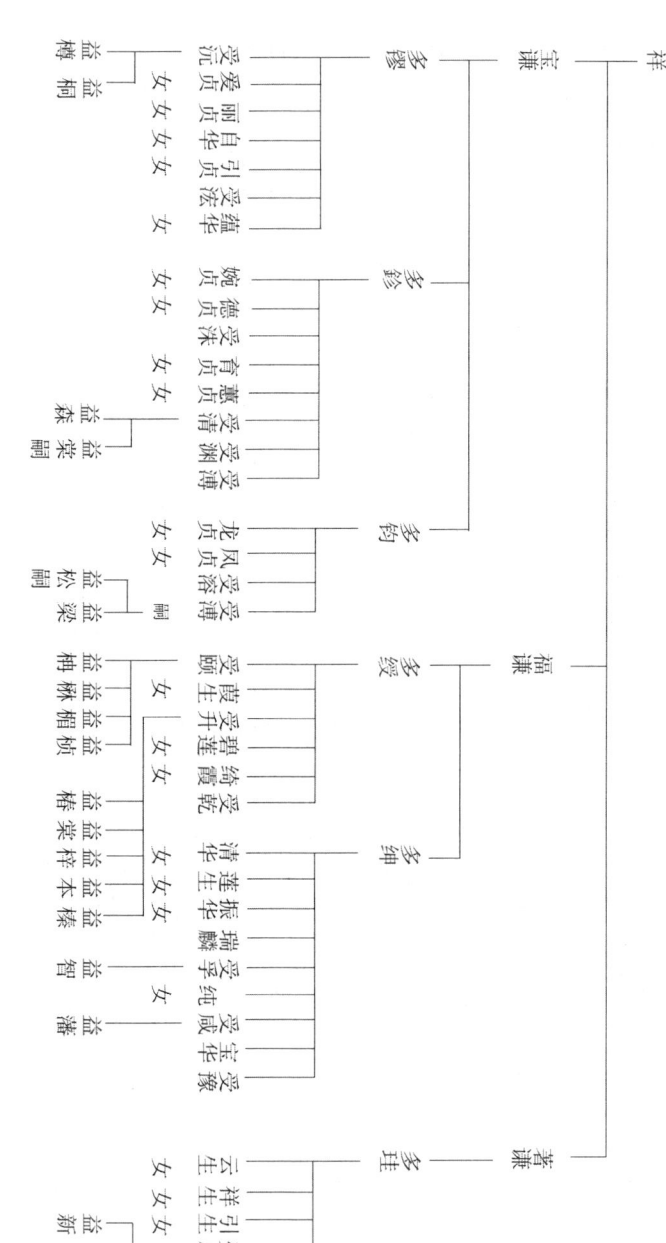

崇德徐氏世系表

(世系表根据《崇德徐氏家谱》整理)

后 记

2012年，我们母女俩合作，写了《桐乡史话》一书，列入文联第一辑《桐乡历史文化丛书》，并获得了嘉兴市五个一工程奖。时隔七年，再次合作撰写《徐自华传》，为传播桐乡地方文化再尽绵薄之力。从接受任务，开始阅读相关书籍、搜集资料、实地走访、确定写作方案，到正式进入写作，成稿后又几度修改，最后收集配图，林林总总，前后历时一年多，现在终于交稿了，其中甘苦自知，着实不易。

徐盈哲：记得上中学时，母亲带着我来到桐乡市崇福镇上的那条明清老街横街。在陈旧的灰瓦白墙间兜兜转转，才找到西边巷弄里，一间看起来很普通的小院子，那是我第一次拜访徐自华故居。对彼时的我来说，相隔近百年的时空差距，那位女子、那间屋子、那段历史，都显得那么陌生。若说非要扯上些许关联的，大概只有这相同的姓氏了。世事多奇妙。时过十几年，忽然得到了这次机会，能为徐自华写传记，这是从未预料过的写作缘分。

徐玲芬：无疑，每一次写作的机会，都是一个学习提升自己的平台。市文联组织《桐乡历史文化丛书·名人传记专辑》，以文史散文的笔调，为桐乡历史上几位杰出的名人，包括吴之振、严独鹤、徐自华、张琴秋、孔另境等立传,旨在大力弘扬桐乡地方名人文化,推进风雅桐乡建设。

徐盈哲:这次撰写名人传记的其他几位作者,均是行家里手,资深作家。而对我来说,无疑是一次挑战。为写《徐自华传》,埋头阅读了大量相关书籍,从图书馆借阅,从孔夫子旧书网上购买,大部分都是冷门的书,说实话如果不写此传记,大约不太会去关注。通过专题阅读,一番深入了解之后,渐渐走近了徐自华及她所处的时代。

徐玲芬:阅读往往会带来许多意想不到的收获:首先是增长了知识,从中了解到许多以前不知道的历史文化知识,对徐自华他们所处的那个风起云涌的时代,所发生的历史事件,有了新的认识,还有许多与徐自华相交集的历史人物如孙中山、秋瑾等革命先辈,以及陈去病、柳亚子等南社诗人,有了更深的了解。其次是人性的思考,更好地认识人生的意义,诚信的可贵,秋瑾挚友徐自华,一介女流,却毅然从家庭走向社会,乃至投身革命,实现小我到大我的人生价值。而且,她一诺千金,甘愿冒着生命危险,践行西泠之约,大义徐夫人,赢得广泛的赞誉。

徐盈哲:当然更有诗意的享受。以前只知道徐自华是诗人,殊不知,徐氏一门风雅,而徐自华更是才比李易安、朱淑真。她的《听竹楼诗稿》《忏慧词》,不但为时人所赞美,而且经过近百年时间淘洗,今天读来,依然令人一唱三叹。还有与她一起诗词唱和的陈、柳等著名诗人、词人,在近现代文学史上留下熠熠光彩。

纸上得来终觉浅。在阅读与写作以外,我们又沿着徐自华

后记

走过的足迹,走访了周边的杭州、湖州南浔、桐乡崇福等城市与村镇,寻找历史留下的痕迹,也走访了徐氏后人徐积学等,听他们讲徐自华及其家族的陈年往事。

徐玲芬:走访使我们得到了诸多收获,也填补了单凭文字无法还原的想象,并更好地走近徐自华及徐氏家族的风雅之门,也渐渐厘清了写作的脉络。本书以徐自华一生为主线,共分为"一门风雅""天生我才""生死之交""继承遗志""南社留影""交友始末""诗人风采""寻踪访旧"等八章,以徐自华为核心,横向辐射到与她相关联的诸多历史事件和名垂青史的历史人物,如中华民国创立者孙中山先生、鉴湖女侠秋瑾、南社诗人陈去病、柳亚子等,也写到一群普通而不平凡的民国女子,如徐蕴华、吴芝瑛、兰湘姐、吕韵清等,尽可能立体、完整、艺术地展现民国女子徐自华的华丽人生。

在写作进入尾声之时,回想为写此书,到徐自华曾经留下足印的一些地方,如故乡崇福、出嫁并工作的南浔、后半生生活的杭州等地所做的数次寻访,让我们深深领悟到写作的意义。这些经历于本书而言也有特别的意义,便记录下来列入最后一章,也为本传主补充了更为完整的实观印迹,相信往事并不如烟。

徐盈哲:徐自华说过"诗是吾家事",那是家风的传承。我也很荣幸,从小就受到爱文学的母亲的教育与引导,母亲已出版了十多部文学著作,言传身教,耳濡目染,我对文学创作也从小受到熏陶,并一直付诸实践,也才有勇气接受这个写作任务,并最终顺利完成十多万字的《徐自华传》的撰写工作。回过头去看,既感叹著书不易,也在内心生出小小的成就感。在当下,能放弃其他娱乐而静下心来阅读与写作，本来也是一种很需要毅力的生活态度，但我最终做到了。需要说明的是，由于水平有限，加上资料积累不足，又因时间匆忙，难免有疏漏不当之处，敬请海涵，并给予批评指正。

鸣谢：衷心感谢市文联组织这套桐乡历史文化丛书，给了我们写作的平台。感谢在写作过程中给予极大帮助的各位师友，包括主编《徐自华年谱》的沈惠金老师，谢谢他帮助认真审稿，并提出许多修改意见。感谢徐自华侄孙徐畅、徐积学两位先生鼎力相助。尤其令人感动的是，徐畅先生还帮助题写书名，并联系张夷先生作序。徐积学先生两次陪同走访、提供宝贵资料。感谢钟桂松老师一直给予鼓励和支持。感谢桐乡市图书馆的顾钟梅老师等为借书提供方便。感谢吴富江老师帮助拍摄了横街及徐自华故居的照片。感谢华文出版社精心设计和印制。由于各方面的共同努力，才使这本书得以顺利完成并与读者见面。最后，要感谢各位热心的读者，能耐心阅读此书，相信您对风雅桐乡又添新知与感受。

作者写于浙江桐乡

2019年10月